松田隆美
徳永聡子
=編

世界を読み解く
一冊の本

The Book as a Key to the Universe

慶應義塾大学出版会

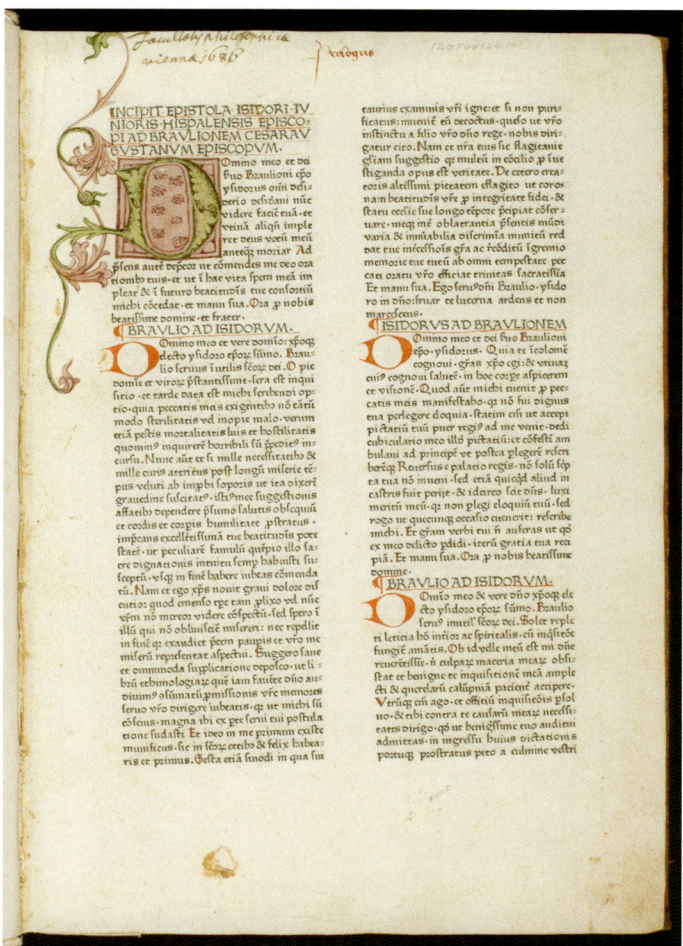

セビリャのイシドルス『語源論』（ストラスブール、1473年頃）、a2r（慶應義塾図書館蔵）

前　言

　アルゼンチンの作家ホルヘ・ルイス・ボルヘス（1899-1986）に「砂の本」（1975年刊）という作品がある。語り手は、「聖書を売っている」と言って突然訪ねてきたオークニー諸島出身の見知らぬスコットランド人から一冊の本を買い取る。それは八折り本で、小型な割には異常に重い。布で装幀され、背表紙には「聖書」そして下にはボンベイと出版地が記されている。語り手は、装幀から19世紀だろうと判断するが、しかし古書であれば、こうした外装は後世にやり直されることが多いことは、（ボルヘスの分身と思われる）語り手も当然知っているという前提であろう。本を開くと、小さな活字の本文が、聖書では一般的なレイアウトである2欄組で、節に区切られて印刷されており、所々に粗末な木版の図も入っているようである。一見してくたびれた装幀の絵入り聖書のように見える本だが、内容よりも重大なのは、同じページを二度と開くことができず、また最初のページも最後のページも開くことができない「砂の本」だという点である。「左手を本の表紙の上にのせ、親指を目次につけるように差し挟んで、ぱっと開いた。全く無益だった。何度やっても、表紙と指のあいだには、何枚ものページがはさまってしまう。まるで、本からページがどんどん湧き出てくるようだ。」（『砂の本』篠田一士訳、集英社、1980年、151-9頁）語り手はこの無限のページをもつ始めも終わりもない本に取り憑かれてしまい、ついには燃やしてしまおうと思うが、「無限の本を燃やせば、同じく無限の火となり、地球を煙で窒息させるのではないかと惧れ」思いとどまる。語り手は、この本を、『バベルの図書館』を彷彿とさせる国立図書館地下の閉架書庫の棚の1つに（その場所を記憶しないように注意して）隠してくることでようやく解放される。

　この「砂の本」は、常に変化している宇宙のメタファーととらえられるが、

そうでなくとも、書物は1つの宇宙である、あるいは逆に世界は1冊の書物であるとはしばしば言われることである。事実、比喩にとどまらず、人類は世界を収めるような書物をいろいろと生み出してきた。東西のさまざまな事典類や目録類は言うまでもなく、世界の真理を簡潔に収めようとした哲学書や神学書、人類のそれまでの歴史を描き尽くすことで未来を見据えようとする万国史、過去の膨大な文書類を余すところなく集積した資料集など、いずれもそれぞれの切り口で世界を記述し、語り尽くそうと試みている。新しい世界観や歴史観に基づいて、ひとつの未知の世界を創造することを試みた文学書もまた、1つの世界を描こうとしている。しかし、言うまでもなく、時空を越えて四次元的に展開する宇宙を、それを内的に結びつけている情報の網目とともに、1冊の書物という物理的制約のなかに収めることは容易ではない。そのためには、情報の配列や物理的なページデザインなども工夫する必要がある。そこにはしばしば、デジタルの書物には無い独創性が発揮されていて興味深い。

　書物のそうした野心的かつ根源的な試みを、東西のさまざまな書物を対象として具体的に描き出すことを目的として、慶應義塾大学文学部の平成25年度極東証券寄附講座「文献学の世界——世界を収める／読み解く1冊の本」は開講され、以下の講義がおこなわれた。

10月4日　　情報の玉手箱——『百科全書』の世界
　　　　　　　　　　　　　　　　　鷲見 洋一（18世紀フランス文学・思想）
10月11日　生物・言語・写本——系統推定論の歴史とその普遍性について
　　　　　　　　　　　　　　　　　　　　　三中 信宏（進化生物学）
10月18日　中世の聖遺物礼拝と文書——モワサック修道院の写本をめぐる考察

		杉崎 泰一郎（西洋中世史）

10月25日　「プラトン」を読む――西洋古典の伝承と校訂
　　　　　　　　　　　　　　　　納富 信留（西洋古代哲学・西洋古典学）
11月1日　世界を読み解く一冊の本――西洋中世・近代の象徴事典の系譜
　　　　　　　　　　　　　　　　松田 隆美（中世イギリス文学）
11月8日　収集と解体――Leaf Book（零葉本）の世界観
　　　　　　　　　　　　　　　　徳永 聡子（中世イギリス文学）
11月15日　15世紀末ヴェネツィアの奇書『ポリーフィロの夢』の世界
　　　　　　　　　　　　　　　　伊藤 博明（ルネサンス思想史・芸術論）
11月29日　ダンテ『神曲』における数の構成
　　　　　　　　　　　　　　　　藤谷 道夫（西洋古典文学およびダンテ）
12月6日　眺める世界史――「キリストの系譜」の視覚表象とその継承
　　　　　　　　　　　　　　　　原島 貴子（近代初期イギリス文学）
12月13日　『江談抄』から平安貴族の知識体系を探る
　　　　　　　　　　　　　　　　佐藤 道生（古代日本漢学）
12月20日　『源氏物語系図』の世界
　　　　　　　　　　　　　　　　佐々木 孝浩（日本古典書誌学）

　ご多忙にもかかわらず、ご論考をお寄せ下さった講師の方々に御礼申し上げる。また、この講座の実現と本書の刊行のために毎年寄付をいただいている極東証券株式会社にあらためて厚く御礼申し上げるとともに、同社の文化教育事業への理解に敬意を表したい。最後に、本書の編集に当たっては慶應義塾大学出版会の村上文氏にお世話になった。記して謝意を表したい。

　　　　　　　　　　　　　　コーディネーター　　松田隆美・徳永聡子

　　　　　　　目　次

前　言　　　　　　　　　　　　　　松田隆美・徳永聡子　　i

プラトンの近代校訂本
　　──古典文献学への招待　　　　　　　　　納富　信留　　3

中世の聖遺物礼拝と文書
　　──モワサック修道院の写本をめぐる考察　　杉崎泰一郎　19

ダンテ『神曲』の世界　　　　　　　　　　　　藤谷　道夫　37

世界を読み解く一冊の本
　　──ヨーロッパ中世・近代初期の象徴事典の系譜　松田　隆美　73

「キリストの系譜」の視覚表象
　　──中世の英国における伝統と継承　　　　原島　貴子　97

フランチェスコ・コロンナ
　　『ヒュプネロトマキア・ポリフィリ』の世界　伊藤　博明　133

情報の玉手箱
　　──『百科全書』の世界　　　　　　　　　鷲見　洋一　191

収集と解体
　　──零葉本の誕生を探る　　　　　　　　　徳永　聡子　205

生物・言語・写本
　　──系統推定論の歴史とその普遍性について　三中　信宏　219

『江談抄』
　　──平安時代の知識体系を垣間見る　　　　　　佐藤　道生　　21

『源氏物語系図』の世界　　　　　　　　　　　　佐々木孝浩　　1

　執筆者紹介

世界を読み解く一冊の本

プラトンの近代校訂本

古典文献学への招待

納富 信留

1　プラトンの「本」を読むこと

　哲学や文学の素材としてプラトンの著作を読んだことがある人は多いはずだ。だが、2,400年前に活躍したギリシア人の「本」を、21世紀の私たちがどうして読むことができるのか、疑問に思った人もいるのではないか。無論、古典ギリシア語から日本語に訳すという作業の困難さもある。だが、それ以上に、そもそも翻訳の元となった現代の「校訂本」（edition）、つまり、日本語版の凡例で「底本」という名で言及される本は何なのか。それは、プラトンが最初に書いたはずの原著と、どれくらい離れているか。そういった問題は、「古典文献学」（Classical Philology）と呼ばれる学問研究の主題となる。ここでは、プラトン著作の長い伝承史のなかで、大きな転換点となった15世紀末から16世紀、ルネサンスから近代へと変わる時代を見てみよう。そこで起こったことは、今日プラトンを読む基礎となった一方で、多くの課題を後の世代に遺したからである。

　ルネサンスの時代にプラトンは、すでに1,900年ほど昔の「古典」であった。まずは、プラトンの時代からそれまで、どのような経過があったのか、簡単に振り返っておく。プラトンは紀元前427年頃にアテナイに生まれ、前347年頃に死去した。彼がソクラテスを主な登場人物とする「対話篇」を書き始めたのは、ソクラテスが刑死した前399年以後と想定されている。生涯

において、大小30あまりの「対話篇」を執筆し、それがこの偉大な哲学者の著作として伝承されていく。彼が設立した「学園アカデメイア」では創立者の著作が大切に保管され、代々パピュロス巻物に書写され研究されたはずである。また、エジプトのアレクサンドリアにあった図書館など、各地の文化施設でもプラトンの著作は読まれ、写され、研究されてきた。そうしてプラトンの書き物は、古代においてすでに長い年月、できるだけ正確に書写されていたのである。

　こうして伝わったプラトンの作品は、紀元後1世紀に『プラトン著作集』(Corpus Platonicum) として編纂され、羊皮紙等に書き写された写本として中世に伝えられる。プラトンの写本は、世界中に大小合わせて計200本ほど残っている［Wilson］。現存するもっとも古い写本は、9世紀後半に書かれたA写本（Parisinus 1807, パリ国立図書館）とB写本（E. D. Clarke 39, オクスフォード・ボードリアン図書館、895年）で、それぞれが『プラトン著作集』の後半部と前半部を収めている（なお、中世写本には所蔵機関ごとの分類表記があるが、現代の研究者がつけたアルファベット記号で呼ばれるのが通例である。本論ではBoterの記号を用いる）。

　ギリシア語の写本（manuscript）は、ビザンツなどで、その名のとおり「手で」(manu) 時間をかけて「書写された」(scriptum) 本で、一冊ずつが異なる資料である。書き写すたびに異なっていったのは、人間の作業の常として「書き間違い」がしばしば起こり、書写生による修正やコメントなどが加えられたからである。また、写本へのアクセスは限られており、プラトンを直接に読むことができるのは、中世ではごく少数の知識人に過ぎなかった。

2　フィチーノのプラトン翻訳

　フィレンツェで華開いたルネサンス文化は、絵画や彫刻だけでなく、プラトンを中心とした古代思想の復活でもあった。中世ではキリスト教の中で間接的にしか知られていなかったこのギリシア哲学者について、ビザンツから多くの写本がイタリアに到来し、そのギリシア語を読解できる知識人が生まれてくると、プラトンは広く影響力を持つようになる。その中心は、メディチ家の庇護の元でプラトン研究に集中したマルシリオ・フィチーノ（Marsilio Ficino, 1433 〜 1499 年）であった。

　フィチーノはプラトンの全対話篇をラテン語に翻訳し、その一部に注釈を書くという大きな仕事を成し遂げ、長く西欧におけるプラトン受容の礎となった。彼のラテン語訳『プラトン全集』（*Platonis Opera Omnia*）[1] は、最初フィレンツェで 1484 年に出版された。この時期にはグーテンベルクが開発した活版印刷がイタリアでも広まっており、彼のラテン語版は印刷本をつうじて広く読まれる。1491 年にヴェネチアで、16 世紀に入りヴェネチア、パリ、バーゼルなどでくり返し印刷され、プラトンをヨーロッパ中に知らせる大きな役割を果たした［図1］。ちなみに、翻訳以上にプラトンを普及させたのは、フィチーノによる『饗宴』への注釈書『愛について』（*De Amore*）であるが、それも同じ 1484 年に書かれている。

　フィチーノの作業は、メディチ家の援助により当時としては恵まれた環境でなされたが、その翻訳の元になったプラトンのギリシア語写本がどれだったのか、完全に確定はできない。フィレンツェにあった a 写本（Florentinus Laurentianus 59, 1, 14 世紀）と c 写本（Florentinus Laurentianus 85, 9, 15 世紀）を使ったことはほぼ確実だが、後に紹介する E 写本を見ることができたかは不

プラトンの近代校訂本

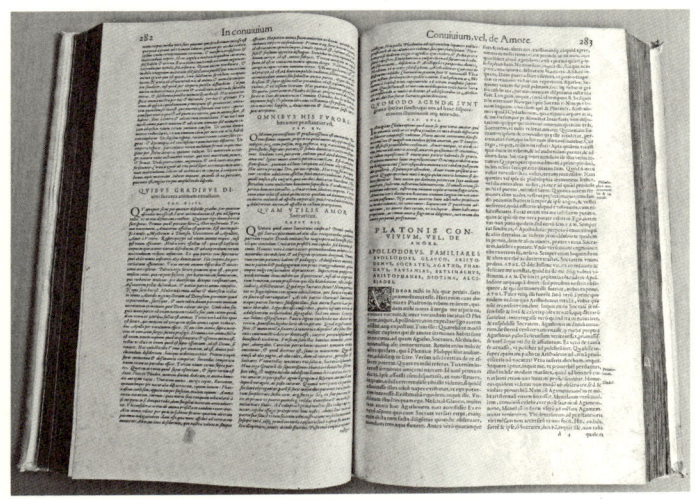

図1
フィチーノ訳プラトン全集　1567年　リヨン　『饗宴』冒頭
この翻訳は、1484年の初版以来、各地でくりかえし印刷された

明である。フィチーノはフィレンツェに集められたプラトン写本をできるだけ利用しながら、そのギリシア語を忠実にラテン語に訳していったのである。古典ギリシア語を読める知識人がまだ少なかったルネサンス期に、信頼できるラテン語訳でプラトンの全集を広めたことは、近代にプラトン哲学が大きな影響力を揮う起点となった。

3　最初の近代校訂本、アルドゥス版

　ギリシア語で伝わった文献の活版印刷は、ラテン語アルファベットに比べて複雑で、読者も限られていた。しかし、ヴェネチアの人文主義者で印刷業を営んだアルドゥス・マヌティウス（Aldus Manutius, イタリア名、アルドー・

マヌチオ、Aldo Manuzio, 1450年頃〜1515年）は、15世紀末にはアリストファネスやアリストテレスの立派なギリシア語校訂本を出版している。プラトンのギリシア語版が上下2冊で刊行されたのは、アルドゥスの晩年にあたる1513年で、クレタ島出身のギリシア人マルクス・ムスールス（Marcus Musurus, 1470年頃〜1517年）が校訂作業にあたっている。こうしてヴェネチアで刊行された『プラトン全集』（*Hapanta tū Platōnos*）[2]が、最初の近代校訂本（editio princeps）となった。

　この『プラトン全集』はどのように校訂されたのか。アルドゥスはE写本（Venetus 184）とN写本（Venetus 187）という二つの写本からギリシア語テクストを作成したと考えられてきた。ただし、『ポリテイア（国家）』について両写本とアルドゥス版の関係を検討したボーターは、アルドゥスはおそらくN写本に依拠したがE写本は使っていないと結論づけている［Boter］。E写本は、枢機卿ベッサリオン（Johannes Bessarion, 1399年頃〜1472年）が所有していた豪華本で、クレタ島出身のヨハンネス・ロースス（Johannes Rhosus）が1460年頃にベッサリオンのためにN写本から作成し、偽作の『エリュクシアス』を除くプラトン全作品を収めたものである。N写本も1460年頃にT写本（12世紀？）をもとに作られたものである。E, N写本共にベッサリオンの書き込みが多く、現在はヴェネチアのマルチアーナ図書館（Biblioteca Nazionale Marciana）に所蔵されている。ちなみに、EとN両写本は現在では、A写本族（family）に属するとされる。アルドゥスがこれらの写本を使った大きな理由は、本拠地ヴェネチアにあるベッサリオン蔵書が閲覧しやすかったからであろう。

　アルドゥス版の校訂でムスールスは、N写本以外に3つの写本を参照したと記されている。パリ1809写本（Parisinus 1809, 15世紀）、b写本（Florentinus Laurentianus 85, 6, 13世紀、部分的にそれ以後）、及び、q写本

(Parisinus 1810, 13世紀)である。このうちb写本はA写本族に、q写本はD写本族にと、異なった系譜に属することが今日判明している。このように、出版にあたっては複数の写本を適宜参照しながら本文テクストが校訂されたが、参照された写本は13世紀以降の比較的新しいもので、借用が容易なものだけであった。

　ビザンツ帝国が崩壊する15世紀には、プラトンの写本が数多くイタリアに持ち込まれて、有力者の蔵書に加えられていた。また、修道院やその他の場所にも多くが保管されており、一般のアクセスが難しい上、どのような写本がどこに所蔵されているか、一覧表や情報もなかった。そんな中、校訂本の元になったのが、より古い9世紀〜12世紀の主要写本ではなくそれらから書き写された15世紀の写本だったことにはもう一つ理由がある。現代まで残るもっとも古いプラトン写本、つまり9世紀にビザンツで写されたものは、大文字から小文字への変化が定着した初期の写本であり、字体に特徴があって一般に解読が容易ではない。他方で、15世紀頃に人文主義者たちによって書かれた写本は「人文主義の書体」と呼ばれる判読しやすい字体で、同時代の印刷業者にとっては使いやすいものであった。印刷本のためにはどのような写本から本文を校訂すべきか、まだ十分に意識されていなかった。だが、これが後の文献学に大きな問題を残すことになる。

　アルドゥス版は広く普及し、難解なギリシア語を書写して読み継ぐ時代を一新させた。なお、この1513年刊アルドゥス版『プラトン全集』は、日本でも九州大学、福岡大学、広島経済大学が所蔵している［雪嶋］。

4　その後の校訂版

　アルドゥス版は近代最初の校訂本であったが、9つの四部作からなる『プ

ラトン著作集』の全体を含んでおり、その後の基本となった。

　アルドゥス版の後、ギリシア語校訂版としては、プラトン後期の『法律』を中心に、今日では偽作の疑いもある『ミノス』と『エピノミス』を収めた版が、1531 年にルーヴァンから出ている[3]。

　『プラトン全集』が再び出版されるのは、ヨハン・ヴァルダー（Johann Valder）による 1534 年のバーゼル版で、プラトンに加えてプロクロスの『ティマイオス注解』を収めている[4]。この本はシモン・グリュナエウス（Simon Grynaeus）とヨハンネス・オポリヌス（Johannes Oporinus）が校訂に関わっているが、基本となったのはすでに出版されていたアルドゥス版であり、そこでの誤りが若干直された程度であった。これは、2 つの重要な点を示唆する。最初の校訂版が出版された後では写本から本文を校訂する必要がなくなったこと、他方で、ある程度の制約下で成立したアルドゥス版が基本書として絶大な影響力を持ったことである。

　バーゼルでは、1556 年にもヘンリクス・ペトルス（Henricus Petrus）による『プラトン全集』第 2 版が出版されている[5]。今回のバーゼル版は、1534 年のバーゼル第 1 版に基づき、アルノルドゥス・アルレニウス（Arnoldus Arlenius）がイタリアで 2 つの写本を照合して改訂を行っている。その写本とは、共にヴェネツィアにある T 写本（Venetus Append. Class. IV 1, 12 世紀、及び、ヨハンネス・ロースス写）とベッサリオン所有の E 写本であった。一方で、すでに出版された校訂本が基本となりながら、そこで印刷されているテクストの不備や誤りを直すために、別の写本との照合（collation）が限定的に行われていた。こういった作業は、その後も続くことになる。

　さらに、1561 年にバーゼルで出版された、イアヌス・コルナリウス（Ianus Cornarius）編集の選集に、プラトンのテクストが収められた[6]。その校訂では、プラハにある Lobc 写本（Prague, Lobcovicianus 34, 14 世紀？）が照

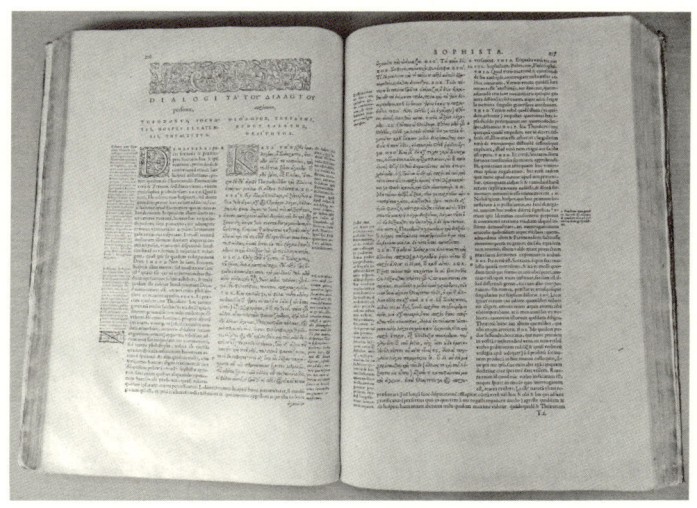

図2
ステファノス版プラトン全集第1巻　1578年　ジュネーヴ　『ソフィスト』冒頭
見開きの内側にギリシア語テクストが、外側にステファノス自身のラテン語訳が
配されている。欄外の注記も多い

合されている。

5　ステファヌス版の成立

　アルドゥス版、2つのバーゼル版を承けて、15世紀後半に出版されたステファヌス版『プラトン全集』（*Platōnos hapanta ta sōzomena*）全3巻は、今日に到るまで基本となる近代の校訂版、いわゆる「受容版」（editio receptus）となった[7]［図2］。

　ヘンリクス・ステファヌスのラテン名で知られるアンリ・エティエンヌ

（Henri Estienne / Henricus Stephanus, 1530 年頃〜 1598 年）は、パリで印刷業を営む古典学者で、父のロベール・エティエンヌ（Robert Estienne, 1503 〜 1559 年）の後を継いで、その出版社を営んだ。代表的な出版物に『ギリシア語辞典』全 4 巻（*Thesaurus Graecae Linguae*, 1572 年）がある。ステファヌスは、イタリア、イングランド、フランドルなどで写本を照合し、プラトンの新たなギリシア語校訂版を作ると同時に、ラテン語訳と対照させる美しい 3 巻本を出版する。この校訂本は広く普及し、以後プラトン全集の決定版となった。1578 年刊とされるが、増刷されていた可能性も推定される。

現在でもプラトン対話篇の特定の箇所に言及する際に、例えば、『パイドン』62A といった数字とアルファベットの組み合わせを用いる。それは、ステファヌス版（3 巻のどれか）のページ数と、各ページに付された A から E の区切りを用いた言及である。つまり、プラトンの著作であれば、現代のどの翻訳でも研究文献でも言及の仕方が共通しているわけで、これは非常に便利であると同時に、ステファヌス版の影響力を示している（ちなみに、『アリストテレス著作集』の場合は、19 世紀前半にドイツの学者イマヌエル・ベッカーが編集したベルリン版のページ数と行数が、共通に用いられる）。

ステファヌスの編集したギリシア語テクストは、フィチーノのラテン語版、アルドゥス版、バーゼル初版、ルーヴァン版など、先行する校訂本を明示的に参照している。また、明言していないが、コルナリウスの研究や、バーゼル第 2 版の成果も大いに利用している（「剽窃」との批判も加えられている）。従って、ステファヌス版は、16 世紀初めから積み重ねられたギリシア語版プラトンの校訂作業を総合し、その時点で最良の版となったのである。

16 世紀には、こうして複数のプラトン校訂版が各地で出版され、少しずつ改善されながら 1578 年のステファヌス版に至る。だが、ステファヌス版が決定版として流布すると、それ以後に出された本は、ギリシア語テクスト

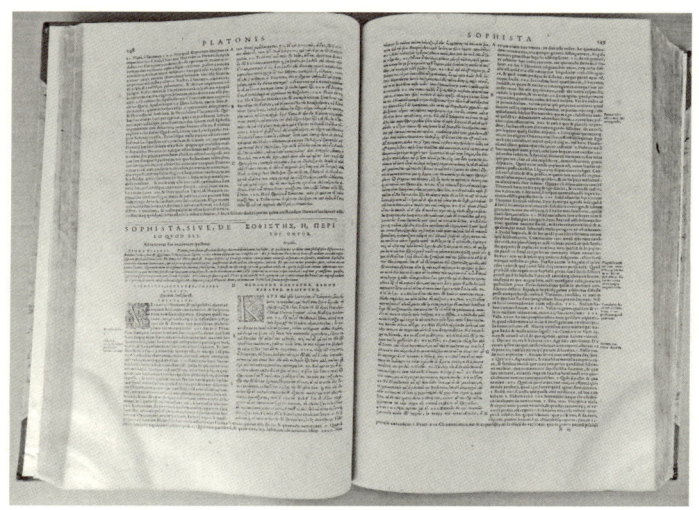

図 3
ラエマリウス版プラトン全集　1590 年　リヨン　『ソフィスト』冒頭
見開きの内側にステファノス校訂ギリシア語テクスト、外側にフィチーノのラテン語訳文が配されている。1 巻で全集を収める

としてこの版を再録するのが習慣となった。例えば、図 3 は、1590 年にリヨン（あるいは、ジュネーヴ？）で出版された『プラトン全集』(*Divini Platonis Opera Omnia*)[8] であるが、そのギリシア語テクストはステファヌス版のままで、ラテン語訳はフィチーノのものである。つまり、希羅対訳として 2 つの定番を組み合わせて新しく便利な本にしたものなのである。

このようなステファヌス版ギリシア語テクストの再録はその後 2 世紀以上くり返され、18 世紀後半のビポンティ版[9] や、19 世紀初めのルーンケン・ベック版[10] に至る [Evans]。ステファヌス版の成功以降、プラトンの新しい（より良い）校訂版を作成する作業は、ほとんど行われなくなっていたの

である。改めてギリシア語校訂作業の必要性が意識されるのは 18 世紀後半のことで、実際にその作業が行われるのは、19 世紀前半のイマヌエル・ベッカー（Immanuel Bekker, 1785 〜 1871 年）による大々的なプラトン写本照合からであった。ベッカーはヨーロッパ主要国の写本を見て歩き、新しい『プラトン全集』（1816 〜 1818 年）[11]を校訂出版する。多くの写本の異読情報に依拠するベッカー版は、現代の学術的校訂版の出発点となった。

6　近代校訂本から脱却する文献学

　16 世紀に集中して出版されたギリシア語『プラトン著作集』の校訂作業は、それが依拠する写本について、2 つの根本的な問題点を抱えていた。第一に、各版の校訂者や出版者が、身近に閲覧できる写本を主に用いてそこからギリシア語テクストを再現したが、それらの写本は必ずしも信頼度の高い、優れた写本ではなかった。第二に、そのような校訂作業において、どのような写本がどこに所蔵されていて、それらが相互にどのような関係かを把握している者が誰もいなかった。言うまでもなく、後者は前者の原因の一部をなす。

　もっとも古い写本の 1 つとして、現在もっとも重視される B 写本、オクスフォード大学ボードリアン図書館蔵の「E. D. Clarke 39」は、実は 1801 年に偶然エーゲ海パトモス島で発見されたもので、16 世紀にはまだそのように人知れず保管された写本がヨーロッパ各地に眠っていた。どこにいくつのプラトン写本があり、その中でどれが古く優良かが分かっていなかったのである。16 世紀の校訂者が手近な写本に頼ったのは、時代の限界でもあった。

　写本が古いからといって、それだけ重要だと単純に決められないが、概して、新しい写本は古い「親写本」を書写することで枝分かれ的に増えるため、

写本間の「親子関係」が確定できれば、多くの新しい写本を丁寧に調べる必要はなくなる。逆に、基本となる写本をいくつか特定できれば、それらの間の異読を調べて、より原著に近いテクストが校訂できるはずなのである。写本の年代は字体や付加情報によって分かることもあるが、同じ書き誤りや脱落などのミスを照らし合わせると、「親子」や「家族」が推定できる。例えば、『ポリテイア』という著作については、50あまりの写本があるが、それらはA、D、Fという3つの写本族（family）に分かれる［Boter］。それぞれはA写本（パリ）、D写本（ヴェネチア）、F写本（ウィーン）という親写本から分岐したものである。こういった写本の知識が整備されて初めて、より学術的な校訂が可能となる。

　この「系統図」（stemma）という写本整理の理念と方法が導入されたのは、19世紀のドイツ文献学においてであり、その手法に貢献したカール・ラハマン（Karl Lachmann, 1793～1851年）の名をとって「ラハマン法」と呼ばれている［Timpanaro］。包括的な写本の情報があり、それを系統図などで整理しながら重要性を識別することで、より原著に近いテクストを復元するための基本条件が揃うことになる。19世紀にドイツ中心で確立した批判的文献学は、そのような手法によってより科学的・学問的にプラトンのテクストに接近しようとしてきた。

　他方で、近代の人々がプラトンのギリシア語「写本」を読むことはなくなり、16世紀に出版されたステファヌス版を長らく使ってきたため、そこに印刷されたテクスト、時に不十分な写本情報から復元されたり、時に校訂者が推測して改訂したりした文言が、そのまま数世紀にわたって定着してしまった。19世紀以降の文献学は、新たな写本照合をつうじて、それら近代校訂版の誤りを正すという作業を課せられることになった。現在私たちが使う校訂版でも、主要写本に依拠したものではない、アルドゥス版やステファヌ

ス版由来の不十分な読みがテクストに入っている箇所が見つかる。これは、近代校訂版が残した、やむを得ない負の遺産なのである。

　私たちがプラトンの「本」を読むために、どれほど長い時間と複雑な伝承があるか、事情を簡単に追ってきた。だが、貴重な写本を書写して一冊ずつ写本を作成して大切に保存していた中世やルネサンス時代から、一挙に数百、数千の活字本が世界中に普及する近代の印刷本に移るその時代、つまり16世紀に起こった出来事は、プラトンという哲学者を新たな形で私たちの文明に取り込むために、決定的な役割を果たした。今日、私たちがプラトンの「本」を読めるのは、そういった多くの先人の努力と蓄積のお陰なのである。

【後記】

　本論は、基本的に以下の参考文献の知見に基づいている。『ポリテイア（国家）』の写本については、ボーターの詳細な研究があり、本論もその成果に依拠している。また、校訂版の文献学史については、ティンパナーロを参照した。写本の情報は、基本的にウィルソンのリストを参照し、ボーターの情報で補った。一般向けに整理したため、独自の調査に基づいたものではない記述が多いことをお断りし、興味のある方にはより専門的な研究文献にあたることを勧めたい。

　筆者自身はアルドゥス版を九州大学で、ステファヌス版全3巻を九州大学、慶應義塾大学で検討したが（第1巻のみは私蔵）、2つのバーゼル版等の他の諸版を検討する機会をもっていない。近代校訂本の成立事情はまだ完全には解明されておらず、膨大な『プラトン著作集』の全体にわたって校訂の過程を精査し再検討するのは、今後の学界の課題であろう。

近代のプラトン翻訳・校訂本

(1) Marsilio Ficino, *Platonis Opera Omnia* (Latin translation), Firenze: 1484; Venezia: 1491, 1517; Paris: 1518, 1522; Basel: 1532, 1547.

(2) Aldus Manutius, *Hapanta tū Platōnos*, 2 vols., Venezia: 1513; editorial work by Marcus Musurus.

(3) Barthélemy de Grave, Rutgerus Rescius, *Platōnos Minōs, ē Peri nomou, Nomōn, ē peri nomothesias, logoi dōdeka, Epinomis, ē Philosophose, libri 12*, Louvain: 1531.

(4) Johann Valder, *Hapanta Platōnos* (with Proclus *In Tim.*), Basel: 1534; editorial work by Simon Grynaeus and Johannes Oporinus.

(5) Henricus Petrus, *Hapanta Platōnos*, Basel: 1556; critical work by Arnoldus Arlenius

(6) Ianus Cornarius, *Eclogae decem breuiter et sententiarum*, in *Platonis Atheniensis philosophi summi ac penitus divini opera*, Basel: 1561.

(7) Henricus Stephanus, *Platōnos hapanta ta sōzomena* = *Platonis opera quae extant Omnia*, with Latin translation of Johannes Serranus, 3 vols., Geneva: 1578.

(8) *Divini Platonis Opera Omnia, quae exstant*, Guillelmus Laemarius, Lyon: 1590.

(9) *Platonis philosophi quae exstant* Graece ad editionem Henrici Stephani accurate expressa cum Marsilii Ficini interpretation, accedit varietas lectionis, studiis Societatis Bipontinae, 12 vols., Zweibrücken: 1781-1787.

(10) Christian Daniel Beck, *Platonis Opera*, cum scholiis a Rhunkenio collectis ad optimorum librorum fidem accurate edita, 8 vols., Leipzig: 1816-1819.

(11) Immanuel Bekker, *Platonis Dialogi graece et latine*, 3 parts 7 vols., Berlin: 1816-1818.

参考文献

Gerard Boter, *The Textual Tradition of Plato's* Republic, Leiden Brill: 1989.

Frank B Evans III, 'Platonic scholarship in Eighteenth-century England', *Modern Philology* 41 (1943), 103-110.

Sebastiano Timpanaro, *The Genesis of Lachmann's Method*, trans. Glenn Most, University of Chicago Press: 2005.

Nigel Wilson, 'Plato Manuscripts', *Scriptorium* 16 (1962).

雪嶋宏一「わが国におけるアルド版の調査研究」、早稲田大学『図書館紀要』54 (2007), 1～54 頁。

中世の聖遺物礼拝と文書
モワサック修道院の写本をめぐる考察

杉崎 泰一郎

はじめに

　モワサック修道院（l'abbaye Saint-Pierre de Moissac）はフランス南西のタルン川とガロンヌ川の分岐点ちかくにある。創建時期については議論があるが、古くメロヴィング時代にさかのぼるとの伝承もあり、地域を代表する古刹である。11世紀半ばにクリュニー修道院の影響下に入ってからその規模や活動範囲を拡大し、周辺に支院が建てられ、サンティアーゴ・デ・コンポステラにむかう巡礼地の霊場のひとつとしても栄えた。特に11世紀後半から12世紀前半は同修道院の黄金期とされる。この時期に作られた回廊や聖堂入口の彫刻などはロマネスク芸術の傑作と讃えられ［図1, 2］、美しい装飾をともなった数多くの写本が作成され、図書館は豊かな蔵書を備えた。リモージュからモワサックをへてイベリア半島のリポイ（Ripoll）修道院を結ぶエリアで作成された写本の文字や装飾の統一性が指摘されており、作成された書物や文書はパリやロンドンをはじめとして西欧各地の図書館や文書館に所蔵されている。

　17世紀以降モワサック修道院は、ほかのフランスの有力な修道院とおなじく、往時の威光を失い、17世紀初頭には参事会教会となり、写本の多くが流出し始めた。1678年にパリに運ばれたものは、コルベール目録と呼ばれるリストに150冊余が記録され、現在これらはパリの国立図書館に収めら

中世の聖遺物礼拝と文書

図1　モワサック修道院回廊

図2　同修道院聖堂入口

れている⁽¹⁾。修道院が革命によって受けた損害は極めて深刻で、1793年には写本、文書、聖遺物ほか多くの教会財産が失われ、建物も一般目的に使用されて傷む結果となった。19世紀になって歴史建造物の指定を受け、1840年代から修復が本格的に施され、文化財として保護された。文書については、革命前にモワサックの教区教会サン・ジャックの司祭だったアンデュランディ（Evariste Andurandy）が1730年の所蔵状態について作成した目録が残されていて⁽²⁾、革命による破壊を逃れた文書はいったんモワサック市立文書館に所蔵されたのち、1859年にモントーバンのタルン・ガロンヌ県立文書館に移された。これら文書の包括的なテクスト校訂や刊行はいまだ行われていない。ベルギー人の古文書学者レジス・ド・ラ・エ（Régis de la Haye）が最も古い文書（7世紀の寄進証書を10世紀に写したもの）から12世紀後半までの300点余りの文書を中心に、私家版を自らのサイト上に掲載したもの

が⁽³⁾、現在の段階では唯一の校訂版と呼べるものである。

　このレジス・ド・ラ・エが校訂したテクストの大半は、修道院が結んだ契約文書や聖俗貴顕が与えた特許状で、修道院の置かれた社会的な状況を伝えてくれる。筆者はこれらの文書を調べているうちに、ふと風変わりな1点の文書が目を引いた。それはアンデュランディの整理番号では1581、モントーバンの県立文書館の整理番号でG.585の零葉の羊皮紙で、長さ335mm、幅220mmの大きなスペースの裏表に、同修道院が所蔵していた聖遺物の名がオクシタン語とラテン語の混交でびっしりと記載されている。これは聖遺物箱に収められていた聖遺物の目録の写しであり、管見のかぎりでは中世のモワサック修道院で作成された聖遺物目録としては、現存する唯一のものである。ここに記載されている聖遺物コレクション、祭壇、目録の原本は現存が確認できないために、大変貴重な情報を提供してくれる⁽⁴⁾。本稿は、この文書を独自に校訂しながら、その成立年代、経緯、歴史的背景について考察し、聖遺物礼拝における文書の役割について私見を述べるものである。

1　聖遺物目録の概要

　1730年にアンデュランディはこの写本を調査して複写した際に、これを「シャルル王がモワサックのサン・ピエール修道院に寄贈した聖遺物の記録」と題し、12世紀の成立としている。その後ほかの文書とともにモントーバンの県立文書館に移され、長いあいだ顧みられることがなかった。1960年代になってモワサック修道院の研究が進み始めると、モワサックのロマネスク芸術センター（Centre d'art roman de Moissac）の研究者たちがこの文書に言及したが、それらは18世紀のアンデュランディによる写しを基にするものであった⁽⁵⁾。近年レジス・ド・ラ・エはモントーバンの県立文書館が所蔵

図3 聖遺物目録 recto

図4 聖遺物目録 verso

している同修道院の中世に書かれた文書を校訂した際に、この目録を校訂し、その成立を1174年以降とした。筆者はモントーバンの県立文書館が所蔵する写本の再校訂を行い、考察を試みた。

　写本の全体像は次のようなものである。写本の表面には49行［図3］、裏面には数行［図4］の聖遺物目録が記されていて、それぞれ同じ筆記者の手によるものと思われる。羊皮紙の欠損はほとんど無いものの保存状態は悪く、裏面の文字の解読はほとんどできない。表面の冒頭の4行は聖遺物（コレク

ション）の来歴や保管場所を示す説明部分であり、オクシタン語とラテン語の混交である。調査とテクスト校訂にご協力いただいたトゥールーズのカトリック大学教授で古文書学者のジョルジュ・パセラ（Georges Passerat）神父によると、文字は 13 世紀末から 14 世紀のものということである。加えてラテン語でなく現地語で文書が記される習慣はこの時期以降さかんになることから、中世後期に成立したことは間違いないだろう[6]。以下、表面を詳しく読んでゆく。

表面の冒頭 3 行は次のような内容である。

「以下に記されていることは、次のようなことがらである。
　すなわちシャルル王（Rey Carles）のとき M...II 年に書かれた聖遺物箱の中の文書に従うものである。
　モワサックのサン・ピエール修道院にカロルス王（Rex Karolus）が与えた聖遺物についての短い記録である。」[7]

4 行目は消耗がひどく、解読が難しい部分をのぞいて「現世の道理はイエス・キリストによって乗り越えられ」[8]と読むことができ、右端に離れて「使徒聖ペテロの袋（Bursa）」[9]とある。

ついで 180 近くに上る聖遺物の名前が 40 数行にわたって列挙される。判別できないものや重複もあるが、次のようにおおまかな分類に従っている。まずキリストの受難にまつわるものが並べられ、聖母マリア、洗礼者聖ヨハネ、大天使ミカエルに関するものが続く。ついで使徒の聖遺物が挙げられたのちに、殉教者や証聖者などの聖遺物が記され、最後に再びキリストや聖書に登場する人物のものが記載される。西欧の修道院や有力な教会で聖遺物のコレクションをさかんに集めるようになったのはカロリング期以降のことで、

その記録は叙述史料のほか、聖遺物目録や authehtiques と呼ばれる聖遺物に付けられた名札のようなものに残されている。聖遺物目録のもっとも古いものは、アルクインの弟子のひとりで、カール大帝の礼拝堂の責任者を務めたアンギベルトゥス（Angibertus）が、9世紀初頭に修道院長をつとめていたサン・リキエ（Saint-Riquier）修道院の年代記を執筆した際に記したものとされている[10]。そこには聖十字架を筆頭とするキリストゆかりのものをはじめに、使徒、殉教者、聖人、聖女の順番で 173 の聖遺物が記載されている。聖十字架をはじめ、聖地にゆかりある品（棺の破片、土、衣）が教会に集まるのは、聖地を巡礼した人が土産として奉納するという古代末期からの習慣に由来する。その多くの品に authentiques がついており、これらの土産は聖十字架のように、純粋な意味での聖遺物よりも重視されることもあった。

2　聖遺物目録の作成時期と背景

モワサック修道院の聖遺物目録で表面に記されたものの来歴と写本の成立について、上記のカロルス王とシャルル王が別人だと仮定した場合、次のような三段階を経てこの写本が成立したと推察される。まずカロルス王が聖遺物をモワサック修道院に寄贈し、この目録を M...II 年にシャルル王が書かせて聖遺物箱に収納し、その目録を写したものがこの現存する羊皮紙の写本ということになる。それではこの二人の王は誰のことなのか。この目録が作られた M...II 年はいつのことなのだろうか。同修道院のほかの史料からは手がかりがなく、記載された聖遺物のコレクションそのものは現存しないため、同じ類型の別の史料を参照しながら考察してみよう。

おしなべて中世では「物言わぬ」骨や物を、聖遺物として礼拝対象や権威の象徴とするには何らかの証が必要で、このような目録をはじめとして聖遺

物の鑑定書ともいうべき文書が存在し、モノと文字は常に一体であったといってよい。加えて聖遺物そのものは通常は聖遺物箱や祭壇に収納されて、秘仏のように人目にさらされず、祝日など特殊な機会にのみ顕示されたこともあった。したがってどのような聖遺物が収められているかを文字で記録し、示す必要があった。このような記録には伝記、移葬記といったナラティヴなもののほかに、目録や来歴を記した鑑定書のような業務文書的なもの、さらに聖遺物に直接付けられた authentiques、祭壇や聖遺物箱に直接刻んだ碑文もあり、それらは一定の定式に従って作成されていたのである。モワサック修道院に現存するこの文書は、聖遺物箱に入っていた聖遺物目録の写しということから、記録や宣伝などのために使用されたものと考えられ、オクシタン語が多く入っていることから、読み上げた場合でも民衆にある程度理解されたものと思われる。憶測ではあるが、日本の寺院での秘仏に対する御前立のように、そのような文書は神聖なものとして扱われていたかもしれない。

　つぎに聖遺物を寄進したカロルス王とはだれなのか、考察してみる。この目録にも収められている「真の十字架」（聖十字架とも。キリストが実際に磔刑になったと言い伝えられる十字架の破片）は、9〜10世紀に主要な教会や修道院で聖遺物として礼拝されることが増え、それは十字軍時代にはさらに盛んになり、その移葬譚にはカール大帝伝説が絡むことが多い。たとえば大帝がエルサレム遠征を終えてコンスタンティノープル経由で帰国した際に、多くの貴重な聖遺物を獲得して持ち帰り、その一つが大帝（もしくはゆかりの人物）から当聖堂に贈られた（したがってこれは本物である）という内容のものである。またカール大帝がアーヘンにおさめた聖遺物を、孫のカール禿頭王が各修道院や教会に分配した（したがってこれは本物である）という伝承も多い。このような伝承を考えると、モワサック修道院の聖遺物コレクションを寄贈したカロルス王という記述は、カール大帝もしくはカール禿頭王を指

すという可能性がある。

　目録の作成時期について、まず「シャルル王の時でM...II年」、という記述を考えてみたい。MとIIの間は磨滅していて、残念ながら判別不可能である。シャルル王という手がかりと、文字の形が13世紀末から14世紀にかけてのものであることから類推すると、この時期にシャルル4世（1322～1328年）、シャルル5世（1364～1380年）、シャルル6世（1380～1422年）の3人がフランスの王として在位しており、この3人の王のいずれかのときに作成されたと推測される。ただ、カロルス王（カール大帝は814年没、カール禿頭王は877年没）の寄贈から、なぜ数世紀もへた14世紀になって目録を作成したのかという疑問がわくかもしれないが、これは特異なことではない。おしなべて中世の修道院では聖遺物に限らず、所蔵している貴重品（書物、契約文書、祭具、装飾）や修道院の歴史などを、取得したときだけでなく、修道院が創立する際や改革、改築、危機克服の折などに文書化して、財産やステータスを示す傾向があった。たとえば1120年に創立したイギリスのレディング（Reading）修道院では、1190年代に修道院のカルチュレールの編纂が行われた際、修道院の記録や記憶を整理する作業の中で聖遺物目録が作成されてカルチュレールに収録された[11]。記載されている聖遺物一覧はモワサックのそれと類似していて、キリストや聖母マリアに関するもの、預言者、使徒、殉教者、証聖者などあらゆるカテゴリーにわたっている。聖遺物の来歴は同修道院の前身である諸修道院の所有物を継承したもの、寄贈によるものなどが多い。ライン地方のカンプ（Camp）修道院では、1472年に修道院長ハインリヒ・フォン・ライ（Heinrich von Ray）による修道院改革が行われた際に、300近い聖遺物の目録が作成され、年代記とともに綴じられた[12]。これもキリストゆかりの聖遺物を冒頭に多くの聖遺物が記載されており、連禱で呼ぶ聖人の聖遺物をすべて保有することを目指したものと考え

られている。ここでも聖遺物の多くは寄進による取得とされている。現ベルギーのスタヴロ・マルメディ（Stavelot-Malmedy）修道院は、二つの修道院が併存する独自の組織であるためか、両修道院の競合を反映して11世紀以降聖遺物の目録、authentiques、碑文など多くの史料が頻繁に作成され、現存しているものも多い[13]。モン・サン・ミシェル修道院も同じ状況で、14世紀以降に聖遺物目録がことあるたびに作成され、多くが現存している[14]。聖遺物のみでなく、修道院が所蔵する宝物（書物、祭具、衣服、装飾）などが聖書、典礼書、修道院規則とともに束ねられたり書かれたりすることも多く、文書そのものが聖なる機能の一端を担っていたことがわかる。

　モワサック修道院に立ち返ると、聖遺物目録が作成されたと考えられる14世紀に同修道院は、アヴィニョンへの教皇庁移転、ペスト、百年戦争といった時代の流れの中で、難しいかじ取りを迫られていた。そのなかでオジェ修道院長（Auger de Durfort, 1306～1334年、シャルル4世期）は修道院規則を記して、教皇ヨハネス22世の承認ののちに1331年に施行するなど、修道院の規律維持に積極的だった。またエメリック修道院長（Aymeric de Peyrac, 1377～1406年、シャルル6世期）は、みずからを古物愛好家（antiquarius）と称し、修道院の古い文書を調べて四つの年代記を執筆した。なかでも『修道院長年代記』[15]は、7世紀以降のモワサック修道院の優れた修道院長たちの事績を通して修道院の栄光の歴史を記述したもので、同修道院で中世に書かれて現存する唯一の修道院史である。これらの年代記ではモワサック修道院の栄光の歴史とカペー王権の栄光をかぶらせており、エメリック修道院長は晩年にカール大帝を讃える著作を執筆していることから[16]、王権寄りの姿勢をとっていた。このことを、聖遺物目録にある王への言及と整合する姿勢と考えるならば、この修道院長が目録の作成（複写にも）に関与している可能性はある。

中世の聖遺物礼拝と文書

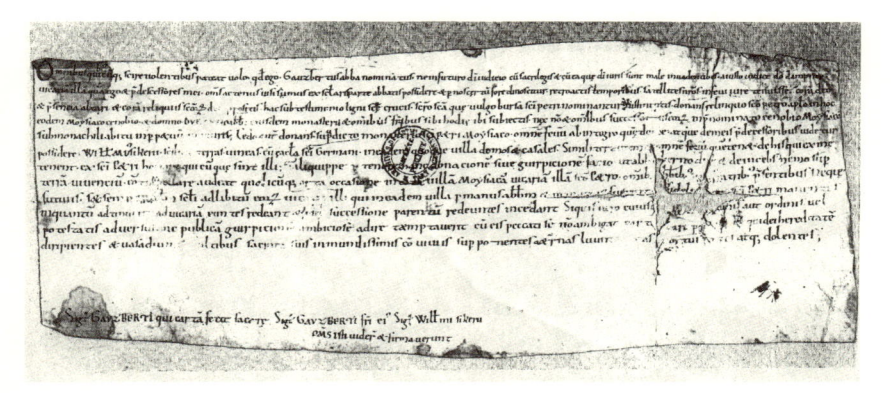

図5　Archives départementales de Tarn et Garonne G633.

3　聖遺物目録にみるモワサック修道院の聖人礼拝

　この目録と聖遺物はどこに安置され、礼拝されていたのか。裏面には来歴説明はなく、冒頭で「使徒聖ペテロの祭壇にある聖遺物」と明記され[17]、ついで「まず最初には……」にはじまる聖遺物目録が記載される。表面では上記の来歴説明のあとに、少し離れて「使徒聖ペテロの袋」と記され、次の行から「まず第一に……」と目録が始まる。「袋」（Bursa）を聖遺物箱の形の一つと解釈するならば、これらの聖遺物が収納されていたものを示すのかもしれない。Bursaとは聖体布を入れる箱を意味することもあるが、袋のような形をした聖遺物箱が作成されて、用いられることもあったからである。同修道院でこれに該当するものは現存しないが、管見のかぎり同修道院の文書にはその存在を示すものが1点ある［図5］。これはモワサック修道院がクリュニー修道院の改革を導入した11世紀半ばの証書のオリジナルで[18]、俗人身分のまま修道院長職にあったゴスベール（Gausbert）という人物が、新たにクリュニーから派遣されたデュラン（Durand）修道院長に全権を譲渡する

29

という、修道院にとって重要な誓約を記録したものである。Bursa が言及されるのは、次のような誓約の核心部分である。「神と祭壇の前で、神によって証人と呼ばれる資格のある聖人たちの聖遺物、すなわち真の十字架と聖ペテロの袋（Bursa sancti Petri）の前で、私は聖ペテロ、モワサック修道院共同体、デュラン修道院長、修道士に寄進を行う……」。残念ながらこの祭壇の名と場所は特定できない。現在の礼拝堂や祭壇は革命以降の名称で、配置については 17 世紀中葉の役人による調

図6　デュラン修道院長像　修道院回廊

査記録以前に詳しい記録がない[19]。この文書のほかにも重要な誓約が聖遺物を前に行われていたことについて、「聖ペテロの祭壇」で聖俗の証人のまえで俗人が誓いをたてたという証書[20]、「聖なる十字架の祭壇」で宣誓した証書[21]が残されている。

　聖遺物コレクションについての証言は、1097 年付の同じような証書に記されている[22]。これは俗人修道院長ゴスベール（Gausbert de Fumel）が、「多くの聖遺物が置かれている聖ジュリアンの祭壇に」、多くの修道士と騎士を前にして「聖ペテロの名誉を目的とする場合、悪事を犯した者を捕まえる場合を除いて、この町で戦いをおこさず、戦士を雇わないことを誓った」。この聖ジュリアンというのは、3 世紀にフランス中部のヴィエンヌ近郊で殉教したローマの兵士で、友であり先に殉教した聖フェレオルとともに主として南フランスで礼拝がさかんだった。モワサック修道院では、聖遺物の発見譚、

移葬記、奇蹟物語は独立した形では残っておらず、『修道院長年代記』のこの記述は貴重なものである。

　前述したようにモワサック修道院の聖遺物目録の表面には180近い聖遺物が記されているが、聖遺物の順序は中世に作成された多くの聖遺物目録と同様に、キリストとマリアのものを筆頭に、天使や使徒が続き、殉教者と証聖者が記されている。なかでも聖ジュリアンと聖フェレオルのランクは高く、後述する聖シプリアンとともに使徒たちのすぐあとに記載され、殉教者たちの筆頭の地位を占めている。

　聖ジュリアンと聖フェレオルの同修道院での重要度を示すエピソードが、『修道院長年代記』に記されている。ひとつは12世紀初頭のロジェ修道院長の在位期間（1115～1131/35年）に、「殉教者の祭壇」とよばれる祭壇から聖ジュリアンと聖フェレオルの頭骨と多くの聖遺物が発見されたという聖遺物発見譚で、修道院に伝えられていた詩とともに記されている。そこには、この祭壇は8月28日に祝別されたこと、ついでレプラ患者が奇蹟をもとめてあふれたことなどが記される[23]。また14世紀初頭に記されたモワサック修道院の規則では、祭具係についての章の「祭日にいかに燈火をともすか」と題する部分で「すべての修道院長の祭日では、聖務日課とミサのあいだ聖ジュリアンの祭壇では五つの蠟燭がともされる」[24]とあり、聖ジュリアンの祭壇が典礼の中で重きを置かれていたことを示し、聖遺物目録の両聖人の高い位置づけと整合している。

　聖ジュリアンと聖フェレオルは、12世紀半ばにクリュニー改革を導入したクリュニー修道院長オディロンと、その腹心でモワサック修道院に改革の任務を帯びて赴任したデュラン修道院長の故郷に墓があり、さかんに礼拝されていた。クリュニー修道士がモワサックにゆかりのない新たな聖人礼拝を導入することで、刷新を図った可能性も否定できない。表面の目録にモワサ

ック修道院出身の聖人は含まれておらず、裏面に7世紀のアンスベール（Ansbert）修道院長が記載されているのみである。もうひとり同修道院の聖遺物礼拝で重きを置かれていた聖シプリアンは、聖遺物目録では聖ジュリアンと聖フェレオルの次に記されている。3世紀のカルタゴの司教で殉教者聖シプリアンはヨーロッパ全体で崇敬された「国際的な」聖人で、カール大帝とカール禿頭王に絡んだ多くの移葬記が書かれたことも、その普遍的な人気を物語っている。聖シプリアンの頭骨がモワサック修道院に移葬されたことについては、『修道院長年代記』にのみ記述があり、前述の聖ジュリアンと聖フェレオルの聖遺物が発見されたロジェ（Roger）修道院長の時期に、ノルマン人の侵攻を逃れてレ・ヴォー（Les Vaux）修道院に避難していた聖遺物が、モワサック修道院に移葬されたと伝える[25]。

　聖シプリアンは殉教者であると同時に、多くの著作を残した名高い聖人であり、モワサック修道院で11世紀半ばに作成された聖人伝読唱集 légendier にも記載されていることから、早くから礼拝されていたことがうかがえる[26]。グルノーブル大学の名誉教授で中世文学を専門とするフィリップ・ヴァルテール氏は、聖シプリアンのラテン語名 Cyprianus が cyprium に由来することに着目し、これがフランス語の cuivre の語源であることとモワサックに銅の鉱脈があることの関連性を指摘している[27]。

　まとめにかえて

　この聖遺物目録の作成について直接証言する史料はなく、ここまで考察を進めてみた結果、みずから古物愛好家と称し、15世紀末に修道院に関係する四つの年代記を執筆したエメリック修道院長もしくは同時期の人物が、何らかの関与をしていた可能性はある。この修道院長は、困難な時代にあって、

修道院の古い文書を使用しながら聖遺物の移葬や発見、聖遺物を前にした宣誓などについて、自らの年代記に詳細に記述している。また修道院の財産目録は、院長もしくは院長に任命された役職者が交代した折に作成される習慣があったことを考えると、エメリックが院長に就任した1377年もしくは彼の死1406年のあとすぐに、財産確認の意味もあって聖遺物目録と写しが作成されたとも推測される[28]。聖ジュリアンなど土地に縁のない殉教者の聖遺物が、クリュニー改革導入後（11～12世紀）の発展期の院長たちの時期に発見、移葬されたことを、エメリック院長が『修道院長年代記』で多くの紙幅を割いて記述をしたのは、修道院の権威を示すために、修道院に伝わる聖なる物だけでなく、文書やそこに書かれた記録を活用したことを意味する。記録の活用という意味には、この修道院長が限られた情報をもとに、聖遺物にまつわるエピソードを創作した可能性も含まれている。それは聖なる空間が、教会、祭壇、祭具などのみでなく、聖なる文書や記録によって成り立っていることを示しているともいえよう。

注
(1) Jean Dufour, *La bibliothèque et le scriptorium de Moissac*, 1972, Appendices, II, III, IV. 参照。
(2) Archives Municipales de Moissac, JJ 1.
(3) le Recueil des actes de l'abbaye Saint-Pierre de Moissac. http://home.kpn.nl/r.delahaye
(4) ベネディクトの『戒律』32章で修道院長は修道院の財産目録を作るように定められ、中世の大きな修道院では宝物（聖遺物、本、祭具、装飾品）の目録が作られた。本報告で扱う目録は、聖遺物の目録（の写し）である。
(5) 管見のかぎり最初にこの文書に着目したのは Margueritte Vidal, « Le culte des saints et des reliques dans l'abbaye de Moissac », *O Districto de Braga*, vol, IV, Braga, 1967, p. 7-18. で、p. 16-18 にテクストが掲載されているが、これは18世紀にアンデュランディが複写したものの転写と思われる。近年 Chantal Fraïsse, *Moissac, histoire d'une abbaye*, Cahors, 2006, p. 124-125. がこの文書を引用しているが、これは Margueritte Vidal の校訂した18世紀の写本を基にするものと思われる。

(6) パリのサント・シャペルで最初にフランス語の宝物目録が書かれたのは 1368 ～ 77 年。
(7) Aycho son las cauzas dejos escrichas aychi quoma sen segun. Seguon que diten la carta ques el relequary escricha l'an M...II, al tems del Rey Carles. Breve memoria de reliquias que dedit Rex Karolus al mostie de S P de Moyss.
(8) Sibusis terra craturina.Ratio mundi victa JHS XPS.
(9) Bursa Sti Petri apli.
(10) Angilbert de Saint Riquier, *De ecclesia Centulensi libellus*, éd. G.Waitz MGH SS 15, 1 1887, p. 173-179.
(11) Denis Bethell, « The Making of a Twelfth Century Relic Collection », *Popular Belief and Practice*, edited by G. J. Cuming, Derek Baker, *Studies in Church History* 8, Cambridge University Press, 1972, p. 61-72.
(12) Hans Mosler, «Das Camper Reliquienverzeichnis von 1472 », *Annalen des Historischen Vereins für den Niederrhein*, 168/169, 1967, S. 60-101.
(13) Philippe Georges, *Les reliques de Stavelot-Malmedy. Nouveaux documents*, Malmédy, Art et Histoire, 1989.
(14) Jacques Dubois, « Le trésor des reliques de l'abbaye du Mont Saint-Michel », *Millénaire monastique du Mont Saint-Michel, 1, Histoire et vie monastique*, Paris 1967 (*Aspects de la vie monastique en France au Moyen Âge*,Variorum 1993), p. 501-593.
(15) *Aymeric de Payrac, de 1377 à 1406, Chronique des Abbés de Moissac*, éditée, traduite et annotée par Régis de la Haye, Maastriche/Moissac, 1999.
(16) *Stromatheus tragicus de Obitu Karoli Magni*. 1404 年から 5 年に執筆され、ベリー公に献呈された。未公刊。BnF, ms.lat.5944 et 5955, Cahors, Bibl mun ms 37. Cf. Paul Mironneau, « Éloge de la curiosité, Aymeric de Peyrac (vers 1340-1406) », *Cahiers de Fanjeaux*, 35, 2000, p. 149-183.
(17) Breve de illas reliquias qui sunt in altario sancti Petri apostoli.
(18) Archives départementales de Tarn et Garonne, G. 633.
(19) le procès-verbal d'une visite des bâtiments de l'abbaye, faite en 1669, Archives départementales de Tarn et Garonne, G 581.
(20) 1085 年から 1115 年のもの。Archieves départementales de Tarn et Garonne, G 668.
(21) Archieves départementales de Tarn et Garonne, G 698.
(22) これはオリジナルが失われていて、上記のエメリック修道院長著『修道院長年代記』に収録されているのが唯一のテクストである。*Chronique des Abbés de Moissac*, p. 72-75.
(23) *Chronique des Abbés de Moissac*, p. 136-141.
(24) Charges du sacristain, art 25, Item.in omnibus aliis anniversariis omnium abbatum ad

officium et ad missam dicantur in alteri Sancti Juliani accedentur Ve parvi cerei, Nicole de Peña, *Les moines de l'abbaye de Moissac, de 1295 à 1334*, Brepols, 2001, p. 75.
(25) *Chronique des Abbés de Moissac*, p. 136-137.
(26) BnF, ms. lat. 5304、BnF, ms. lat. 17002 など。
(27) Philippe Walter, *Gauvin, le chevalier solaire,* Paris Imago, 2013, p. 273, n. 8.
(28) イベリア半島のリポイ Ripoll 修道院では、オリバ Oliba 修道院長をはじめ多くの財宝を集めた修道院長の没後ほどなく、財産目録が作成された。Cf, Daniel Codina I Giol, « Les quatre inventaires du tresor de Rioll », *Les trésors des églises à l'époque romane,Les Cahiers de Saint-Michel de Cuxa*, XLI, 2010, p. 229. なおパリのサント・シャペルでは 14 世紀に宝物係が交代するたびに目録が作成された。

ダンテ『神曲』の世界

藤谷 道夫

イタリアにおける『神曲』の重要性

『神曲』はイタリア最大の知的遺産であり、今なおイタリアの中学・高校で全員が学ぶ必須の文学作品となっている（このため、イタリアのどの家庭にも『神曲』が置かれている）。とりわけ、高校では地獄篇・煉獄篇・天国篇の各篇を3年かけて通読するが、一人の作家の一作品をこれだけの期間をかけて学ぶ学習形態は、他の欧米諸国においても――当然、日本においても――見られない。なぜイタリアではこれほどまで国民をあげて『神曲』を学ぶのであろうか。これにはいろいろな理由が考えられるが、その主要な2点について指摘してみよう。

国語としての『神曲』

イタリア語が書き言葉とされる前、すなわち『神曲』が書かれる前、イタリアを始めヨーロッパでは、ラテン語が権威ある言葉として学識ある人々によって用いられていた。『神曲』はヨーロッパで最初の俗語（近代語）で書かれた叙事詩であり、近代各国文学の先駆けとなった作品である（シェイクスピアはダンテの300年後1564年に生まれている）。ダンテ（1265-1321）の時代まで高度な文学作品・論文はすべてラテン語で著述され、聖書もラテン語

訳しか存在しなかった[(1)]。他のヨーロッパ諸国では俗語——フランス語、ドイツ語、英語など——はゆっくりと幾世紀もの長い期間を通じて醸成され、今あるような形（近代語）になった。そのため、中世の時代、これら各国の俗語と現代語との間には非常に大きな相違がある（たとえば、英仏独の初級文法を終えた学習者が中世の時代の英・仏・独語の文献を読むことは不可能であろう）。一方、イタリア語の場合、ラテン語からイタリア語への移行はほぼ瞬時に『神曲』においてなされた。『神曲』が世に現れたとき、突如、イタリア語はラテン語世界からほぼ完成された形で生み出された（このため、イタリア語の初級文法を終えた学習者は中世のイタリア語で書かれた『神曲』を読むことができる）。『神曲』はイタリアの中学生でも辞書なしで読み始めることができ、脚注を用いるだけで通読することができる。『神曲』に使用された単語の6〜7割は今なおイタリア語として用いられている（一方、われわれ日本人は古語辞典と古典文法を学ぶことなしに日本の古典作品を読むことはできない）。このように『神曲』のイタリア語は中世のイタリア語でありながら、同時代の西洋諸国の言語に比べ、極めて現代イタリア語に近いという特徴を有している。

　ダンテが『神曲』をフィレンツェを中心とするトスカーナ方言で書いたことでトスカーナ方言が後のイタリア語——国語——の母型となる。476年に西ローマ帝国が滅亡して以来、1870年にイタリア統一がなされるまで、1400年間——大和時代から現代まで——イタリアには都市国家が様々に乱立するだけで、統一国家は存在しなかった。その結果、統一されたイタリア語も存在しなかった。人々は各都市、各地方で自分たちの方言を話すだけで、全国に共通のイタリア語は存在しなかったのである（これは、日本の幕藩体制が1400年間続いたのと同じようなものである。江戸時代にも共通の話し言葉は存在しなかった）。こうした状況にあって、『神曲』だけは都市と地方の壁を

越えてイタリア全土で筆写され[2]、読み継がれた。またその理解を助ける注釈書も、ダンテの死後、時を経ずして数多く生み出された。その結果、イタリア全土にトスカーナ方言が普及し、どこでもトスカーナ方言が理解されるようになっていった。ダンテの名声に加え、ダンテの後に続くトスカーナ出身の大詩人ペトラルカや散文の大家ボッカッチョが広く読まれたことで、トスカーナ方言の優位性が決定づけられた。この3人のトスカーナ人が駆使した優れた言語がイタリア語の方向性を決定づけたのである。しかも、トスカーナ方言は、他のイタリアの諸方言に比べ、最もラテン語に忠実であり――ラテン語を色濃く残している――、権威あるラテン語を継ぐ言語としてふさわしい要素を有していた。トスカーナ方言の権威は19世紀まで続き、イタリアの国民的作家マンゾーニ（1785-1873）は、自身がミラノ方言で書いた自作『いいなずけ（*Promessi Sposi*）』を彫琢するためにフィレンツェに滞在し、フィレンツェ方言に書き改めたことは有名である[3]。『神曲』がイタリア語に与えた影響の大きさから、ダンテは「イタリア語の父」と称されている。

文化の総体としての『神曲』

　『神曲』の偉大さはその言語のみならず、その内容の豊かさにある。『神曲』は人類が造りだした最も複雑で有機的なテキストであり、これに並ぶいかなるテキストも存在しない。それは、『神曲』が単なる文学テキストではないからである。

　ダンテが生きた13世紀から14世紀の時代、啓蒙主義の時代とは異なる意味での《百科全書》の時代であり、人間の知識は有限の百科全書の中に調和をもって収めることができるという野心を抱くことが可能な時代だった。ダ

ンテは、当時の西洋人が知りうる限りの知識——文学、歴史、詩学、哲学、神学、天文学、数学、物理学、光学、医学、植物学、鉱物学、地理学など——を『神曲』の中にちりばめ、凝縮させようと試みている。このため、『神曲』は知識という点でも他の文学作品に類を見ない広範な範囲を扱っている。ヨーロッパでは古代ギリシャ・ローマ時代以来、詩人は世界の成り立ちについて語るという伝統があり、ダンテはそうした《万物と世界を語る》詩人の系譜に属している。

『神曲（La Divina Commedia）』の題名について

『神曲』という題名は、1891年に森鷗外がこの作品を日本に初めて紹介したときに与えたものである。直訳すれば、『神聖喜劇（La Divina Commedia）』となるところを鷗外が見事に『神曲』と訳してくれたおかげで、日本人のみならず、中国人もこの題名を今なお踏襲している（最初の中国語訳は日本語訳からの重訳であった）。ところで、La Divina Commedia（英：The Divine Comedy）というタイトルはダンテが付けたものではない。当時の書物には題名をつける習慣がなかったため、16世紀まで『ダンテの幻想』、『夢』、『喜劇』、『三韻句詩』、『地獄、煉獄、天国』など様々な題名で呼ばれていた。ダンテ自身はこの作品をギリシャ語アクセントで『喜劇（Comedia ← κωμῳδία）』（地獄篇第16歌128；第21歌2）と呼び、『カングランデ宛ての手紙』でもラテン語で『喜劇（Comœdia）』と呼んでいる。これに形容詞「神聖な（divina）」が冠せられるようになったのは1555年のジョリートのヴェネツィア版からであり、以後、これが題名として定着し、普及した。

ところで、地獄のような悲惨な光景を扱う作品を、なぜ「喜劇（英語のcomedyに当たる）」とダンテは呼んだのであろうか。これに答えるには、ダ

ンテ独自の作品観を説明しなければならない。一般の文学の伝統からすれば、喜劇は面白おかしいものを、悲劇は悲しいものを扱うと言えるが、ダンテはこの区別を変更し、独自の文学観の下に「喜劇」と名付けている。一つに文体の点から、低次の文体から高貴な文体までを混淆するスタイルを「喜劇」とみなしたからであり、一つに内容の点から「悲劇が、最初、素晴らしく平安に満ちた状態で始まるが、おぞましく恐ろしい結末をもって終わるものを指すのに対し、喜劇は、最初、困難な状況から始まりながらも、幸福な結末を迎えるものを指す」(『カングランデ宛ての書簡』)とみなしたからである。『神曲』はまさに最初、不幸な状態から始まりながらも、幸福な大団円——見神(神との邂逅)——を迎えて終わる。

『神曲』の詩の形式

『神曲』は《11音節の詩行(endecasillabo)》を3行1組とする《3行詩節(terzina)》からなり、各詩行は交互に3回ずつ AbA, bCb, CdC, dEd…と数珠繋ぎに韻を踏んでいく。ダンテが『神曲』のために初めて編み出したこの韻律形式を《3韻句法 terza rima》と言う。

＊①〜⑪は音節数。太字はアクセント。

ダンテ『神曲』の世界

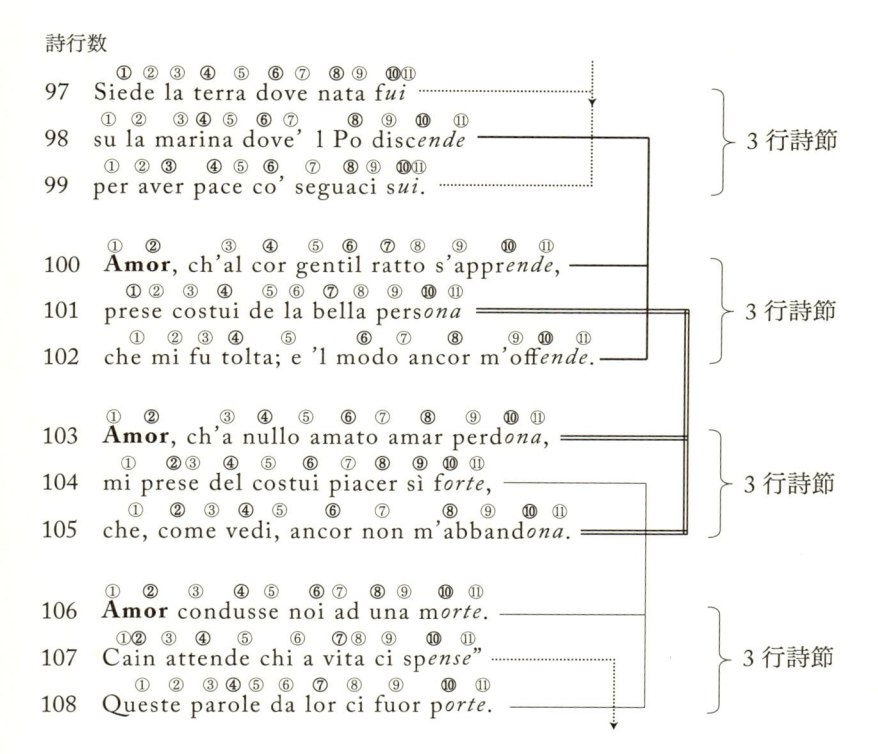

詩行数

97 Siede la terra dove nata f*ui*
98 su la marina dove' 1 Po disc*ende*
99 per aver pace co' seguaci s*ui*.   } 3行詩節

100 **Amor**, ch'al cor gentil ratto s'appr*ende*,
101 prese costui de la bella pers*ona*
102 che mi fu tolta; e 'l modo ancor m'off*ende*.   } 3行詩節

103 **Amor**, ch'a nullo amato amar perd*ona*,
104 mi prese del costui piacer sì f*orte*,
105 che, come vedi, ancor non m'abband*ona*.   } 3行詩節

106 **Amor** condusse noi ad una m*orte*.
107 Cain attende chi a vita ci sp*ense*"
108 Queste parole da lor ci fuor p*orte*.   } 3行詩節

　第5歌97行目から108行目まで3行詩節を4つ(計12行)取り上げたが、各詩行の語末の2音節が1行おきに3回韻を踏んでいる。… f*ui* – s*ui* ; disc*ende* – appr*ende* – off*ende* ; pers*ona* – perd*ona* – abband*ona* ; f*orte* – m*orte* – p*orte* …という具合である。『神曲』は各詩行が11音節から成り立ち、3韻句法により三位一体を奏でながら、14233行にわたって韻を踏んでいく。「神の創造の業の中に三位一体が暗示されている」(アウグスティーヌス『神の国』XI, 24)ように、全自然の等価物である『神曲』の各詩行の中にも三位一体が繰り返し奏でられる。六脚で構成されるラテン語の叙事詩体である《六脚詩

（ἑξάμετρος）》が脚韻を踏まないことを考えると、『神曲』の方が遥かに形式上の拘束が大きい。しかも、ダンテが『神曲』のために考案した史上初の1行おきに鎖のように3回韻を踏む3韻句法は極めて難しい韻律形式である。実際、ダンテ以後に、この韻律形式を使いこなせた詩人はいない。とりわけイタリア語以外の外国語（たとえば、英語）で3韻句法をこれだけ長く再現することはまったく不可能である。加えて、ダンテはこれをベースにして、更なる音韻上のレトリックを積み重ねている。たとえば、100行目の3行詩節の冒頭のAmorは、103行目と106行目の3行詩節の冒頭のAmorと《語頭反復（anafora）》を形成している。語末だけでなく、語頭も韻を踏んでいるのである。また、103行目ではamor – amato - amarと、類音重畳法（*annominatio*：同一語およびその派生語の様々な活用形を重ねたり、同音語および類似音語の様々な活用形を重ねる技法）という類韻レトリックが用いられている。あるいは、これに更に別の音韻上のレトリックを加えている場合もある。たとえば、地獄篇第3歌の4行目と57行目に見られる特別な類韻もそうである。

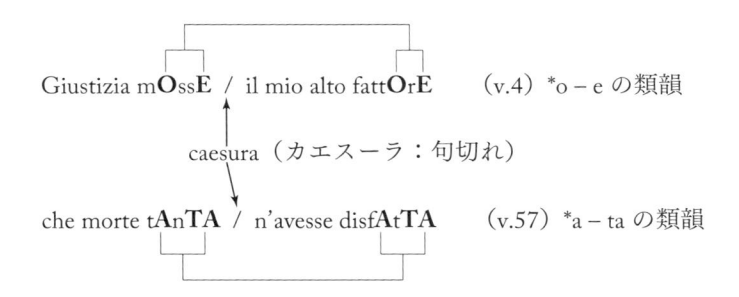

Giustizia m**O**ss**E** / il mio alto fatt**O**r**E** 　　（v.4） *o – e の類韻

　　　　　　　caesura（カエスーラ：句切れ）

che morte t**A**n**TA** / n'avesse disf**A**t**TA** 　　（v.57） *a – ta の類韻

　カエスーラで類韻のレオニーヌス詩体[4]が作りだされている。こうした音韻上の様々なレトリックを挙げれば、切りがない。また、11音節詩行の

アクセントの位置にも音響上の聴覚効果が工夫されている。上述の第5歌の引用はフランチェスカという女性が過去を懐旧しながら語る詩行（vv. 97-107）である。このため、ゆったりとした内省的なリズムを作り出す4番目、6番目、8番目、10番目にアクセントが来る11音節詩行が使用されている。とりわけ強い感情が込められた詩行には、4番目、7番目、10番目にアクセントの来る11音節詩行が用いられるが、ここでは100〜101行目、107行目にそれが見られる。この第5歌の詩行を訳すと、次のようになる。

97 「私が生まれた街は、ポー川が
98 　その供のもの［支流］たちを引き連れ、平安を求めて
99 　降りゆく［流れ込む］海の辺に憩っております。
100 愛（神）は、高貴な心に、たちまちのうちに点じ、
101 　恋の炎は私の美しい体によってこの人［パオロ］を捉えました。
102 　身は奪い去られましたが、今もその激しい愛は私を貫いています。
103 愛（神）は、愛される者が愛し返さぬことを許さぬもの。
104 　私は、この人［パオロ］の悦びにかくも強く囚われたあまり、
105 　ご覧の如く、その愛は、今も私を捉えて放さないのです。
106 愛（神）は、私たち二人を同じ一つの死へと導きました。
107 　カインは、私たちから命を消し去った者を待ち受けています。」
108 　こうした言葉が、二人から、私たちに注がれた。

　語り手のフランチェスカはパオロとの恋愛と死をこのように語っているが、後で詳しく見てみよう。

『神曲』の外部構成

最小から最大まで第一の基本単位：《3》と《1》——3位1体数

　次に、キリスト教を扱う『神曲』が、《3》を中心に組み立てられていることを構成の点から見てみよう。神は「一者」であり、その統一性・全一性は《1》によって象徴されるが、神が持つ三つの側面——父・子・聖霊——は《3》によって象徴される。『神曲』の最初の骨組は、この《1》と《3》からなる。次図に見るように、ミクロのレベル——11音節詩行、3行詩節、総音節33音節——でのパターンは、マクロのレベルでも同じように対応している。各3行詩節が33音節から構成されることにより、各篇も33の歌章から構成される。また、各3行詩節が3つの11音節詩行から構成されることにより、1作品も3つの篇から構成される。『神曲』という《1》作品は、《3》つの篇——地獄、煉獄、天国——に分かれる。そして一つ一つの篇は《33》の歌によって構成され、円環をなすように微視的なレベルと巨視的なレベルが照応するように作られている。

```
        《微視的レベル》            ⇔         《巨視的レベル》
        ミクロ                              マクロ
   ①11音節詩行   →1行              1作品←①『神曲』
   ②3行詩節     →3行              3篇  ←②　篇
   ③音節数      →33音節           33歌 ←③　歌章
```

歌章数と歌章番号の照応

　歌章の照応関係を見てみると、『神曲』は全部で100の歌章からできているが、これも外部構造と内部構造を有して次のように図式化できる。

『神曲』：全体の序歌＋地獄篇＋煉獄篇＋天国篇
計100歌：　　1歌　　＋33歌　＋33歌　＋33歌

　100は《完全な数》どうしを掛け合わせた数（10 × 10）であり、《全存在》、《全自然》、《全宇宙》、《神》を象徴している。煉獄篇を軸として地獄と天国が左右対称の関係にあるが、煉獄篇を中心軸として同一の歌章番号どうしに内容的・主題的な照応関係が見出されるようになっている。
　『神曲』という大伽藍を外から眺めてみよう。『神曲』はイタリア語を知らない人にも楽しめる。というのもダンテは『神曲』のイタリア語が俗語である以上、絶え間ない変化を被ることを知っていた。ちょうどラテン語がダンテの時代もはや母語ではなくなったように、何百年と経つうちに言葉は変化し、かつての母語が、後世の時代の人には、外国語のようになってしまうことを意識していた。そのため、『神曲』は二重の言語によって書かれている。一つは変化する部分であるイタリア語であり、一つは不変化の部分である語の位置関係と数的構成である。単語の置かれる位置や数的構成は時代を超越して不変・普遍である。要するに、ダンテはイタリア語によって読者にメッセージを伝えると同時に、何千年経とうとも変わらない要素──数的・幾何学的構成──を使って普遍的なメッセージを伝えている。とりわけ、ダンテは言葉を超えた深い感情や思想を伝えたい時に、こうした普遍コードを用いる。そのため、現代のわれわれはイタリア語を知らなくても、『神曲』のメッセージを受け取ることができるし、『神曲』を楽しむことができる。ちょうど教会に書かれている文字が読めなくても、建物自体を見て楽しむことができるのと同じである。

脚韻の照応

  E quindi uscimmo a rivedere le *stelle*.   〜地獄篇第 34 歌 139 行〜
   puro e disposto a salire a le *stelle*.   〜煉獄篇第 33 歌 145 行〜
  l'amor che muove il sole e l'altre *stelle*. 〜天国篇第 33 歌 145 行〜

　上記の引用に見るように、地獄篇、煉獄篇、天国篇の各篇における最終詩行はすべて「stelle（星々）」という語で終わる。地獄篇と煉獄篇が脚韻を踏み、煉獄篇と天国篇が脚韻を踏む《篇の脚韻》といった形式になっている（これも文学史上、唯一の例である）。では、なぜダンテは各篇の最後に、「星」という単語を配置したのであろうか。《最後》という単語は——イタリア語 fine、フランス語 fin、ラテン語 *finis*、ギリシャ語 τέλος、英語 end、ドイツ語 Ende のどれでも——、「目的」という意味を併せ持つ。従って、《最後》を「星」という語で終えることによって、ダンテは人間の《最終》《目標》が「星」にあることを読者に伝えようとしている。散文的に「人間の最終目的は星である」と言わずとも、各篇の「最後に」この単語を配置することで、その「目的」を暗示できる。これが『神曲』の記述の仕方であり、《語の意味するもの》だけでなく、《語の配置》によって意味を伝えようとする点が『神曲』の特徴である。

脚韻数の照応

    地獄篇　煉獄篇　天国篇
  intell*etto*（3 回＋6 回＋3 回）   地獄篇・煉獄篇・天国篇
             Virg*ilio*（1 回＋1 回＋1 回）

次なる『神曲』の特徴は、ミクロのパターンとマクロのパターンが互いに照応し合って繰り返されていくところにある。例えば、「intelletto（知性）」という語を取り上げてみよう。地獄篇で3回、煉獄篇で6回、天国篇で3回、全部で12回脚韻を踏むが、この3、6、3という数字から判るように、煉獄篇を中心にしてシンメトリーが構成されている。同様に、「ウェルギリウス（Virgilio）」という単語は各篇それぞれ1回ずつ均等に脚韻を踏んでいる。ダンテは、『神曲』を作成するにあたって、重要な語は何度韻を踏ませるか予め決めてから作詩している。ダンテの単語の使い方を見ると、このように驚くべきパターンが無数に浮かび上がってくる。「キリスト」という語は『神曲』（地獄篇では用いられない）で合計40回使用され、そのうち韻を踏むのは12回（4×3）であり、Cristo-Crsito と、自身と韻を踏む回数は4回である。十字架は4で表されることより、4の倍数となっている。ついでに言えば、『神曲』で使用される主要な語の回数も予め定められている。

罪を表す象徴数《11》

　《11》は、キリスト教では、伝統的に《罪》を表す数として使われてきた。《10》が完全であるのに対して、《11》はそれを越え出ているため、《十戒》を破る、すなわち、《神の掟・法》を破り、逸脱する数とみなされたのである。この発想の典拠として、次の引用を挙げることができる。

> （カインの子孫の系図において）アダムから7代目にレメクの名が挙げられた後、罪を表す《11の数（*undenarius nemerus*）》になるまで、レメクの子たちが数え上げられていることは[5]、決して看過できない事柄に思われる。（中略）律法は10の数で公布され、そこからあの有名な十戒が由来するのであるから、《10を踏み越える11という数はまさに律法の

侵犯であり、それゆえ、罪を表しているのである（*profecto numerus undenarius, quoniam transgreditur denarium, transgressionem legis ac per hoc peccatum significat*）》。（中略）従って、罪深いカインを通るアダムの子孫は、罪を表す 11 をもって終わる。しかもこの数は女で終わっている。まさに女というこの性から、私たちすべてに死をもたらす罪が始まったのである。（中略）他方、アダムからセトを通りノアに至るまでには律法に適った 10 という数が入っている。
　　　　　──アウグスティーヌス『神の国（*De civitate Dei*）』第 15 巻 20, 4

　ダンテはこの伝統的なキリスト教の象徴に従い、地獄界における罪の分類を第 11 歌で行っている。この歌章が罪の分類を行うに最もふさわしい数であるために、意図的にこの歌章が選ばれているのである。しかも、第 11 歌での罪の分類はまさに 111 行目で終わっている。この《111》は、言うまでもなく、《完全数 100》＋《11》から成っている。(Hardt 1989: 9)

　また、ダンテは《11》が持つ象徴機能を非常に興味深い形で使用している。例えば、原罪を有する《人間 uomo（omo）》は『神曲』全体で《11》の 10 倍、すなわち、《110》（11 × 10）回使用されている。この 110 回の内訳を、すなわち、その内部構造を見てみると、更に興味深い。単数形での使用回数が計 99 回（11 × 9、すなわち 11 の倍数）であるのに対し、複数形での使用回数は計 11 回（11 × 1）と、両者を弁別しているからである。複数形の人間とは《人類》のことであり、これは例外なしに常に死すべき人間を、罪に堕ちた人間を表している。信じられないかもしれないが、ダンテは、主要語彙の使用回数を予め決めて用いているのである。例えば、《罪 peccato/peccati》という語は、まさに『神曲』では全部で《11》回使用されている。『神曲』

というテキストは、研究者にとってまさに宝の山である。

歌章の詩行数の照応

	詩行数（秘数）			詩行数（秘数）
地獄篇第1歌	136行（完全数10）	⇔	**煉獄篇**第1歌	136行（完全数10）
煉獄篇第33歌	145行（完全数10）	⇔	**天国篇**第33歌	145行（完全数10）
地獄篇第2歌	142行（恩寵数7）	⇔	**煉獄篇**第2歌	133行（恩寵数7）
煉獄篇第32歌	160行（恩寵数7）	⇔	**天国篇**第32歌	151行（恩寵数7）

　地獄篇の第1歌136行と煉獄篇の第1歌136行が詩行数によって対応している。煉獄篇第33歌145行も、天国篇の第33歌145行と照応している。さらに秘数[6]で見るならば、地獄篇の第2歌の《7》は、煉獄篇の第2歌の《7》に照応している。つまり136行というのは《外なる肉》の意味であり、1＋3＋6＝10の秘数10は《内なる霊》を意味する。この場合、10は完全数である。142行と133行は、表面的には対応していないように見えるが、秘数で見るならば、どちらもキリスト教の聖霊数・恩寵数である《7》に対応していることが隠されている。かくして、煉獄篇第32歌も天国篇第32歌と対応しあい、各篇は詩行数と秘数によって鎖状に繋がっている。次に、《3》を機軸とした対称性・照応関係の例を挙げておこう。

場所の照応

		宇宙	
外部構造(1+1+1)：	≪地獄界≫	≪煉獄界≫	≪天国界≫
内部構造(3+3+3)：	地獄前地	煉獄前地	下層惑星天球
	上層地獄	本煉獄	上層惑星天球
	下層地獄	地上楽園	上層天球
下部構造(10+10+10)：	地獄10の領域	煉獄10の領域	天国10の領域
各領域の構成要素：	9+1	7+3	9+1

　『神曲』を構成する地理学は、外部構造と内部構造と大きく二分できる。ダンテはこの宇宙を三つの領域に分け、それらに内部構造と下部構造を持たせている。ここにも《一なる》宇宙と《三なる》部分という基本単位が表れている。次の図式に見るように、当然、このマクロ構造はミクロ構造にも映し出される。

第二の基本単位《13》：完全合一数《十戒》+《三位一体》

　　　　10（1歌～10歌）+**13**（11歌～23歌）+**10**（24歌～33歌）

「アウグスティーヌスは宇宙(コスモス)を**神という完全な詩人が書いた書物**として考えた。
　　神はその目的に合わせて最初から終わりまでの筋書きを決め、
　　　すべての単語、音節、文字を完全に気を配って選んだ。」
　　　　　～ジョン・フレッチェロ（スタンフォード大学教授）
　　　　　　「ノートルダム大学での講演」（1977年）～

詩行数の照応

　『神曲』の全歌章の詩行数と秘数を歌章順に表にしてみると、興味深いことが多数判明する。右端の合計詩行数はどれも《3》の倍数となっている。これは各歌章の詩行数が3行詩節の倍数に1行を加えた数からできているからである（3n ＋ 1：三位一体）。この端数1が横糸となって三つの篇を繋ぎ、各歌章の合計詩行数は常に3の倍数を示すことになる。キリスト教の象徴学においては、神を表す《1》と三位一体を表す《3》の結合数《13》が重視される。

詩行数の照応

番号	【地獄篇計34歌】詩行数	秘数	【煉獄篇計33歌】詩行数	秘数	【天国篇計33歌】詩行数	秘数	合計 3n 詩行数（秘数）	
1	136	⑩	136	⑩	142	⑦	414（9）	
2	142	⑦	133	⑦	148	13	423（9）	
3	136	⑩	145	⑩	130	13	411（6）	
4	151	⑦	139	13	142	⑦	432（9）	
5	142	⑦	136	⑩	139	13	417（3）	
6	115	⑦	151	⑦	142	⑦	408（3）	計10歌
7	130	13	136	⑩	148	⑦	414（9）	
8	130	13	139	13	148	13	417（3）	
9	133	⑦	145	⑩	142	⑦	420（6）	
10	136	⑩	139	13	148	13	423（9）	
11	115	⑦	142	⑦	139	13	396（9）	
12	139	13	136	⑩	145	⑩	420（6）	
13	151	⑦	154	⑩	142	⑦	447（6）	
14	142	⑦	151	⑦	139	13	432（9）	
15	124	⑦	145	⑩	148	13	417（3）	
16	**136**	⑩	145	⑩	154	⑩	435（3）	
17	**136**	⑩	**139**	13	**142**	⑦	417（3）	計13歌
18	**136**	⑩	145	⑩	136	⑩	417（3）	
19	133	⑦	145	⑩	148	13	426（3）	
20	130	13	151	⑦	148	13	429（6）	
21	139	13	136	⑩	142	⑦	417（3）	
22	**151**	⑦	154	⑩	154	⑩	459（9）	
23	**148**	13	133	⑦	139	13	420（6）	
24	**151**	⑦	154	⑩	154	⑩	459（9）	
25	151	⑦	139	13	139	13	429（6）	
26	**142**	⑦	148	13	142	⑦	432（9）	
27	**136**	⑩	142	⑦	148	13	432（9）	
28	**142**	⑦	148	13	139	13	429（6）	計10歌
29	139	13	154	⑩	145	⑩	438（6）	
30	148	13	145	⑩	148	13	441（9）	
31	145	⑩	145	⑩	142	⑦	432（9）	
32	**139**	13	**160**	⑦	151	⑦	450（9）	
33	**157**	13	**145**	⑩	145	⑩	447（6）	
34	**139**	13						
	計 4720		計 4755		計 4758		総計 **14233**（=13）	

詩行の種類：13 種（秘数：⑦・⑩・⑬）
① 115 ② 124 ③ 130 ④ 133 ⑤ 136 ⑥ 139 ⑦ 142 ⑧ 145 ⑨ 148 ⑩ 151 ⑪ 154 ⑫ 157 ⑬ 160

　『神曲』は 100 の歌章から構成されることから、歌章の詩行数は 100 種類あってもよいはずだが、実際は、詩行の種類は上記の《13》種類しか存在しない。また、『神曲』は 14233 行からなるが、この秘数も《13》である。さらに、3 行詩節の数は『神曲』全体で 4711 個あるが、この秘数も当然ながら《13》である。文字と同様、数も肉体的——字義的——な意味と霊的——比喩的——な意味を持つことから、『神曲』に用いられる計 13 種類の詩行数は、外見上——字義的な肉体——の数でしかない。霊的な意味で言えば、『神曲』100 歌の詩行数は《3》種類しか存在しない。各歌の秘数を見ていただきたい。詩行数を秘数に還元してゆくと、象徴数《7》、《10》、《13》の 3 種類しかないことが判る。このような秘数への還元作業が、ダンテ学者の単なる妄想でないことは、次の結果から証明される。《13》と《7》と《10》がそれぞれ何回登場するか数えてみると、秘数《13》は全部で 34 回、秘数《7》は全部で 33 回、秘数《10》も全部で 33 回現れる。この数はまさに地獄篇の 34 歌、煉獄篇の 33 歌、天国篇の 33 歌の歌章数に照応している。一つでも多かったり少なかったりすれば、照応関係はすべて崩れ去ってしまう。それゆえ、これら諸々の数的符合は、ダンテが『神曲』を書く前に予め詩行数を計算し、決定していたことを証している。宇宙が調和に満ちているように、『神曲』も調和に満ちたものでなければならないからである。『神曲』は、綿密に計算し尽くされた設計図を基に築き上げられた大伽藍にほかならない。

『神曲』の第3の基本単位《7》：聖霊数・恩寵数

　ダンテは聖霊数とも恩寵数とも呼ばれる象徴数《7》を、シンメトリーの中心軸に用いている。神の恩寵が『神曲』の中心に宿ることを示すと同時に、すべての出来事・事象の中心に、目に見えない神の恩寵が存在することを暗示するためである。図表の中心部分を拡大した図に移ろう。『神曲』各篇が33歌から構成されることから、その中心歌章は第17歌に当たる。《17》は、神の法を象徴する《10》と聖霊数《7》の結合数（*lex et gratia*）であるとともに、神《1》と恩寵《7》の結合を象徴する数でもある。各篇は第17歌を対称軸とするシンメトリーを形作っている。地獄篇では詩行数で《3》つ、秘数で《5》つの歌章がシンメトリーに置かれており、煉獄篇では詩行数で《7》つ、秘数で《13》の歌章が、天国篇でも詩行数で《7》つ、秘数で《13》の歌章がシンメトリーに置かれている。

歌章番号	＜地獄篇＞ 詩行数 秘数	＜煉獄篇＞ 詩行数 秘数	＜天国篇＞ 詩行数 秘数
① 11		142　7	139　13
② 12		136　10	145　10
③ 13		154　10	142　7
④ **14**		**151　7**	139　13
⑤ 15	124　7	145　10	148　13
⑥ 16	136　10	145　10	154　10
⑦ 17	**136　10**	**139　13**	**142　7**
⑥ 18	136　10	145　10	136　10
⑤ 19	133　7	145　10	148　13
④ **20**		**151　7**	148　13
③ 21		136　10	142　7
② 22		154　10	154　10
① 23		133　7	139　13
計 **13**歌			

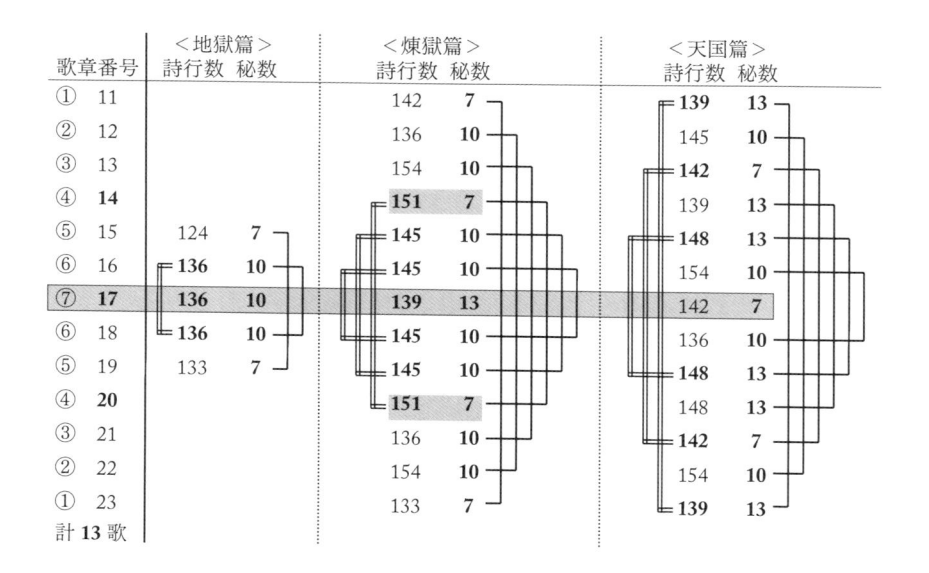

（ここに挙げた数字は一つの例外もなく象徴数となっている。地獄の《5》は五感の《5》を表す。五感を満たす欲望から罪は始まるからである。）

　煉獄篇では他の両篇よりも対称度が高くなっているが、これには理由がある。『神曲』の全詩行数14233行の中心に位置するのが煉獄篇第17歌だからである。そこを中心として第14歌から第20歌までの《7》歌章がシンメトリーに置かれている。煉獄篇において詩行数がシンメトリーを形成する始点［第14歌］と終点［第20歌］はともに151詩行からなっているが、その秘数も《7》である。ダンテが始点と終点を画す第14歌と第20歌に146行や136行ではなく、151行を選んだのは、13種の詩行数の中で151行が対称性に最もふさわしい数だと考えたからである。というのも151は、それ自体が《1－5－1》と対称構造を有するキアズムス数（対称数・シンメトリー数）だからである。更に言えば、151行は25個（3×25=75）の3行詩節によって左右対称に二分割される（25 terzine｜25 terzine）。しかも25は、秘数が《7》の恩寵数でもある。このように、シンメトリーが入れ子構造──現代的に言えば《自己相似性》の構造──になっている点が『神曲』の特徴である。逆に、このことから《7》という数字が『神曲』全体で何回使われているかも推測できる。計25回である。万物が照応するように、『神曲』内部の万物も照応しあう。煉獄篇で詩行数によってシンメトリーを構成する歌章は全部で《7》つあるが、煉獄篇・天国篇で秘数によってシンメトリーを構成する歌章は《13》あり、これも中心軸から《7》つずつ上下に広がっている。このように一巡して、再び《7》に戻って来る。

　『神曲』の全詩行数14233行は奇数であることから、その中心点を求めることができる。すなわち、7117行目が中心に位置することになる。ここでも《7》と《1》の組み合わせによって『神曲』の7の入れ子構造──自己相

似性の構造——が作られている。また、7117という数自体が《71 - 17》と対称構造をなしている。これは、先ほど見た151と同様、キアズムス数である。この対称数は、入射角と反射角が同一であるという光学原理を映し出すことにより、旅路の折り返し点を示す指標となっている。天国篇第1歌49-51に記されているように、旅人の歩む折り返しの旅路は入射光と反射光に喩えられるからである。このため、全詩行の折り返し点に当たる7117行目も、鏡映対象数（71-17とキアズムス数）になっている。

```
         ┌─────《14233 行の中心点》─────┐
         ├──────────────┼──────────────┤
                       7117
                      （中心点）
```

　『神曲』の全詩行を左右に二分割する対称点7117行目は、煉獄篇第17歌の125行目に位置する（《大シンメトリー》）。大規模構造に表れる秩序パターン（対称性）は、当然、他のレベルにおいても同じように表れ出る。実際、地獄・煉獄・天国の各篇において歌章番号17が中心軸となって対称構造を形成している（《中シンメトリー》）。さらに、煉獄篇では中心から広がる13歌章の中で、詩行数で7つの歌章、秘数で13の歌章が対称構造に置かれている（《小シンメトリー》）。また13という数の中心点も、やはり《7》であり、7番目に対称軸が来る。この《小シンメトリー》の中には、さらに多くのシンメトリーが隠されている。第17歌は全部で139行からなることから、《70（7×10）》行目がちょうどシンメトリーの中心点に位置する。第17歌を二分割するこの70行目は、また、話の区切りとなってもいる（《内部シンメトリー》）。シンメトリーの中心歌章に当たる第17歌は、その内部も《7》のシンメトリーを形成すべく、他の詩行数ではなく、まさに139行から構成され

Questo triforme amor qua giù di s**otto**	124 行（7 語）
si piange: or vo' che tu de l'altro intende	125 行（9 語：中心点）
che corre al ben con ordine cor**rotto**	126 行（7 語）

——煉獄篇第 17 歌

る必要があったのである。

　こうして、シンメトリーの入れ子構造——自己相似性——は際限なく続いていく。例えば、《大シンメトリー》が 7117 行目であることから、この第 17 歌の第 125 行目にも《内部シンメトリー》が隠されている。『神曲』の詩行数の中心点（対称点）である第 17 歌 125 行目は、その 3 行詩節の中でもやはり中心行に位置している。また、内容的にも 125 行目で前後対称的になっている。124 行目までは「嫉妬の誤った愛」について論じ、125 行目からは「限度を誤った愛」について論じているからである。しかも、使用語数においても 125 行目を中心軸として、使用後数が 7-9-7 と対称関係に置かれている（《微少シンメトリー》）。

　ここで、煉獄篇第 17 歌自体がシンメトリーの中心軸となっている興味深い例を一つ挙げておこう。先ほど出てきた《25 (=7)》という数を使って、第 17 歌の冒頭から第 16 歌へ向け《25》個ほど 3 行詩節を遡ると、第 25 番目の 3 行詩節の中心行に「自由意志 libero arbitrio」(v. 71) という語句が見出される。同じように、第 17 歌の最後から第 18 歌へ向けて《25》個ほど 3 行詩節を進めると、同じく第 25 番目の、同じく 3 行詩節の中心行に「自由意志 libero arbitrio」(v. 74) の語句が見出される（Singleton 1978: 452）。つまり、「自由意志 libero arbitrio」が『神曲』の中心歌章第 17 歌を中心軸として天秤のように乗っかっているのである。

《全100歌の中心歌章》

　　　　　　冒頭　　　　　最終行
25terzine　　　　煉獄篇第17歌　　　　25terzine

libero arbitrio　　　　　　　　　　　libero arbitrio
（自由意志）　　　　　　　　　　　（自由意志）
第16歌71行目　　　　　　　　　　第18歌74行目

　「星々stelle」が各篇の最終単語に選ばれているように、「自由意志libero arbitrio」という単語が『神曲』の中心に選ばれている。人間は「自由意志」を使って人生の瞬間瞬間、善と悪を選び取り、人生を創造していく。これこそが神から人間だけに与えられた特別な賜物であり、人間たる所以は一重に「自由意志」による。自由意志が天秤のようにシンメトリーに置かれているのは、それが人間の中心をなす概念だからであり、人間はこの刃の上を歩んでいるからである。善を選び取れば、天国への道が開け、悪を選び取れば、地獄への道が開かれる。それゆえ、「自由意志」以上に、地獄・煉獄・天国の三層構造の中心に位置するのにふさわしい概念はない。以上、数を中心に『神曲』の構造と構成を概観してみたが、これから判ることは、**『神曲』の部分の中に全体が隠されている**ということである。**部分に表れる調和は全体の構造に反映し、全体の構造は部分の中に映し出されている**（これはあたかもマンデルブロー集合の文学的応用例のように思える）。神が数を通して調和を表すように、部分と全体を数によって照応させる『神曲』の構成は、大宇宙と神の関係の如く、大宇宙を『神曲』という小宇宙の中に映し取っている。創造主が数を基にして作り上げた宇宙には、そのすみずみまで数と数的比例が刻印されているように『神曲』という小宇宙にも詩人という創造主が刻印した数がそのすみずみにまで浸透している。

今まで外側から『神曲』という構造物を眺めてきたが、次に、『神曲』の中へ入って内部に働くシステム構造の一端を見てみよう。内側にはまた別の小さなシステムが存在していることが判る。

『神曲』の内部構成──地獄篇における amore の構成

　《5》は五感の象徴であり、肉のすべての欲求（感覚の欲求）を象徴している。地獄篇第 5 歌はパオロとフランチェスカの不義の恋愛を描いた最も有名な歌章の一つだが、《5》の数的象徴は自然な愛の衝動の逸脱（罪）──《愛欲》──を扱っていることを物語っている。またキリスト教では《11》は伝統的に《罪》を表す数として用いられてきた。《10》が完全であるのに対して、《11》はそれを越え出ているため、《十戒》を破る、すなわち、《神の掟・法》を破り、逸脱する数とみなされた。《3》と《9》、《5》と《11》の象徴数を知るとき、読者は地獄篇の驚くべき構成に気づくことになる。

内部シンメトリー

【地獄篇における《amore（愛）》】

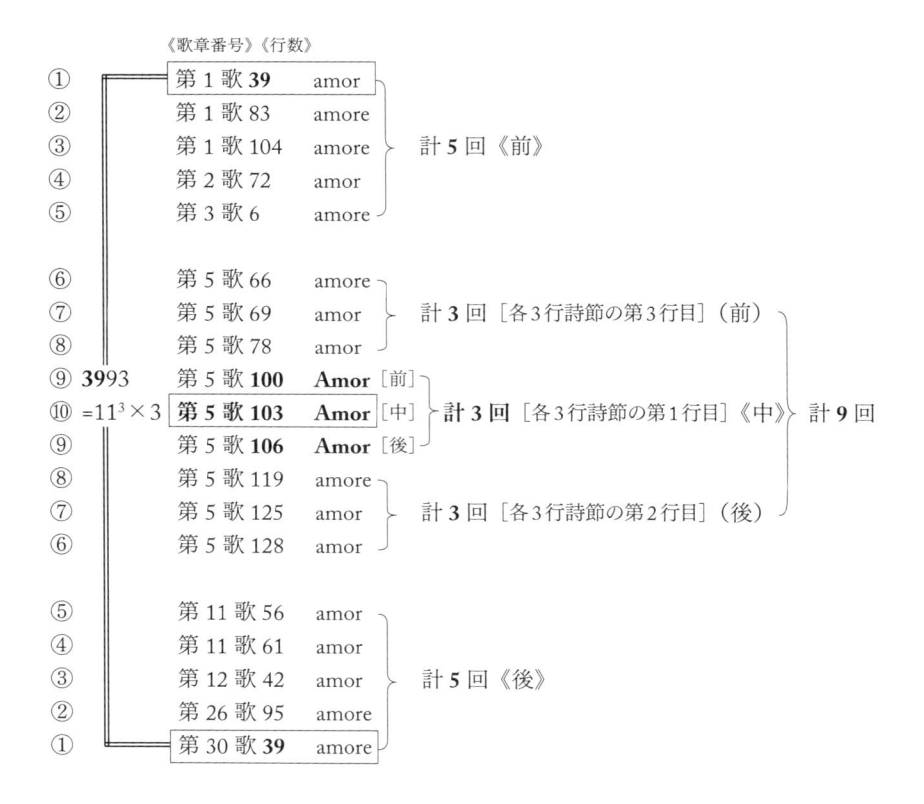

《歌章番号》《行数》

① 　　　第 1 歌 **39**　 amor ┐
② 　　　第 1 歌 83 　amore │
③ 　　　第 1 歌 104　amore ├ 計 **5** 回《前》
④ 　　　第 2 歌 72 　amor │
⑤ 　　　第 3 歌 6 　 amore ┘

⑥ 　　　第 5 歌 66 　amore ┐
⑦ 　　　第 5 歌 69 　amor ├ 計 **3** 回［各 3 行詩節の第 3 行目］（前）┐
⑧ 　　　第 5 歌 78 　amor ┘ │
⑨ 39⁹³ 　第 5 歌 **100** **Amor** ［前］┐ │
⑩ =11³×3 **第 5 歌 103** **Amor** ［中］├ 計 **3** 回［各 3 行詩節の第 1 行目］《中》├ 計 **9** 回
⑨ 　　　第 5 歌 **106** **Amor** ［後］┘ │
⑧ 　　　第 5 歌 119　amore ┐ │
⑦ 　　　第 5 歌 125　amor ├ 計 **3** 回［各 3 行詩節の第 2 行目］（後）┘
⑥ 　　　第 5 歌 128　amor ┘

⑤ 　　　第 11 歌 56 　amor ┐
④ 　　　第 11 歌 61 　amor │
③ 　　　第 12 歌 42 　amor ├ 計 **5** 回《後》
② 　　　第 26 歌 95 　amore │
① 　　　第 30 歌 **39** 　amore ┘

地獄篇で初めて「amore」が登場するのは第 1 歌 39 行目であるが、これは三位一体の《3》とベアトリーチェ数《9》を合成した数である（『新生』参照）。また、地獄篇で最後に「amore」が登場するのは第 30 歌 39 行目である。ともに同じ 39 行目に登場している。「amore」が第 31 歌でも第 32 歌でもなく、

なぜ第30歌で最後に登場するのかも説明することができる。なぜなら最初の「amor」[7]から最後の「amore」までちょうど3993行が費やされるからである。3993とは$11^3 \times 3$に分解される《11（罪の象徴数）》の倍数である。ここでも地獄の「amore」が指し示す罪の方向が象徴化されている。また、この3993は39⇔93と対称構造を有するキアズムス数と呼ばれるものである（93は39を「ひっくり返した数」）。まさにこの《3》と《9》の組み合わせは、最初と最後に置かれた「amore」がともに《39》行目であることと一致している。3993行の詩行全体を《3》と《9》に象徴される《amore》が両腕で抱いているかのような構造となっている。前頁の図におけるamoreの頻出数から判るように、《5》が《3》と《9》を囲む構図はこの愛が《5》に象徴される官能的な愛によって支配されていることを暗示している。《3》と《9》はベアトリーチェを表す数であり、これを言葉に直せば、《愛》である。しかし、この愛は《5》に囲まれていることから、神への正しい愛ではなく、人間の誤った愛だと、更には、この愛が《11》で囲まれていることから、罪を形成していることが知られる。この図式からダンテがamoreの使用回数のみか、その出現位置までも予め計算して作詩していることが証される。

前半部の5回、中央部の9回、後半部の5回とシンメトリック（5-9-5）に構成されている。更に、中央部分の9回はその内部に、3回＋3回＋3回と、内部シンメトリーを有しているが、その中心部（v. 100：v. 103：v. 106）は更なる内部構造を備えている。この3つの3行詩節だけが大文字《愛神 Amor》となり、ちょうど対称軸から前後《3》回連続して使用され、しかも、揃って各3行詩節の行頭に置かれている。大シンメトリーの中心軸をなす中央の詩行（v. 103）が「Amor, ch'a nullo amato amar perdona（愛神は、愛される者が愛し返さぬことを許さぬもの）」である。この詩行の意味そのものが鏡映対称としての愛を伝えており、まさに19回（9+1+9）登場するamoreの対称

点を画すにふさわしい内容となっている。この103行目は、更なるシンメトリー構造を内部に持っている。どこまでも続いていくこの入れ子式の対称構造はダンテの得意とする構成であり、『神曲』全体の構造とも照応しあっている。

　また中央部において合計9回出現する《amore》の位置も、各3行詩節の①最初（1行目）②中央（2行目）③最後（3行目）と厳密に定められている。第5歌に限らず、『神曲』はこのように象徴的な数の法則によって厳密に構成されている。

《amore の位置》

《前》	64	Elena vedi, per cui tanto reo	
	65	tempo si volse, e vedi 'l grande Achille,	
	66	che con **amore** al fine combatteo.	（3行目）
	67	Vedi Parìs, Tristano"; e più di mille	
	68	ombre mostrommi e nominommi a dito,	
	69	ch'**amor** di nostra vita dipartille.	（3行目）
	76	Ed elli a me: "Vedrai quando saranno	
	77	più presso a noi; e tu allor li priega	
	78	per quello **amor** che i mena, ed ei verranno".	（3行目）
《中》	100	**Amor**, ch'al cor gentil ratto s'apprende,	（1行目）
	101	prese costui de la bella persona	
	102	che mi fu tolta; e 'l modo ancor m'offende.	
	103	**Amor**, ch'a nullo amato amar perdona,	（1行目）
	104	mi prese del costui piacer sì forte,	
	105	che, come vedi, ancor non m'abbandona.	
	106	**Amor** condusse noi ad una morte.	（1行目）
	107	Cain attende chi a vita ci spense".	
	108	Queste parole da lor ci fuor porte.	

ダンテ『神曲』の世界

《後》
- 118　Ma dimmi: al tempo d'i dolci sospiri,
- 119　a che e come concedette **amore**　　　（2行目）
- 120　che conosceste i dubbiosi disiri?".
- 124　Ma s'a conoscer la prima radice
- 125　del nostro **amor** tu hai cotanto affetto,　（2行目）
- 126　dirò come colui che piange e dice.
- 127　Noi leggiavamo un giorno per diletto
- 128　di Lancialotto come **amor** lo strinse;　　（2行目）
- 129　soli eravamo e sanza alcun sospetto.

シンメトリーの中のシンメトリー

　103行目の詩行は、Amor (v.100) で始まり Amor (v.106) で終わる計7行の3つの3行詩節の最初の詩行に位置し、すべての事象はこの一点に収斂すべく構成されている。特筆すべき点は、この3つの Amore がシンメトリックに置かれ、103行目がその鏡映対称の中心をなし、詩行の意味内容を形式においても写し取っている点である。まず音の構成から見てみよう。ダンテの詩の特質はその音楽性にあり、イタリア詩の中でも頂点を極めるものである。103行目にもそれがはっきりと示されており、多用される母音によってイタリア人の耳に最も心地よい響きを与えている。

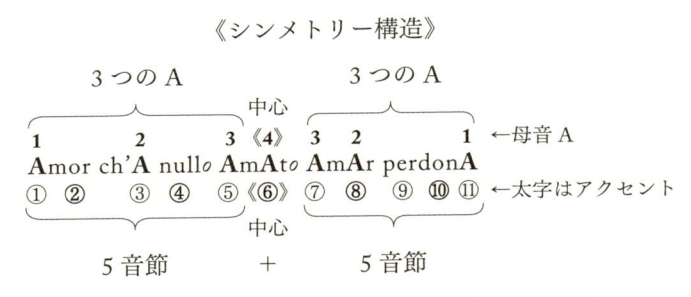

《シンメトリー構造》

```
       3つのA              3つのA
         中心
    1   2   3 《4》 3   2   1   ←母音A
   Amor ch'A nullo AmAto AmAr perdonA
    ① ②  ③ ④  ⑤《⑥》⑦ ⑧  ⑨ ⑩ ⑪   ←太字はアクセント
                  中心
       5音節    ＋    5音節
```

「愛は、愛される者が愛し返さぬことを許さぬもの」

全11音節のうち、実に7音節が《a》の音で構成されている。（残りの4音節は《o》が2つ、《u》と《e》が1つずつ。）鋭角的な音である《i》は排除され、舌の上を転がるような《a》と《o》の音だけで殆どすべてが構成されている。またアクセントは②④⑥⑧⑩という倍数比をなし、一様で規則的な強弱により、ゆったりとした内省的なリズムを創りだしている。また、11音節は奇数であることから、その中心点は《a》の母音の中心点ともなっている。前頁の下段の図の如く、《a》の母音数もアクセント数もシンメトリーを構成しているが、それは103行目の内容が鏡映対称としての愛を説いているからである。「愛神は、愛される者が愛し返さぬことを許さぬもの」を解りやすく言い換えれば、「愛は、愛されたならば、愛し返さないではおかない」のであり、「人は、誰かから好意を寄せられると、その好意を寄せてくれる人を好きになってしまうもの」という意味になる。これは古代からの伝統的な考え方である《愛は愛を生む（*amor gignit amorem*）》という万古不易の経験則を語っている。14世紀のシエナの聖女カテリーナも「自然と、魂は、自分を愛してくれている相手を愛するように引かれてゆく」と述べている。フランチェスカの愛は、鏡のように反射し返さないではいない愛であり、それは文体的にも暗示されている。

Amor, ch'a nullo amato || amar perdona.
　　　　　　　　　　（受動）　（能動）

　ここでは受動と能動が隣り合わせに置かれている。「愛される者（amato）」と「愛する者（amar）」とは鏡に置かれた存在であり、互いに照らし合うように愛し合うのが愛の定めだからである。《愛を抱く者》は《愛し返さずに

はいられない》ということを、ダンテは形式の上でも写し取って、シンメトリーに構成している。

100-106：愛神が二人を、互いの美で、捕らえる
パオロとフランチェスカの愛が鎖のように絡み合っていることが語彙の対応からも示されている。

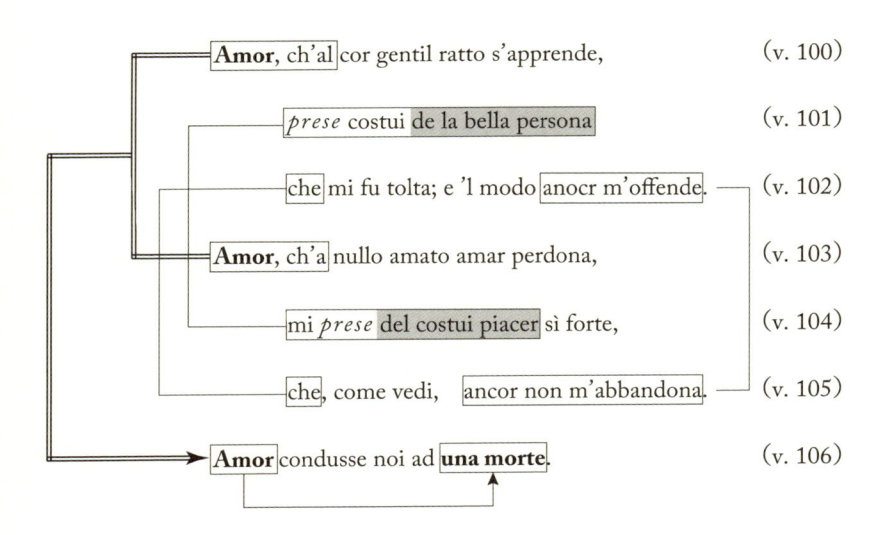

```
Amor, ch'al cor gentil ratto s'apprende,        (v. 100)
   prese costui de la bella persona              (v. 101)
   che mi fu tolta; e 'l modo anocr m'offende.   (v. 102)
Amor, ch'a nullo amato amar perdona,             (v. 103)
   mi prese del costui piacer sì forte,          (v. 104)
   che, come vedi, ancor non m'abbandona.        (v. 105)
Amor condusse noi ad una morte.                  (v. 106)
```

100　愛は、高貴な心に、たちまちのうちに、点ずるもの、
101　　恋の炎（ほむら）は、私の美しい身体（からだ）によって、この人を捉えたのです。
102　わが身は奪われましたが、今もその激しい愛は私を貫いています。
103　愛は、愛される者が愛し返さぬことを許さぬもの。
104　私は、この人の悦びにかくも強く囚われたあまり、
105　ご覧の如く、その愛は、今も私を捉えて放さないのです。

106　愛は、私たち二人を、同じ一つの死へと導きました。

　「最初の愛 Amor」（v. 100）は「パオロの愛神」であり、「二番目の愛 Amor」（v. 103）は「フランチェスカの愛神」であり、それぞれの愛が彼ら二人を捕まえる（v. 101 ⇔ v.104 の prese）。その二つの愛は 106 行目の「3 つ目の愛 Amor」で一つの愛に結合し、「一つの死 una morte」をもたらす。パオロはフランチェスカの美に捕らえられ（v. 101）、フランチェスカはパオロの美に捕らえられる（v.104）。そしてパオロの愛はフランチェスカを死後の今も圧倒し（v.102）、永遠に捕らえて放さない（v.105）。両者の愛神が互いを摑み取っており、完全に相互が対応関係にある。まさに「相思の愛情は、地獄においても、地上の時と同じ強さで二人を捉えている」（Di Salvo）。この 7 行において二人の愛が、二本の蔦が絡み合うように互いに絡み合い（中世の相思相愛の伝統的イメージ[8]）、一つの愛となっていることを、ダンテは語の配列に写し取っているのである。

　因みに、第 5 歌の鍵となる語《amore》は第 5 歌で《9》（ベアトリーチェ数）回使用され、『神曲』中、最も多用されている。しかも、《amore》は『神曲』全体で合計《90》回（9 × 10）用いられている。（中世では数を 10 倍、100 倍したり、39-93 のように「ひっくり返す」ことでその数が表す象徴を強調する。従って、90 はベアトリーチェ数の強調形とみなされる。）

　次に、この 100 〜 106 行の詩句を別な角度から考察してみよう。この詩行を地獄篇全体の眺望に組み込んでみると、新たな発見が得られる。また、同時にダンテが『神曲』の構想から完成までに 28 年の歳月を要した理由を垣間見ることができる。

フランチェスカの用いる三段論法

　100〜106行目のフランチェスカの説明をよく吟味すると、彼女が自己の愛とその結末を三段論法を用いて説明していることに気づく。

　　《大前提》：パオロは感受性豊かな高貴な心の持ち主（cor gentile）である。
　　　　　　　（《美》に感じやすく、美しさを解する心を持っている。）［v. 100］
　　《小前提》：私は見目うるわしい姿形をしていた。　　　　　　　［v. 101］
　　《結論》　：それ故、パオロは私に恋さないでいることはできなかった。
　　　　　　　（恋する以外のいかなる可能性もなかった。）　　　　［v. 102］

　フランチェスカは三段論法を用いて、この恋が逃れ得ない必然であったことを証明しようとしている。実は、この3行詩節がまた、全体で一つの大前提をなしている。次に、フランチェスカについての3行詩節を見てみよう。

　　《大前提》：愛された者は、相手を愛し返さないでいることはできない。
　　　　　　　（私もパオロ同様感受性豊かな高貴な心の持ち主である。）［v. 103］
　　《小前提》：パオロは容姿端麗な美しい男性である。　　　　　　［v. 104］
　　《結論》　：自分を愛する相手を憎からず想っている以上、私がパオロを
　　　　　　　恋さないでいることはできなかった。（恋する以外いかなる可能
　　　　　　　性もなかった。）　　　　　　　　　　　　　　　　　［v. 105］

　ここでも先ほど同様、この恋の逃れ得ない必然性を証しており、両者の大前提・小前提・結論がぴったりと一致している。一方で、この3行詩節も全体で一つの小前提をなしている。その結果、次のようなもう一つの三段論法が姿を見せてくる。かくして合計3つの三段論法が形成される。

《大前提》：パオロは私の愛に囚われていた。　［vv. 100-102］
《小前提》：私はパオロの愛に囚われていた。　［vv. 103-105］
《結論》　：愛とは一つになること。二つの生（愛）が一つになるとき、
　　　　　　死もまた二人にとって一つになる。［v. 106］

　このようにフランチェスカの言葉は実に驚くほど厳密に組み上げられた構造をなし、完璧な論理を構成している。三段論法は中世の論理学・弁論術の中心をなす手法であり、ダンテの好む論法である。古典古代のどんな恋愛詩もこれほど緻密な論理を恋愛に適用したことはなかった。フランチェスカは遺漏なき完璧な論理を駆使して自分たちの愛を擁護し、正当化している。彼女がここで三段論法の厳密な論理を駆使するのはその愛が必然であり、ひとたび愛に捕らえられたなら、いくら抗おうとも、圧倒的な力で人間を拉し去ってゆく、逃れ得ない宿命を示すためである。論理が完璧であればあるほど、運命から逃れ得るいかなる論理的な余地もないことを完璧な形で強調することになる。フランチェスカは死んで魂だけとなった今もなお、それ以外の生き方はできなかったと、それ以外のいかなる選択の余地もなかったことを繰り言のように思い返している。この愛の力は圧倒的であり、この力には誰も抗えないこと、待ち受けるのは逃れ得ない運命だけであることを訴えるフランチェスカは、実際、その語りの中で一度も《罪》という言葉を使っていない。フランチェスカにとって選択の余地のない必然は《罪》とは感じられなかったからである。それは彼女にとって自然なものとして、弁明として働いている。この三段論法は、フランチェスカの論理に照らせば、論理的に完璧である。では、なぜ二人は地獄にいるのか。二人の罪の原因はどこから生じたのか、どうしてこの完璧な論理から罪が生まれ得るのか、疑念に捉えられ

たダンテは次にそれを尋ねることになる。ダンテがフランチェスカに「何がきっかけで、どのように愛に許されたのか」とインタヴューするのは、単なる詮索心からではなく、高貴な優しい心から発した愛のどこに過ちの原因が生じたかを知り、この疑問に対する解決の糸口を摑むためである。

わずか7行の詩行の中にダンテがどれだけのものを託しているか、また全体とどのような有機的な関係に置かれているか、その一端を垣間見たが、この一例からも『神曲』がいかに豊かな内容を有した詩であるかを理解いただけるだろう。

注
(1) 最初のイタリア語訳聖書は1471年、ルター（1483-1546）の最初のドイツ語訳が世に出たのが1522年。
(2) 1472年以前『神曲』は印刷されたものではなく、手書きの写本で流布していた。これらの『神曲』の写本は800種類以上にのぼるが、これは西洋で『聖書』についで最も多い。また筆写されるとき、それぞれの地方の方言の影響を受けて筆写されているので、そのまま鵜呑みにできない。
(3) フィレンツェの教養人によって話される言葉をイタリア国語とするというマンゾーニの考え方は、「マンゾーニ主義（manzonismo）」という言葉に残っている。
(4) フランスの修道士Leoninusが12世紀に初めて作り出したもので、各行の中間（カエスーラ）と終わりとが韻を踏み、一行中に脚韻と同じ韻が2度以上繰り返される行中韻を含む詩句。
(5) 『創世記』4, 17-21で、カインの系譜が──①アダム、②カイン、③エノク、④イラド、⑤メフヤエル、⑥メトシャエル、⑦レメク、⑧ヤバル（レメクの長子）⑨ユバル（レメクの次男）⑩トバル・カイン（レメクの三男）⑪**ナアマ（レメクの長女）**──、と《11》代示されて終わっているのに対して、『創世記』5, 3-31で、義なるノアへの系譜は──①アダム、②セト、③エノシュ、④ケナン、⑤マハラエル、⑥イエレド、⑦エノク、⑧メトシュラ、⑨レメク、⑩ノア──と、《10》代示されており、この違いをアウグスティーヌスは問題としている。人類最初の罪人であるカインの系譜が女性ナアマで終わるのに対して、アダムが自分にかたどった息子であるセトの家系は、人類の慰めであるノアで終わる。
(6) （合計）秘数（mystical addition number）とは、位を無視して、数字だけを合算して得

られる数のことであり、本質数・神秘数とみなされる。
(7) とりわけ韻文において、語尾が -lo, -le, -re, -ro, -no, -ne で終わる場合、語尾音が削除されることがある。（例）ave*re* → aver ; amo*re* → amor。これを「トロンカメント troncamento」と呼ぶが、意味は変わらない。
(8) 『トリスタンとイゾルデ物語』を始めとする中世の恋愛物語では、愛し合う悲恋の恋人たちは、死後、「絡み合う蔦」として比喩される。

世界を読み解く一冊の本
ヨーロッパ中世・近代初期の象徴事典の系譜

松田 隆美

12世紀に活躍したリールのアラヌス（1116年頃〜1202/1203年）はいわゆる「12世紀ルネサンス」を担う神学者のひとりで、主著の『自然の嘆き』や『アンティクラウディアヌス』は『薔薇物語』やチョーサーの作品など中世後期の俗語文学にも広く影響を与えている。そのリールのアラヌス作とされるポピュラーなラテン詩に次のものがある。

　　世界の全ての被造物は、書物や絵画のように、私たちにとっての鏡である。私たちの生、死、境遇、運の忠実な記号である。
　　薔薇は私たちの境遇を描いている。私たちの境遇の優美な註解、私たちの人生の命題である。それは、朝のうちは花開き、花は枯れて散り、夕暮れには萎れてしまう。[1]

　14世紀の北イタリアの修道院を舞台としたウンベルト・エーコの小説『薔薇の名前』（1980年）のなかでも冒頭部分が引用されているこの詩は、中世から近代初期にかけてのヨーロッパの世界認識を端的に表現している。鏡は中世において広く使用された比喩で、被造物が人間にとっての鏡であるとは、目に見えるものはその背後に人間にとって有益なメッセージを隠しているという意味で、また、第2スタンザの例が示しているように、目に見えるものを記号として解読することでその隠れたメッセージに到達できることを示している。言い換えると、神が創造した世界は比喩的に解読可能な一冊の

書物であり、それを正しく読み解くことが求められているのである。そのための方法論的モデルとして中世には聖書釈義学が存在していた。これは、聖書のテクストを、字義通りの意味（歴史的意味と呼ぶ）に加えて、寓意的、教訓的、予見的の三つの視点から読み解く手法で、中世のテクスト解釈の基盤となっている。テクストの背後に複数の隠された意味を読み取り、それらを相互に関連づけて解釈のためのネットワークを構築してゆくのである。被造物あるいは自然界は、そのようにして解読可能なもう一冊の聖書なのであり、そこには解読されるべきメッセージが隠されている。

　「書物のように」という直喩はもうひとつのことを示唆している。この比喩は、世界が書物のように解読可能だというだけでなく、一方で、世界を一冊の書物に収める可能性を示している。世界が一冊の書物ならば、翻って全世界を記述した一冊の本、あるいは全世界を解読する鍵を全て収めた書物があっても良いこととなる。世界を記述する書物というと百科事典的な書物が想起されるが、ヨーロッパ中世の世界観では、そうした書物は、過去の書物からの引用を交えつつ世界を網羅的に記述するだけでなく、同時に世界をどう読み解くかを教える書物でなくてはならない。天地創造における神の意図に沿うかたちで世界を分類して記述し、世界を構成している被造物がいかなる意味を持ち、どのような記号として読み解かれ得るのかを統合的に教えてくれる書物、言い換えれば、神が創造した世界を成立させている情報と解釈のネットワークを記述した書物ということになる。

　そのような性格を持つ事典的書物は、中世では「〜の鏡」（speculum）、「〜の像」（imago）、「〜宝典」（thesaurus）、「〜大全」（summa）などと称され、その中には中世を通じて人気が衰えることがなかったものだけでなく、さらに15世紀後半の活版印刷の時代になるとすぐに印刷されて刊行されたものもある。たとえば、後述するセビリャのイシドルスの『語源論』やヴァンサ

ン・ド・ボーヴェの『大いなる鑑』、13世紀にソルボンヌ大学で活躍したフランシスコ会士（ドメニコ会士という説もある）アイルランドのトマスが編纂した説教の著述のための種本『小さな花束』（*Manipulus florum*）、同じく説教著述支援著作として中世後期に広く用いられた13世紀のドメニコ会士ジョン・ブロムヤードの『説教大全』（*Summa praedicantium*）などは、いずれも大部な作品であるにもかかわらず、活版印刷期に入ると早速刊行されて16世紀以降も版を重ねている[2]。こうした事典類は、知的体系のレファレンスブックとして、中世から近代初期にかけて途切れることなく活用され続けたと言える。その一方で、ルネサンスの人文主義、そして対抗宗教改革期のカトリックによる聖書釈義教育を背景として、新たな事典も刊行された。それらは中世の事典を直接継承するものではないが、世界は比喩的に解読可能なひとつの視覚的記号の体系であるというリールのアラヌスの基本認識を共有し、新たな象徴的解釈の網を世界に対して広げようとするものである。本稿では、中世と近代初期に編纂された「世界を収めて、読み解くための書物」から何点かを、その書物としての形態に注目しつつ検討する。

セビリャのイシドルス『語源論』

中世初期を代表する事典的著作はセビリャのイシドルスの『語源論』（*Etymologiae*）である。セビリャのイシドルスは、西ゴート王国が支配していた時代のスペインのセビリャで大司教を30年以上にわたって務め、633年の第4回トレド公会議では中心的役割を果たした。全ての司教座都市に神学校を設立し、聖書の言語であるギリシャ語とヘブライ語、七自由学芸を学ぶことを義務づける教令を発して、ローマ帝国崩壊後、ゴート族の支配によって消えゆく危機にあった古典の学問伝統のヨーロッパによる継承（translatio studii）に貢献した。イシドルスの著作は数多くあるが、なかでも『語源論』は中世を通じて人気を博し、現存する写本は千点以上にのぼる。そのタイトルは、アルファベット順に様々な単語の語源を論じた第10章に由来するが、本書は語源のみを扱った書物ではない。その内実は、百数十名の古代末期から初期キリスト教期の著述家の作品を渉猟して編纂された事典で、全20章で構成され、七自由学芸に関する章から始まり、教会、神、人間、言語、医学、法律、生物、地理等を網羅的に扱っている。そのなかには中世の世界像を知る上で興味深い事実がいくつも記述されている。たとえば「大地、楽園、地球上の諸地域、島々、山々、その他の地名、地下世界」を扱った第14章には、アジアに関して以下のような記述がある。

アジアは、古代人によると東方で帝国を支配していたある女性の名前に由来する。それは、地球の3番目の地区で、東は太陽の昇るところ、南は大海、西は地中海、北はモエオティス湖（アゾフ海）とタナイス川（ドン川）を境界とする。沢山の地域や領土に分かれていて、その名前と場所について、楽園をはじめとして簡潔に説明する。楽園は東方に見いだされる。その名はギリシャ語からラテン語に訳されたもので、「庭」という意味である。一方、ヘブライ語ではエデンと呼ばれていて、それは我らの言語では「快楽」を意味する。二つの名を合わせると、「快楽の園」という表現が生まれる。何故ならその地には、命の木をはじめ、あらゆる種類の実のなる木と実のならぬ木が見いだされるからである。その地は暑くなることも寒くなることもなく、気候は常に温暖である。中央で湧き出ている泉が木立全体を灌漑し、四つの川の源泉となっている。人類の堕罪の後にこの地へと至る道は閉じられてしまい、炎の剣──天にまで届かんばかりの炎の壁──によって四方を囲まれてい

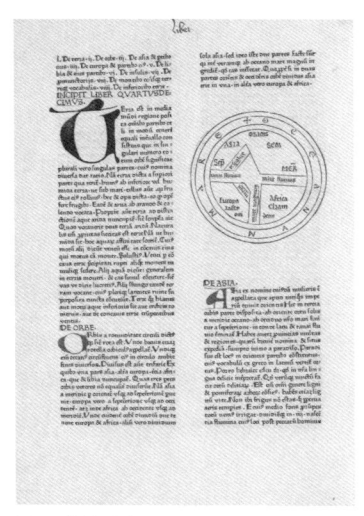

図1 『語源論』活版印刷本（ストラスブール、1473年頃）（慶應義塾図書館蔵）

る[3]。

四つの川とは、『創世記』に記されているゲオン（ナイル川）、ピソン（ガンジス川）、チグリス、ユーフラテスで、楽園の清浄な源泉から、地下を通って地球上の各地へと流れてゆく。この記述は、地上楽園はかつて実在し、今もなおこの世界の極東に存在し続けているという主張の重要な典拠のひとつとなり、この考えは14世紀の『マンデヴィルの旅』を経てコロンブスの航海にまで影響を及ぼしている[4]。

第14章は「マッパ・ムンディ」——中世の世界地図で、エルサレムを中心として上方にアジア、下方左にヨーロッパ、下方右にアフリカを配置した円形をしている——の挿絵を伴っていて、それは現存する大半の写本に描かれている。『語源論』はこの箇所に限らず所々に図を用いており、他にも月ごとに異なる12種類の風の図や親等図のかたちに親族呼称をまとめた図などが見られる。それらの図は、15世紀に印行されたインキュナブラ版では木版画で再現されている（図1）。初期刊本としては、アウグスブルクのギュンター・ツァイナーが1472年に刊行した版を皮切りに、1510年までに9版がストラスブール、バーゼル、ヴェネチア、パリといった諸都市で刊行されており、いずれもフォリオ版の大部な書物である。慶應義塾図書館蔵の刊本はヨハン・メンテリンがストラスブールで印行した版で、奥付はないが1473年の刊行とされている[5]。短期間に異なる印刷者

によって次々と版を重ねた様子から、本書が中世後期においても未だ基本書であったことがうかがい知れる。

ヴァンサン・ド・ボーヴェ『大いなる鑑』

『語源論』はその後に編纂された中世の百科事典的書物の主たる材源となった。その代表が、ヴァンサン・ド・ボーヴェ（1180/90年頃〜1264年頃）が編纂した『自然の鑑』（*Speculum naturale*）、『諸学の鑑』（*Speculum doctrinale*）、『歴史の鑑』（*Speculum historiale*）の3巻で、これらはまとめて『大いなる鑑』（*Speculum maius*）として知られている。ヴァンサン・ド・ボーヴェはドメニコ会士で、ルイ9世（聖ルイ王、1214〜70年）の庇護を受けて著作活動をしていたが、伝記的な事柄は不明な点が多い。ただ、『大いなる鑑』の成立に関連しては伝説的な逸話が残されている。年代記作家のジェフロワ・ド・ボーリューによると、ルイ9世はある時、サラセン人の王が学者にとって有益なあらゆる書物の写本を新たに作らせて手元においたという話を聞いた。異教徒に後れをとるまいと思った王は、キリスト教教父の作品を中心にあらゆる書物の収集を命じたと言う。実際にはヴァンサンは王の援助を得る以前から『大いなる鑑』の執筆を始めていたと思われるので、この蔵書を活用して『大いなる鑑』が編纂されたとは考えにくいが、ルイ9世が『大いなる鑑』に特別な関心を抱いていたことは、ヴァンサンが残した王への謝辞からも推察される[6]。

Speculumは書物のタイトルとして、中世においてもっとも頻繁に用いられた呼称のひとつである。鏡の機能は複数ある。物事のありのままの姿を映すだけでなく、たとえば中世から近代初期にかけて君主論のタイトルとしてしばしば用いられた「君主の鑑」というタイトルが示すように、あるべき規

範（鑑）の意味でも使用された。また、未来の姿を示す予言の意味でも、逆に鏡のなかにしか存在しない空想の世界の意味でも使用される。『コリントの信徒への手紙1』に「鏡におぼろに映ったものを見ている」（13.12）と記されているように、中世において鏡は、表面には見えないより深い真理の存在を指し示す比喩として理解されたのである。『大いなる鑑』というタイトルは、12世紀にオータンのホノリウスが編纂した地誌『世界の鏡』（*Speculum mundi*）の影響を受けていると言われており、『大いなる鑑』も第一義的には世界のありのままの姿を映す役割を担っている[7]。『大いなる鑑』は、450人の著者による約2000点のテクストの抜粋を中核として編纂されている。全体への序文（'Libellus totius operas apologeticus'）では、多くの書物を勤勉にひもといて、そこからキリスト教、異教を問わず様々な書物からの抜粋を集めて秩序だった要約（compendium）を作ったと記されており[8]、その意味で様々な「権威」テクストからの引用や抜粋、そして原典へのクロスリファレンスの集合体であり、情報と知識の集大成といえる。それとともに、鏡は「反射的なヴィジョン」によって、遠くにあるとか直視は危険であるとかの理由で直接に見ることはできない、より上位の優れた真実を鏡面を介して知らしめるものである[9]。世界の姿を映すと同時に、それを解釈するための知的ネットワークとしても機能することで、目に見える世界とそれを正しく解読することで見えてくる象徴的世界との両方を対象としている。『大いなる鑑』のタイトルにはこの両方の意味が込められていると言える。

　以下に各巻の内容について簡潔にまとめるが、この概要からだけでも『大いなる鑑』の包括的な内容が理解できる[10]。36巻（全3718章）から成る『自然の鑑』は自然界に限らず被造物全てを対象としている。全体の構成は被造物が誕生した天地創造の7日間に準じていて、自然界に存在する秩序に従って、自然と人間の営みを記述するという方針が見てとれる。第1日（1

〜2巻）には、創造主、天地創造、三位一体、天使がまず記述され、続いて、この物理的世界、光、色、四元素、ルチフェルと堕天使が扱われる。第2日（3〜4巻）は、宇宙、空、時間、気象など、地上より上の世界を扱う。一方で第3日（5〜14巻）は地上世界とその構成要素を対象とし、海の誕生、大地とその性質、鉱物、金属、貴石、錬金術、植生、植物、穀物、薬草、農業、樹木、森林、果樹、果実、葡萄酒などが記述される。ここでは、たとえば鉱物などを列挙するにあたって、「機械的な」アルファベット配列が用いられている。第4日（15巻）の対象は天文で、月、星、十二宮、暦を扱う。水中と空の生き物が創られた第5日（16〜17巻）は鳥、魚、水生動物を対象とする。同様に陸上の生き物が創られた第6日（18〜28巻）は、動物、家畜、爬虫類、昆虫、動物の生態、栄養、資質などに続いて人間の創造（23巻）が扱われ、さらに、霊魂、人間の心理、生理、人体構造、五感、夢、記憶、理性などが論じられている。安息日にあたる第7日（29〜32巻）には、宇宙と神の摂理に関する様々な論題や、人間の誕生と一生、原罪、そして世界の地誌と歴史などが扱われている。『自然の鑑』自体が一つの小宇宙を形成し、被造物の世界を鏡のように映していると言えよう。

　17巻（2374章）からなる『諸学の鑑』は、学芸、道徳、技術、物理、数学、神学を対象とする。第1〜3巻は、自由七科を統括する哲学をはじめ、言語と関わる三科（文法、論理、修辞学、詩学）を対象とする。続く4〜10巻は、徳目や道徳に加えて、経済、政治、君主の教育、教会法、市民法などの関連領域、さらに神、隣人、自己に背く快楽が扱われるが、そのうち第6巻は建築、庭園術、農業、ワイン造り、暦書など、むしろ実践的内容である。11〜14巻は、技術的な事柄（織物、鍛冶、狩り、航海など）と医学の理論と実際、季節に応じた健康法を扱う。15〜16巻は自由七科の四科に対応する。『自然の鑑』を概略するかたちで物理世界を記述した15巻に続き、16巻で

は数学、音楽、幾何学、天文学、占星術、度量衡などが扱われている。最後の17巻は神学、神話学、聖書解釈に関する内容である。

『歴史の鑑』はエリナン・ド・フロワモン（1229年頃没）の『年代記』を材源のひとつとして、天地創造から現代までの歴史をキリスト教史的な6つの時代に分割して記述している。第1巻では天地創造からエジプト滞在までが扱われ、その後聖書時代からコンスタンティヌス帝のもとでのキリスト教の勝利（第12巻）を経て、最終巻の31巻ではルイ9世の十字軍（1250年）

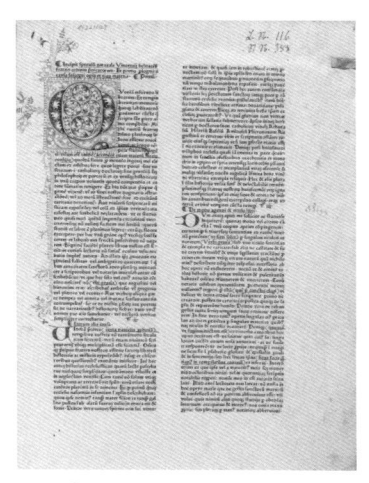

図2 『自然の鑑』（ストラスブール、1476年以降）I, 2r（慶應義塾図書館蔵）

を扱っている。中世の年代記の例に漏れず本書は単なる歴史叙述ではない。奇蹟や超自然的な事件に関する記述も多く、それらの中には独立して聖人伝やロマンスとして流通していたエピソードもある。その一方で、キケロ、オウィディウス、アウグスティヌス、ヒエロニムスなどの著作からの抜粋を多く含み、たとえば第28巻は全てがベルナルドゥスからの抜粋である。時系列に沿った構造になってはいるが、聖書や神学者の著作を抜粋して編纂した中世的なコンピラティオとしての性格も顕著である。

『大いなる鑑』は、80点以上の写本が確認されている『歴史の鑑』をはじめとして、いずれも相当数の写本で現存している[11]。また、『歴史の鑑』には14世紀初頭のジャン・ド・ヴィネー（Jean de Vignay）によるフランス語訳も存在する。14世紀になって、キリスト教神学を扱う『道徳の鑑』（*Speculum morale*）が編纂されたが、その実質はトマス・アキナスの作品の抜粋で構成

されるコンピラティオである。この編者不詳の補遺を加えて全4巻となった『大いなる鑑』にはインキュナブラ版も複数存在している。1473〜77年にストラスブールで刊行されたのをはじめとして、1483〜86年にはニュルンベルクでアントン・コーベルガーが、1493〜94年にはヴェネチアでヘルマン・リヒテンシュタインが刊行しており、いずれもフォリオ版である（図2）[12]。このように大部な書物を印刷するコストとリスクを考えると、本書の継続的な人気の高さがうかがい知れる。その後16世紀にもヴェネチアで刊行され、1624年には北フランスのドゥエーで刊行されている[13]。中世を代表する事典が17世紀前半まで刊行され続けたことは、中世と近代初期の連続性のひとつの証と考えられる。

ヒエログリフからインプレーサへ
——ホラポッロ、ヴァレリアーノ、ピチネリ

　16世紀になると、中世的な知識体系が印刷本によって継承されるとともに、新たな象徴事典が編纂されている。それらは、中世のキリスト教的象徴体系を下敷きとして、その上に被造物と意味とのさらなる対応を新たに創作する営みであり、その背景には、マルシリオ・フィッチーノに代表される15世紀イタリアの哲学者の新プラトン主義が存在する。新プラトン主義の創始者とされるプロティノス（205〜269年頃）の『エンネアデス』はラテン語訳で知られており、その中に以下のような記述が存在する。

　　だから、神々およびかの世界での至福者たちがかしこで見るものは命題である、と信じてはならない。むしろ（上で）言われたもの（大、小、太陽、星、動き、静止など）のそれぞれは、かしこでは美しい絵、知恵

ある人の魂の内にあるとだれかが想像したような絵である。ただし描かれた絵ではなくて、真実に有る絵なのである。だからこそまた古人は、イデアと有るものであり、実有であると言っているのである。

　私に思えるところでは、エジプトの知者たちも、精密な知識によってか、生具の知見によってか、このことを見てとったようである。すなわち彼らは、何ごとかを知恵に基づいて示そうと欲したときには、ことばと前提を順々に表現して行くような文字、あるいは命題の音声と発音を表記するような（表音）文字を用いないで、絵姿（象形）を描いた。彼らは神殿に、ひとつびとつの事物に対応するひとつびとつの絵姿を刻したのであるが、これは、かの世界における非展開性を示したのであろう。つまり（かの世界では）それぞれの絵姿が何らかの一定の知識でもあり、知恵でもあり、事物そのものでもあり、凝集的なもの（直観）であって、思考ではなく熟慮でもない、というわけである。(V, 8, 5-6)[14]

　プロティノスはここでエジプトのヒエログリフについて語っていると思われ、それは直感的把握によって、思考や推論を介さずに本質に到達することを可能にする特別な表意文字であると論じている。実際にはヒエログリフは表音文字が大半の象形文字体系だが、プロティノスの前提は16世紀にも受け継がれ、ヒエログリフの流行の下敷きとなった。

　エジプトへの関心は、十字軍によって東方への興味が再燃した13世紀に高まったとされるが、近代初期の象徴事典に直接影響があったのは、ホラポッロという4世紀頃のエジプトの聖職者が著したとされる『ヒエログリフ集』である。ホラポッロが古エジプト語で書いたものが5世紀にギリシャ語に翻訳されたとされる写本がギリシャのアンドロス島で発見され、ギリシャの島々を旅していた聖職者クリストフォロ・ブオンデルモンティ（Cristoforo

Buondelmonti）によって1419年にフィレンツェにもたらされた[15]。2部構成の本書には全部で189のヒエログリフが記述されているが、そのうちエジプト起源のものはごく僅かで、大半は著者がヒエログリフに着想を得て独自に創出したものと思われる。その意味で本書は、ヒエログリフを解読するための書というよりは、実質的には一種の象徴的図案の解読事典である。第1部は、「婚姻はいかに描かれるか」、「宇宙はいかに（描かれるか）」といった見出しのもとで、事象や概念がどのような文字記号で描かれるかをその理由とともに説明し、一方で第2部は、「猛禽を描くとき、それは何を意味するか」、「星を描くとき、（彼らはそれで）何を創案するか」のように、逆に文字記号が項目を形成している。第1部の場合は、「宇宙を描きたいとき、彼らは自分の尾を咬んでいる蛇を描く」と使用される文字記号が示され、その後に詳しい解題が続く（図3）。本書は15世紀に大変に人気を博し、1505年にはラテン語初版がヴェネチアでアルド・マヌーツィオによって刊行され、それ以降複数の俗語に訳されて30版以上が刊行された[16]。挿絵入りの最初の版は1543年にパリのティルマン・ケルヴェールが刊行したフランス語版で、その後、ギリシャ語・ラテン語対訳版に195点の木版挿絵を加えた最初の版が1551年にパリのジャック・ケルヴェールによって刊行されている[17]。

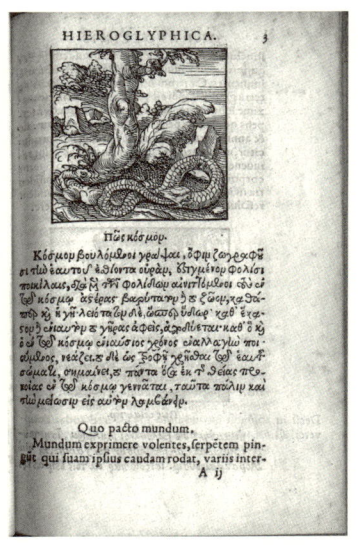

図3　ホラポッロ『ヒエログリフィカ』（パリ、1551年）, p.3

　ホラポッロの重要さは、新たなヒエログリフの創作を誘発し、ヒエログリ

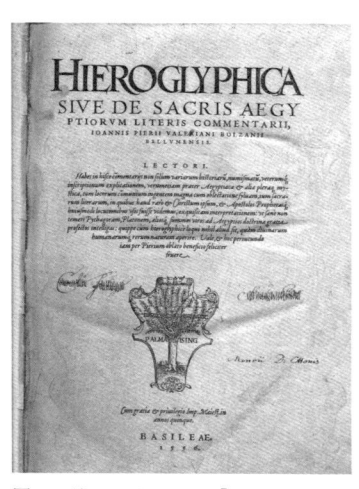

図4　ヴァレリアーノ『ヒエログリフ集』（バーゼル、1556年）

フ的な象徴を集めた事典の編纂の流行を生み出した点にある[18]。なかでも最も影響力があった著作がピエリオ・ヴァレリアーノ（Giovanni Pierio Valeriano Bolzano, 1477～1558年）の『ヒエログリフ集、すなわちエジプト人と他の民族の聖なる文字についての注解』（*Hieroglyphica, sive de sacris Aegyptiorum aliarumque gentium litteris commentariorum*）である（図4）[19]。ヴァレリアーノは、後に教皇レオ10世となるジョヴァンニ・デ・メディチ枢機卿の庇護を受けたヒューマニストであった。1556年にバーゼルのヘンリク・ペトリが印行した版を皮切りに、1567、1575年とバーゼルで版を重ね、1678年までに16版が刊行されている。1576年にはフランス語訳が、1615年にはドイツ語訳が刊行されている。ヴァレリアーノは、ヒエログリフとは狭義の古エジプト語の文字ではなく、象徴的に解読されるべき絵を広く指すと理解していた。その後のヒエログリフ関連書に大きな影響を与えた本書において、作者はホラポッロに準拠するだけでなく、聖書を典拠に用いてヒエログリフを解読し、時には『ヒュプネロトマキア・ポリフィリ』に登場する「現代人が作ったヒエログリフ」も利用している[20]。本書は2部構成の全58巻で構成され、1～31巻は、動物、鳥類、魚類などの生物を、たとえば「獅子によって意味される事柄について」という見出しのもとで一種類ずつ扱っている。続く32～37巻は人体の各部位（頭、指）を個別に扱い、その後48巻までは、武器、船、ランプ、弦楽器等の人工物を、その後最終の53巻までは鉱物や植物を対象とする。各巻毎に

数点の木版の図版が付随している。

　一例を挙げると、鳥類を扱う第 17 巻に登場するツル（grus）は警戒、民主主義、思慮分別などいくつかの概念を表す「ヒエログリフ」である。ツルと警戒の連想はプリニウスに遡り、『博物誌』第 10 巻のツルの項に、「夜は嘴に石をくわえた見張番を立てる。もし睡気がその石を落とさせるようなことがあると、石は落ちて彼らの弛緩を責める。その間他のものは、交互に片足で立ったまま、頭を翼の下に突っ込んで眠る。しかし先導者は首をしゃんと立てて見張っており、警告を与える。」と記されている[21]。セビリャのイシドルスの『語源論』にも同様の記述があるが、嘴ではなく「つめで石を摑み、睡ってしまうとその（石が落ちる）音が警戒の必要を教えてくれるようにしている」(XII. vii. 14) となっており[22]、この記述がヴァンサン・ド・ボーヴェ、ヴァレリアーノへと受け継がれてゆく。『自然の鑑』にはセビリャのイシドルス、プリニウス、アリストテレスなどを典拠としたツルの生態についての詳しい記述があり、『語源論』の同箇所も典拠として挙げられている[23]。また、ホラポッロでは、「敵の策略に対して警戒している男をいかに描くか」という項目で、「敵の策略に対して警戒している男を描くとき、かれらは見張りをしているツルを描く。何故ならツルは、夜中交代で見張りをして警戒を怠らないからである」と記され、ツルが警戒のヒエログリフとして用いられることが記されている[24]。ヴァレリアーノはホラポッロに言及しつつ、「いかにして軍隊の隊長は敵のわなに対して警戒しているか」と述べ、さらにプリニウスも用いて記述を拡張させ、ツルは一晩中警戒を怠らず、眠ってしまっても石が落ちる音ですぐに目を覚ますように、片脚で常に石を摑んでいると記している (f. 128v)。図版（図 5）は片脚に石を摑んで立つツルの姿を描いており、同じ図像は寓意擬人像の集大成であるチェーザレ・リーパの『イコノロジーア』でも、「警戒」（Vigilanza）の擬人像にヴァレリアーノを典

図 5　ヴァレリアーノ『ヒエログリフ集』（バーゼル、1556 年）f. 128v / ホラポッロ『ヒエログリフィカ』（パリ、1551 年）、p. 191

拠として用いられている（図 6）[25]。警戒を怠らないツルの逸話は中国の故事にも見られ、また福澤諭吉が「奴雁」と称して学者の比喩として用いたことでも知られるかなり普遍的なものだが[26]、ヨーロッパではその伝承には、以上のように古代末期から中世を通じて近代初期へと至る具体的な系譜が見てとれるのである。

　同様に『ヒエログリフ集』の影響を受けて編纂され、広く人気を博したのが「最も包括的なエンブレム百科事典とみなすことができる」フィリッポ・ピチネッリの『象徴的世界』（Filippo Picinelli, *Mondo Simbolico*）である[27]。ピチネッリ（1604～79 年頃）はミラノ生まれのアウグスティヌス隠修士会士で、クレモーナとピアツェンツァで哲学と神学を学んだ。カトリックの学者として、聖書に「世界が造られたときから、目に見えない神の性質、つまり神の永遠の力と神性は被造物に現れており、これを通して神を見ることができます」（『ローマの信徒への手紙』1. 20）と記されている通りに、神が創造した世界はまさに書物のように解読可能であるという前提で、世界の諸事象を

象徴的に読み解く一冊の本を編纂したのである。1653 年にミラノで初版が刊行され、1669 年には「この版において大幅に増補された」と標題に謳った第 2 版が世に出た(28)。その後もヴェネチアやミラノで 17 世紀後半まで版を重ねている。ラテン語版も、アウグストゥス・エラトの訳による版が 1681 年にケルンで刊行されると、1687 年から 1729 年までの間にさらに 5 版が刊行された(29)。

　ピチネッリは冒頭の読者への献辞で、当初は自分用に携帯可能な小型のエンブレム集を編むつもりでいたが、それはすぐに大部なものとなってしまったと記している。

図 6　リーパ『イコノロジーア』(パドヴァ、1625 年)

その目的は、14 世紀に編纂され中世後期の代表的な説教制作支援著作であったジョン・ブロムヤードの『説教大全』がそうであったように、対抗宗教改革の説教に役立てることにあった。蜜を集めて花から花へと飛び回るミツバチの比喩を用いて、そうしたせっせと集められた「知的な愉しみ」は、「古代と現代の定評ある作家の聖俗の考察」によって支えられ、「有益さと楽しさが分かちがたくひとつになっている」と述べる。ミツバチの比喩はセネカの「ルキリウスへの書簡」からの引用で、ジョン・ブロムヤードの『説教大全』、アイルランドのトマス『小さな花束』にも使用されている他、14 世紀イングランドのジョン・ガワーの物語集『恋する男の告解』(Confessio Amantis) の序文にも登場する常套的なモチーフである(30)。また、権威あるテクストからの抜粋から成るコンピラティオという構造、書物の機能として

図7　ピチネッリ『象徴的世界』（ミラノ、1669年）

の教訓と知的楽しみの合体の主張も、中世にまで遡る認識である。しかし、『象徴的世界』の目的は、ヴァレリアーノの『ヒエログリフ集』と同様に、中世以来の手法によって集積された知識を活用して、「インプレーサの手法によって的確にほのめかされた比喩的な綺想」によって、この世界に対応する象徴世界を網羅的に記述することにあり、その有効性をパオロ・ジョーヴィオ、アンドレア・アルチャーティ、ディエゴ・デ・サアベドラ・ファハルドなどの先人のエンブレム作家を挙げて強調している。

『象徴的世界』の理念は、1669年の増補版で採用された新たな扉絵にもよく表れている（図7）。怪力のヘラクレスは「象徴的世界」と名付けられた地球を重たそうに肩に担いでおり、その背景には、自然世界を表す樹木や植物と理念的構築物を表す壁や柱の一部とが対照的に描かれている。自然界は象徴世界に対して完全に開かれていて、そのお陰で象徴世界はずっしりと重い、内容豊かなものとなっているのである。樹にかけられた「重荷は名誉を与える」という碑文は、象徴世界の重さとそれを支えられるのは、しばしばキリストの表象として用いられるヘラクレスのような英雄だけであるということを示している[31]。

小さな活字を用いて二段組みで印刷された増補版は以下の26巻から成る。1. 天体、2. 四元素、3. 古代の神々、英雄たち、人体の部位、4. 鳥類、5. 四足獣、6. 魚類、7. 蛇類、有毒な生物、8. 不完全な生物、9. 植物、果樹、

10. 草、11. 花、12. 宝石、貴石、13, 金属、14. 教会の備品、15. 家庭の備品、16. 建造物、17. 職人の道具、18. 遊戯の道具、19. アルファベット文字、20. 航海の器具、21. 数学の器具、22. 武器、23. 楽器、24. 農村の器具、25. 雑、26. 新版における補遺。神話神や「運命」や「死」などの擬人像を扱った第3巻を除くと、ほとんどが自然界に存在する被造物と人間の営みが生み出した器具類である。各巻にはそれぞれ数点から数十点の項目が含まれ、各項目はイメージの説明と複数の教訓的なラテン語のモットーで構成されている。自然物と人工物の両方を網羅し、それをインプレーサとして解読することで、並行世界として存在する象徴世界を描き出していると言えよう。たとえば、鳥類を扱う第4巻には、ツルのインプレーサの長い解説がある (chap. 41, pp. 187-191)。「片脚に石を摑んで立つツル」、「片脚に石を摑んで飛んでいるツル」、「睡っている群れの中で見張りをするツル」など十数点の様々なツルの姿に対して、それぞれ対応するラテン語のモットーが説明とともに示されている。記述の詳細さとは対照的に、図版は各巻について1点から数点と少ない。第4巻は73章から成るが、図版は5点のみで、そのうちの1点は睡っている群れの中で見張りをするツルである（図8）。

　17～18世紀のイエズス会経営の学校では、エンブレムの作成をカリキュラムに取り入れることがあり、17世紀後半に多くの教育的なエンブレムや象徴的イメージの解説書を著したイエズス会士のクロード゠フランソワ・ムネストリエ（Claude-François Menestrier）の著作などが教科書として使用されていた[32]。ピチネッリはイエズス会士ではないが、『象徴的世界』はイエズス会の学校に常備されていた図書の一つであり[33]、同様な役割を果たしたことが考えられる。さらには、バロック期を中心に17世紀から19世紀初頭までの中南米を含むカトリック世界において、世界の象徴体系を読み解き知らしめるための基本的な参考書となり、ヴァレリアーノの『ヒエログリフ

図8 ピチネッリ『象徴的世界』(ミラノ、1669年), p. 190

集』にとってかわったのである(34)。

ピチネッリの『象徴的世界』はさらに、イエズス会士のヤゴブス・ボスキウス（Jacobus Boschius）が編纂した『象徴誌』（*Symbolographia*, 1702）の典拠として用いられた(35)。マリオ・プラーツは、インプレーサを絵とラテン語の銘文（モットー）とを組み合わせて何らかの意図や願望、行動規範を象徴的に表現するものと定義しているが、本書はそのようなインプレーサ2052点から成る(36)。解説は『象徴的世界』に比較すると簡潔だが、すべてのインプレーサが全171葉の銅板図版にまとめられていて、片脚で石を持つツルの図像も異なるモットーと組み合わされて三度登場している（図9）。ヒエログリフをキーワードとして、ホラポッロから始まる象徴事典の系譜は18世紀初頭まで続いているのである。

中世の事典が世界の諸事象の姿をその教訓的解釈とともに一冊の本に収めるものであるならば、一方で、近代初期の事典は、世界を象徴的意味体系として読み解くために解釈の網目を新たに広げようとする試みである。両者の方向性は異なるが、しかし根底において、モノやイメージがメッセージを隠しているという世界の象徴性への信念、そしてそうした宇宙を表象するイメージの言語体系を記述することで真理に近づけるという認識を共有している。フーコーが指摘したように、自然という書物における「壮大な隠喩は、言語を世界の側、草木や石や動物たちのあいだに押しやる、はるかに深いもうひとつの移動現象の、目に見える裏面にほかならない」のであり、近代初期までの事典とは、恣意的な体系ではない、「世界のなかにおかれ、世界の一部

図9　ボスキウス『象徴誌』(アウグスブルク、1702年), class I, DCLXVIII; II, CXCII; III, MXXVIII

をなしている」言語の事典なのである⁽³⁷⁾。こうしたイメージの象徴言語体系が17世紀を越えて存続していたことが、本論で検討したように、具体的な影響関係のもとで刊行され続けてきた中世から近代初期の象徴事典から見てとれる。ヨーロッパの表象文化史にひとつの区切りを見るとするならば、その時期はこうした視覚的連想の網目がほころび始める18世紀以降であるかもしれない。その意味で、中世は長く引き延ばされて続いていたと言うことができるだろう。

注

(1) 'Omnis mundi creatura / quasi liber et pictura / nobis est in speculum; / nostrae vitae, nostrae mortis, / nostri status, nostrae sortis / fidele signaculum.
Nostrum statum pingit rosa / nostri status decens glosa / nostrae vitae lectio; / quae dum primum mane floret, / defloratus flos effloret / vespertino senio.' PL 210:579; *The Oxford Book of Medieval Latin Verse*, ed. by F. J. E. Raby (Oxford: Clarendon, 1959), p. 369.

(2) Thomas de Hibernia, *Manipulus florum, seu Sententiae Patrum* (Piacenza: Jacobus de Tyela, 1483)［ISTC: ih00149000］;(Venice: Johannes Rubeus Vercellensis, [c. 1494])［ISTC: ih00150000］; Johannes de Bromyard, *Summa praedicantium* ([Basel: Johann Amerbach, not after 1484])［ISTC: ij00260000］;(Nuremberg: Anton Koberger, 1485)［ISTC: ij00261000］.

（3） *The Etymologies of Isidore of Seville*, trans. with introd. and notes by Stephen A. Barney and others（Cambridge: Cambridge University Press, 2006）, p. 285.
（4） ジャン・ドリュモー『楽園の歴史Ⅰ：地上の楽園』西澤文昭、小野潮訳（新評論、2000年）、71 ～ 89 頁。
（5） Isidorus Hispalensis, *Etymologiae*（[Strassburg]: [Johann Mentelin] [c. 1473]）[ISTC: ii00182000].
（6） Michel Lemoine, 'L'oeuvre encyclopédique de Vincent de Beauvais', *La Pensée encyclopédique au Moyen-Âge*（Neuchatel: La Baconnière, 1966）, pp. 77-78.
（7） Herbert Grabes, *The Mutable Glass: Mirror-Imagery in Titles and Texts of the Middle Ages and English Renaissance*, trans. by G. Collier（Cambridge: Cambridge University Press, 1982）, p. 39.
（8） Serge Lusignan, *Préface au Speculum maius de Vincent de Beauvais: réfraction et diffraction*（Paris: Vrin, 1979）, p. 115.
（9） Einar Már Jonsson, 'Le sens du titre *Speculum* aux XIIe et XIIIe siècles et son utilisation par Vincent de Beauvais', in *Vincent de Beauvais: Intentions et réceptions d'une œuvre encyclopédique au Moyen-Âge*, ed. by Serge Lusignan, Monique Paulmier-Foucart, and Alain Nadeau（Ville Saint-Laurent, Québec: Bellarmin,1990）, pp. 11-32（pp. 12-13）.
（10） Lemoine, pp. 77-85 による。
（11） 写本および初期刊本についてはM. C. Duchenne, Gregory G. Guzman and J. B. Voorbij, 'Une Liste des Manuscrits du *Speculum Historiale* de Vincent de Beauvais', *Scriptorium*, 41 (1987), 286-294; Les Archives de littérature du Moyen Âge（ARLIMA）〈http://www.arlima.net/uz/vincent_de_beauvais.html〉; Hans Voorbij & Eva Albrecht による 'A Vincent of Beauvais Website'〈http://www.vincentiusbelvacensis.eu/index.html〉を参照。
（12） Vincentius Bellovacensis, *Speculum naturale*, 2 vols（[Strassburg]: [The R-Printer（Adolf Rusch）], [not after 1476]）[ISTC : iv00292000]; *Speculum doctrinale*（[Strassburg]: [The R-Printer（Adolf Rusch）], [betw. 1477 and 1478]）[ISTC : iv00278000]; *Speculum historiale*（[Strassburg]: [The R-Printer（Adolf Rusch）], [1476-80]）[ISTC: iv00282000]; *Speculum morale*（Strassburg: Johann Mentelin, [1476]）[ISTC : iv00288000]. 詳しい書誌については「慶應義塾図書館デジタル・ギャラリー」〈http://project.lib.keio.ac.jp/dg_kul/incunabula_about.html〉参照。
（13） リプリント版が *Speculum quadruplex : sive, Speculum majus: naturale, doctrinale, morale, historiale*, 4 vols（Graz, Austria : Akademische Druck- u. Verlagsanstalt, 1964-1965）として刊行されている。
（14） 『プロティノス全集　第3巻』田中美知太郎他訳（中央公論社、1987）、536 ～ 37 頁。
（15） 伊藤博明『綺想の表象学――エンブレムへの招待』（ありな書房、2007）、34 ～ 40

頁。
(16) Luc Brisson, *How Philosophers Saved Myths: Allegorical Interpretation and Classical Mythology*, trans. by Catherine Tihanyi (Chicago: The University of Chicago Press, 2004), pp. 141-42.
(17) ΩΡΟΥ ΑΠΟΛΛΩΝΟΣ ΝΕΙΛΩ ΟΥ ἱυρογλυφικά. Ori Apollinis Niliaci, *De Sacris notis & sculpturis libri duo, ubi ad fidem vetusti codicis manu scripti restituta sunt loca permulta, corrupta ante ac deplorata* (Paris: Iacobus Keruer, 1551). 英訳は *Hieroglyphics of Horapollo*, trans. by George Boas (Princeton, NJ: Princeton University Press, 1950).
(18) 伊藤『綺想の表象学』、80 〜 86 頁参照。
(19) *Hieroglyphica sive de sacris Aegyptorum literis commentarii, Ioannis Pierii Valeriani Bolzanii Bellunensis* (Basel: [Michel Isengrin], 1556); John Landwehr, *German Emblem Books 1531-1888: A Bibliography* (Utrecht: Haentjens Dekker & Gumbert, 1972), no. 614.
(20) Erik Hornung, *The Secret Lore of Egypt: Its Impact on the West*, trans. by David Lorton (Ithaca, NY: Cornell University Press, 2001), pp. 86-88.
(21) 『プリニウスの博物誌』全 3 巻　中野定雄他訳（雄山閣出版、1986)、第Ⅰ巻、445 頁。
(22) 'At ubi raucescit succedit alia nocte autem vices faciunt tenentes lapillus suspensis digitis quibus somnos arceant quod cavendum erit clamor indicat.' Isidorus Hispalensis, *Etymologiae* ([Strassburg]: [Johann Mentelin] [c. 1473]), 'XII. De Avibus'. cf. *The Etymologies of Isidore of Seville*, p. 264.
(23) 'Nocte autem excubias dividunt: et ordinem vigiliarum per vices faciunt tenentes lapillus suspensis digitis: quibus somnos arguant: quod cavendum est clamor indicat.' Vincentius Bellovacensis, *Speculum naturale*, ([Strassburg]: [The R-Printer (Adolf Rusch)], [not after 1476]), I, Lib. XVII, c. xci.
(24) Ori Apollinis Niliaci, *De Sacris notis & sculpturis libri duo,* p.191; *Hieroglyphics of Horapollo*, p. 92.
(25) *Della novissima Iconologia di Cesare Ripa Perugino...* (Padova: Pietro Paolo Tozzi, 1625), p. 715; *Iconologia del Cavaliere Cesare Ripa Perugino Notabilmente Accresciuta d'Immagini, di Annotazioni, e di Fatti dall'Abate Cesare Orlandi....*, 5 vols (Perugia: Stamperia di Piergiovanni Costantini, 1764-67), V, 365; cf. Sonia Maffei, *Le Radici Antiche dei Simboli: Studi sull'Iconologia di Cesare Ripa e i suoi Rapporti con l'Antico* (Napoli: La Stanza delle Scritture, 2009), pp. 150-51.
(26) 「語に云く、学者は国の奴雁なりと。奴雁とは、群雁野に在て餌を啄むとき、其内に必ず一羽は首を揚げて四方の様子を窺ひ、不意の難に番をする者あり、之を奴雁と云ふ。学者も亦斯の如し。」「人の説を咎む可らざるの論」『民間雑誌』第 3 編（明治 7 年 6 月）初出。『福澤諭吉全集　第 19 巻』慶應義塾編纂（岩波書店、1962)、513 頁。
(27) ピーター・M・デイリー監修『エンブレムの宇宙──西欧図像学の誕生と発展と精

華』伊藤博明監訳（ありな書房、2013）、167 頁。
(28) Filippo Picinelli, *Mondo Simbolico formato d'imprese scelte, spiegate, ed'illustrate con sentenze, et eruditioni, Sacre e Profane...* (Milano: Francesco Vigone, 1669).
(29) Mario Praz, *Studies in Seventeeth-Century Imagery*, 2 parts, 2nd edn (Roma: Edizioni di Storia e Letteratura, 1964, 1974), I, 455; cf. Filippo Picinelli, *Mundus Symbolicus* (*Cologne 1694*), ed. by August Erath, 2 vols, The Renaissance and the Gods (New York: Garland, 1976) [1694 年版のファクシミリ].
(30) John Bromyard, *Summa praedicantium omni eruditione refertissima...*, 2 pts. (Venice: apud Dominicum Nicolinum, 1586), f. 2r (sig. A2). R. H. Rouse and M. A. Rouse, *Preachers, Florilegia and Sermons: Studies on the Manipulus florum of Thomas of Ireland* (Toronto: Pontifical Institute of Mediaeval Studies, 1979), pp. 115-17; John Gower, *Confessio Amantis*, Prol. line 34 (gloss): '… tanquam fauum ex variis floribus recollectum, presentem libellum ex variis cronicis, historiis, poetarum, philosophorumque dictis, quatenus sibi infirmitas permisit, studiosissime compilauit' (*The Complete Works of John Gower* ed. by M.A. Macaulay, 4 vols (Oxford: Clarendon, 1899-1902), II, 2-3).
(31) Genoveffa Palumbo, *Le porte della storia: l'età moderna attraverso antiporte e frontespizi figurati* (Roma: Viella, 2012), pp. 115-18.
(32) cf. Judi Loach, 'The Teaching of Emblematics and Other Symbolic Imagery by Jesuits within Town Colleges in Seventeenth- and Eighteenth- Century France', in *The Jesuits and the Emblem Tradition*, ed. by John Manning and Marc van Vaeck (Turnhout: Brepols ,1999), pp. 161-186.
(33) Éva Knapp and Gábor Tüskés, 'Sources for the Teaching of Emblematics in the Jusuit Colleges in Hungary', in *The Jesuits and the Emblem Tradition*, ed. by John Manning an Marc van Vaeck, pp. 115-145 (p. 137).
(34) Bárbara Skinfill Nogal, 'Multiple Glances at the *Mundus Symbolicus* by Filippo Picinelli: A Bibliographical Approach', *In Nocte Consilium: Studies in Emblematics in Honor of Pedro F. Campa*, ed. by John T. Cull and Peter M. Daly (Baden-Baden: Koerner, 2011), pp.239-271 (p. 241).
(35) Jacobus Boschius, *Symbolographia: sive de arte symbolica sermones septem* (Augsburg and Dillingen: Johan Kaspar Bencard, 1702). Praz, *Studies in Seventeeth-Century Imagery*, p. 283; Landwehr, *German Emblem Books*, no. 144.
(36) Praz, *Studies in Seventeenth-Century Imagery*, p. 58.
(37) ミシェル・フーコー『言葉と物──人文科学の考古学』渡辺一民・佐々木明訳（新潮社、1974）、60 頁。

「キリストの系譜」の視覚表象

中世の英国における伝統と継承

原島 貴子

近年、デジタル画像の進歩と普及から、史料・貴重書の閲覧が以前より容易になったこともあり、家系図をはじめとする系統図の視覚表象が注目されている。あらゆる事物の種類や、時間の推移によって生み出される多様性を視覚的に示し得る系統図は、その形状と象徴的な意味合いから樹木に例えられ、「系統樹」とも呼び表されてきた。三中信宏氏は、その著書『系統樹曼荼羅――チェイン・ツリー・ネットワーク』で多数の図版を紹介し、古今東西に見られる系統樹の分類を行い、詳述している[1]。「生物樹」・「家系樹」・「万物樹」と三つに大別した呼称の下に、さらに幾種もの樹形図が分類され、多彩なテーマと機能を持つ系統樹の存在が示された。なかには、アリストテレスの世界観を視覚化した「ポルピュリオスの樹」のように[2]、時代を越えて多数の人々が制作に携わり、表現の形式や手法に様々な相違や変化の見られた樹形図が存在する点も注目に値する。本稿で取り上げる「キリストの系譜」も、そうした事例の一つである。「キリストの系譜」の視覚表象を確立したと言えるモデルが成立したのは西暦1200年前後のヨーロッパであるが、それ以前から現代に到るまで、キリスト教のいわゆる「神聖家系図」を扱った同種または類似の表現・描写は汎く存在する[3]。すなわち、「キリストの系譜」の樹形とは、一つの書物内に留まって静止・完結したものではなく、様々な書物に亘り、受け継がれる中で、枝葉にとりどりの変化を持ち得た視覚表象であり、先の三中氏の表現を借りれば「図像言語」であった[4]。

「系譜」という語を、例えば『広辞苑』第6版は、「血縁関係や系統関係を図式的に記したもの。系図」、「物や人のつながり。系統」という二項目で定義している。この二つの定義が示す通り、ある複数の事物について、相互の関連性の抽出という行為を通じて抽象化する作業と、それを何らかの視覚媒体に移す具象化の作業の両方を、併せ持った概念だと言える。他方、中世ヨーロッパの文化研究にあたり、歴史叙述における「系譜」の役割をも考察したクラインシュミットは、この語に当てはまる文書資料（genealogies）を簡潔に「意味のある方式で配置された名称の一覧」（'lists of names which are arrayed in a meaningful way'）という表現で説明していて[5]、この定義は特に古い文献にあたる際に便利である。家系や血統にまつわる系譜は、特に初期において、口承の伝統と切り離せず、作り手も受け手も厳密な分類や系統の観念を意識するまでに至らずとも、ただ祖先や統治者、偉人の名を続けて述べていく素朴な語りが存在した[6]。神話や伝説を「史実」と分け隔てなかったそうした語りがやがて文字や図画に記録され、他の文学や美術等の要素と時に混交されつつ形成したのが「系譜」の文学伝統だと言えよう。「名称の一覧」たる「系譜」は常に視覚媒体を伴う訳ではないが、人物名や事物名同士を連結する叙述の代わりに単純な線図を用い、さらに線図が結びつけるそれらの名詞的項目をイコン（またはアイコン）に置き換えるなどの操作で、文字テクストが比較的容易に図画描写に変換され得る、一つの特色ある文学ジャンルと本稿では捉えたい。翻って、「系譜」を表現する図案には必ず、事物の名称を示す言語的な情報が含まれ、図案を取り巻く叙述を構成する。

　「系譜」を以上のように捉えた上で[7]、中世に英国ではどのような伝統が築かれ、いかに受容・伝達されていたのか、形態と機能の多様性に注目しながら複数の事例を紹介する。言及する資料は英国のものを中心に、年代は12世紀末から17世紀初頭という比較的長期に亘るが、それらの比較検討を

通じて、中世から近世への移り変わりと言われる時代の流れを大きく捉える試みとしたい。

1　ポワティエのピーター『キリストの系譜』

　現代英語で「系譜」は 'genealogy'（「家系・血統を辿ること」を意味するギリシャ語に由来する語）を用いるが、『オックスフォード英語辞典』第2版には、異綴字のもので遅くとも1300年から使用例が確認される。15世紀以降には、元はフランス語で鳥（鶴）の足の形を意味した 'pedigree' の語も入った[8]。しかし、「系譜」の概念自体は勿論、これらの外来語が英語化する以前から既に、英国に存在していたと見るべきである。中世のヨーロッパにおいて「キリストの系譜」の視覚表象の伝統が確立するのも上記に先立つ西暦1200年前後からのことで、ポワティエのピーター（Peter of Poitiers, 1130年頃～1205年）による『キリストの系譜』（*Genealogia Christi*）の影響が大きかった[9]。制作年代が13～15世紀と推定される写本が、ヨーロッパ各地に少なくとも50点は現存することから、当時よく流布した作品と分かる[10]。英国（または英仏海峡周辺地域）起源と思われる13世紀前半の写本（ハーバード大学ホートン図書館所蔵本）が残っており、現存する本作品の写本の中で最初期のものと言われている[11]。

　作者ポワティエのピーターは、パリのノートル・ダム付属学院で活躍した神学者で、名高いイタリアの神学者ペトルス・ロンバルドゥス（Peterus Lombardus, 1095年頃～1160年）の同時代人であり、1135～50年間に同学院の神学教授であった彼の下で学んだ可能性もある。『キリストの系譜』以外にも、神学関係の著作を多数残した。当時、神学関係の著作がラテン語で著されることはごく一般的であったように、この『キリストの系譜』も、樹形

図中の文字および樹形図に添えられる文字テクストのいずれもが、ラテン語で書かれた。『キリストの系譜』という表題自体は、ひとつの「通称」というべきもので、写本によって様々な表題を持ち得る（*Compendium veteris Testamenti*、*Liber cronicorum*、*Compendium historiæ in genealogia Christi*、*Genealogia*、*Epitome historiæ sacræ*、*Tabula historiarum veteris et novi testamenti*、*Genealogia Bibliæ*、*Summa historica Bibliæ*、*Genealogia historiarum* など）[12]。

『キリストの系譜』は、樹形図とそれを取り巻く文字テクストから成り立っている。家系図の形式で綴られる系譜は、聖書および聖書関連の文献や伝承が語り継ぐ、聖なる家系の世代・姻戚関係の情報を図式化したものである。すなわち、アダム・イブ夫婦を始祖に、ノア、アブラハム・イサク親子、ダビデ・ソロモン親子へと降り、最終的にヨセフ・マリア夫婦を介して救世主キリストに到るまでの系譜である。樹形図を取り囲む人物の事蹟や出来事についての叙述も、基本的に聖書（主に旧約聖書）に依拠している[13]。『創世記』、『民数記』、『列王記』、『歴代誌』などが扱うイスラエルの部族の形成およびイスラエル・ユダ両王国の王家の興亡に、バビロン捕囚を経た後、王家の子孫からキリストが誕生する流れの概略を記したものとも言ってよい。ただし、聖書のみを典拠とするものではなく、聖書に対応のない記述・描写も見受けられ、その事例の一つについては後述する。文字テクスト同士の比較からは、写本間の異同が細部に数多く存在し、完全に同一内容の複数の写本が見つかる可能性は今後も乏しく、いずれの写本が実際にポワティエのピーターの手によるものかも（少なくとも現時点では）解明されていない[14]。追加、改竄、削除、あるいは他作品と織り交ぜられる等、様々な異同・変更のある類型的作品も現れたとのことである[15]。

中世ヨーロッパの家系図の基本は、複数の人物を示す図案や（文字を含む）記号を、線で繋ぐ形である。縦方向に上から下へ進むことが多いが、下から

上に進むもの、あるいは横に（水平方向に）進む場合もあり、これらの他に複雑なパターンも存在する。人物を示す図案や記号は線図で囲われることが多く、その線図が（小）円形の場合にはラウンデル（roundel）またはメダリオン（medallion）と一般に呼ばれる。人物名が記されたラウンデルは、主に親子（他に、夫婦・兄弟姉妹等）の関係性を示す線で互いに結び付けられる形式が普通だが、線を用いずにただラウンデルを並べるだけの場合もある。ラウンデル同士を接する（または重なる）ように連ねる、一つ一つ距離を隔てて置く、または両者を部分的に使い分けるなど、配置の手法も様々であった。ポワティエの『キリストの系譜』の写本にも言えるように、同一作品とみなされる写本同士を比べた場合でも、ラウンデルの配置・配列、その周囲の線図の用い方などに違いが有り得ることに注意を払う必要があろう。

　ラウンデルと線図の作り上げる樹形のデザインはこのように多様で、なかには中央から放射状に枝を伸ばす形や、唐草模様に類似した形などが入り組んでいる図案もあるため一概には言えないものの、樹形の中央に幹というべき（他よりも強調された）スペースを設け、基幹となる情報を配置する傾向が見られる。それらは通常、周囲の枝葉の情報より、重要度において勝る。ポワティエの『キリストの系譜』の樹形図でも、アダムからキリストへと到る世代の中で中心の幹部分（主幹）を占める系譜が、枝葉部分より、系譜として重要性の高いことが視覚的に示唆されている。カサナテンセ図書館所蔵本の系譜（主幹部分）の情報と、『マタイによる福音書』(1. 1–17) の「イエス・キリストの系図」との対応を示し、さらに参考として『ルカによる福音書』(3. 23–38) を比較する形で一覧にしたものが、本稿末尾に付した表である[16]。

　聖書の記述や中世ヨーロッパの家系図で父子関係の記載が重視されることが多かったように、このポワティエによる主幹もいわゆる「直系」かつ「父

系」の人物名を連ねるのが基本に見えるが、長男のみから成る訳ではなく[17]、なかには女性や「王不在（'Sine rege'）」のラウンデルなどの例外もある（表を参照）。マタイ・ルカ両福音書に記された二種類のキリストの系譜は一般によく知られているものだが、マタイはアブラハムからイエスまで時代を降る順序で、ルカはイエスからアダムへと時間を遡る形で辿った。そのうち、ダビデからヨセフまでの系譜がマタイとルカで大きく異なり、ヨセフの父をマタイは「ヤコブ」、ルカは「エリ」と記している。「ダビデからヨセフまでの系譜」に注目した場合、ポワティエの樹形にはルカに対応する系譜の視覚描写はなく、この表に見るように、幾つか相違はあるものの基本はマタイの記述に一致する。

　写本はこうした樹形の内外に、人物の肖像や人物の挿話に関連した図像を含んでいる。現代の我々の目にも顕著で分かりやすい例は、系譜の冒頭と終結部であろう。家系樹の開始点にはエデンの園（善悪の知識の木が植わっている）のアダムとイブの姿が描かれ、そこから発した樹形の主幹はノアを示すラウンデルの肖像へと進み、そこで方舟の図解を伴ってさらに下の世代へ向かう。カサナテンセ図書館所蔵本の場合には、キリストのラウンデルで完結するこの主幹が、写本巻末を占める磔刑図にも線で結ばれている。これらは（家系樹との結びつきを切り離して考えれば）聖書関連の文学作品にありふれたものと言えよう。他に系譜の途中を彩るのが、イスラエルの民がエジプトからカナンへ到るまでの旅程（『民数記』33. 1–49を比較参照）、イスラエルの十二部族の配置（『民数記』2. 1–31）、エルサレムの町（『ネヘミヤ記』3. 1–32）を示す、特徴的な図である。少なくとも、前述の13世紀前半の英国（英仏）系のホートン図書館所蔵本と14世紀前半のイタリア系のカサナテンセ図書館所蔵本という、制作時期も場所も離れた二写本に共通して見られる要素だった[18]。図1から図4に示したホートン図書館所蔵本の画像のうち、図3

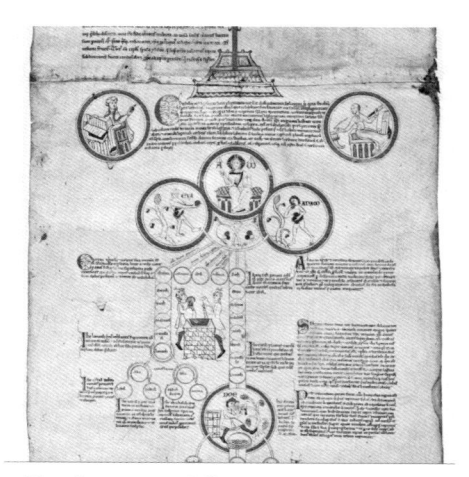

図1 「キリストの系譜」の開始部分

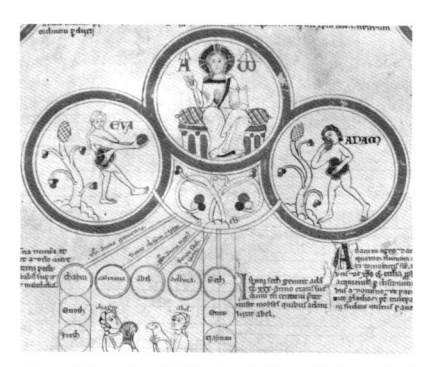

図2 (図1の一部拡大) アダム (右) とイブ (左) のラウンデル。次の世代には五つのラウンデル (アダムとイブの五人の子) が線で繋がれており、巻子本の中心を走る主幹部分にセト、エノシュ、ケナンらが続く

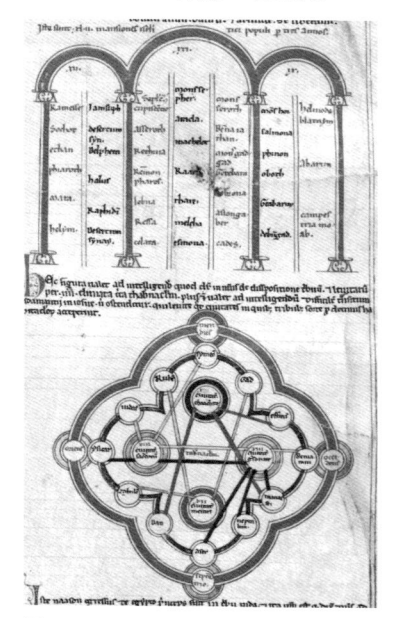

図3 カナンまでの旅程 (上部)、十二部族の配置図 (下部)

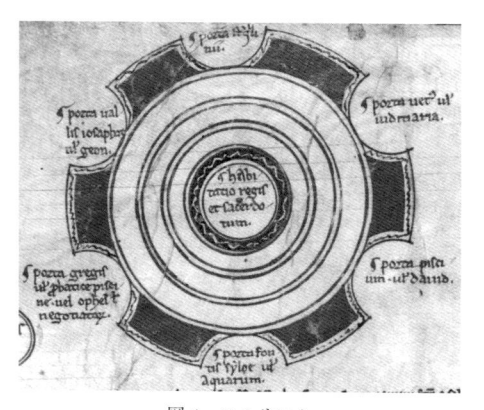

図4 エルサレム

の上部・下部と図4にそれら三つの図がある。いずれの図にも文字がしっかり書き込まれていることが確認できるが、カサナテンセ図書館所蔵本の場合は旅程の図と部族の配置図に殆ど文字が書かれない状態で現存する[19]。家系樹の形状と同じく、他の図像的な要素もこのようにある程度共通していながら、その類似の程度は写本によって幅のあるものであった。

『キリストの系譜』の写本には、巻子本と冊子体と、両方の形式が存在した。巻子本は系図の線を途切れなく示すのに最適な形態であると同時に、掲示された場合に、見る人が樹形図を一望に収められる利点もある。教育目的に作られ、実際に教室などで掲示され、指導に役立てられたものと考えられている[20]。

2　「キリストの系譜」と他の系譜の並置・連結

『キリストの系譜』の制作が教育目的ばかりだったとは限らないが、この作品の形態が知識の整理や記憶を補助し、視覚要素を活用したキリスト教の普及に関与していたことに疑いはない。ホートン図書館所蔵本の存在は、13世紀前半には英国内または近隣で本作品が受容されていた可能性を支持するが、この作品自体に様々な異型が有り得た上、各地に多様な系譜(王家をはじめとする各地の統治者、各地の名家、あるいは聖職者や市長などの公職に関する系譜など)が存在した。そしてこれらの、本来は別種と見るべき系譜(樹形図)が並置、混合、連結される例も少なくなかった。そもそも、『キリストの系譜』自体が、キリストの家系以外に、カルデア王の系譜、ペルシア王の系譜などの世俗の系譜を、部分的に描いている。聖書に記述が盛り込まれ、イスラエルの部族の歴史に密接な関連があるとはいえ、これらの世俗の系譜は、厳密には「キリストの系譜」——すなわちキリストの家系・血筋——に

属する要素ではない。また、キリストのラウンデルの付近には、キリストとほぼ同時代のローマの世俗の偉人(三頭政治で知られるポンペイウス・カエサル・クラッススの三人や、オクタウィアヌス帝・ティベリウス帝など)のラウンデルも描かれていて、むしろ「ローマの統治者」あるいは「ローマ皇帝」の系譜を構成する人物名と言える。これらはいずれも、別種の系譜が「キリストの系譜」に並置または添付された例と見なせる。さらに、「キリストの系譜」には、アダムからキリストの名で完結する本来の形に、ローマ教皇の系譜を後続させる傾向も見られた。

　英国で世俗の系譜を主に扱った写本にも、複数の系譜を配置する手法は取り入れられていた。例えば、「ブリテン王の系譜」('Genealogical Roll of the Kings of Britain')と呼称される慶應義塾図書館所蔵本は、制作場所がおそらくロンドンの工房、制作時期が15世紀後半(1461～71年)と推定される巻子本である[21]。呼称から明らかなブリテン王の系譜の他にも、複数の系譜を併記している。こちらは英国の諸王の系譜がラテン語で綴られた一例であるが、ちょうどポワティエの『キリストの系譜』写本制作の広まった13～15世紀とは、様々な形式の世俗的な系譜(系図や系譜的年代記など)制作が英国で盛んになった時期であり[22]、言語はラテン語の他、俗語(vernacular)であるアングロノルマン語に英語、時にフランス語も使用されていた[23]。王位や領有権をめぐるフランスとの長年の対立関係に加え、特に15世紀後半の薔薇戦争の時期に王家の系譜が主にロンドンやウェストミンスターの工房で多数編まれたのは、英国内の不安定な政情に主要因がもとめられる[24]。すなわち、15世紀後半における王家の系譜の量産は、当時沸き起こった「血筋による正統な世襲権」をめぐる論争を契機に、ランカスター家とヨーク家の支持者がそれぞれの主張を展開したという時代背景があった。ケネディによれば、巻子本の王家の系譜は壁や門に掲示されることもあったそう

で⁽²⁵⁾、その場合は公衆の支持を得るための宣伝活動に寄与したものと言えよう。慶應義塾図書館所蔵本も、薔薇戦争という政局不安の時期に王家の系譜にどういった制作と受容の形が有り得たかを証言する、興味深い資料である。

　この巻子本の写本では基本的に、縦に並ぶラウンデルの一列が一つの系譜を構成している。五列に並んだ五種類の系譜（ローマ教皇・アングロサクソン王・ブリテン王・ウェールズ王・ローマ皇帝）が、それぞれ上から下へと展開する。ただ、これらの併記にあたり、当時の制作者の年代を揃えて表示する時間意識はさほど厳格と言えず、実際の存命時期は離れている筈の人物同士のラウンデルが隣接した箇所も若干あるので⁽²⁶⁾、資料を見る際に少し注意が必要であろう。写本の巻頭部分が図5であり、英王室の系譜（ブリテン王からエドワード四世までの系譜）が中央を走り、その両隣をアングロサクソン王およびウェールズ王の系譜が占めている。これらから少し距離をおいて、つまり巻子本の左右両脇のスペースにそれぞれ、ローマ教皇およびローマ皇帝のラウンデルの列が並ぶ。ローマの二つの系譜は、中央を占めるブリテン島の三王家の系譜とは直接の関係が視覚的に乏しい（線図などで接点を示されることが殆どない）にもかかわらず、人物名を冠したラウンデルが点々と続く形で、全長7メートル超に及ぶ写本の最初から最後までの左右両脇スペースを埋めている。

　慶應義塾図書館所蔵本は、ブリテン王の初代からではなく、ヘリ王（'Hely'）のラウンデルより始まる。ヘリ王はロンドンの城壁を再建した伝説で知られるルド王の父ではあるが、実のところ、これは英国王の系譜の開始点としては中途半端な印象を与える。このような中途からの開始の説明として、冒頭の部分を欠く別の写本から書写された可能性も指摘されている⁽²⁷⁾。その一方で、ローマ史に目を向けるならば、より妥当な開始点に思われもし

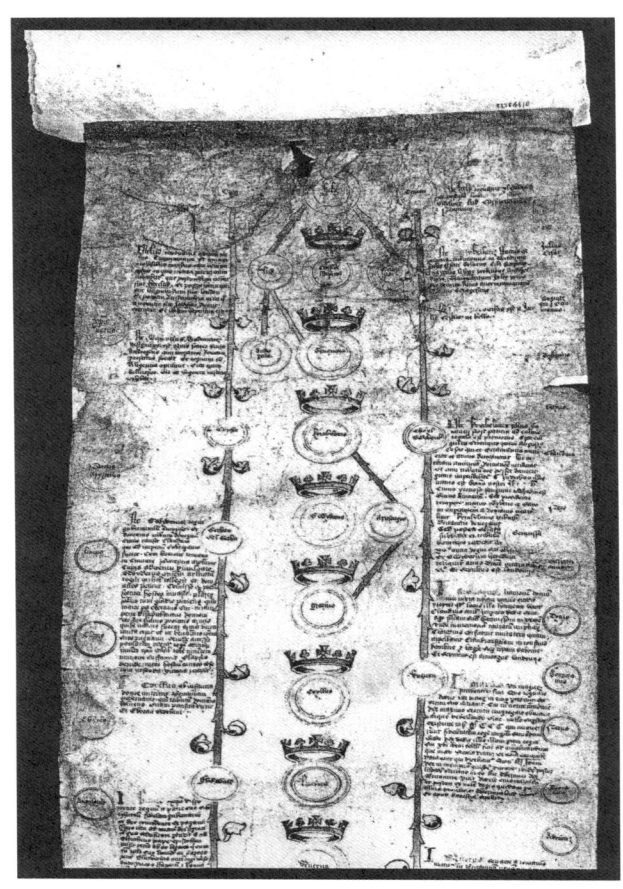

図5 「ブリテン王の系譜」の開始部分

よう。すなわち、ローマ皇帝の系譜は一つ目がカエサル（自身は皇帝にはなれなかったが、その名は後にローマ皇帝の称号になる）のラウンデルであり、本写本の最後の神聖ローマ皇帝フリードリヒ三世まで継続する「ローマ皇帝

の系譜」の出だしにそれなりにふさわしい。対となるローマ教皇の系譜のほうは、二つ目に使徒ペトロのラウンデルが見える。使徒ペトロは初代ローマ司教（教皇）の起点となり、ここより本写本最後のローマ教皇ピウス二世まで続く「ローマ教皇の系譜」を作る。そして、ペトロのラウンデルの直前、つまりこの写本の最初のラウンデルに記されているのは「キリスト生誕」（'Christus natus'）である。従って、この写本は「キリストの系譜」そのものを図示することはなく「ローマ教皇の系譜」を扱っているに過ぎないものの、「キリスト生誕」のラウンデルを初代ペトロからのローマ教皇の系譜の手前に置くことで、「ローマ教皇の系譜」は「キリストの系譜」に後続するものであることが、ささやかながらも示唆されたと言える。

　もし中世の系譜が血筋だけでなく、権威の継承を象徴する表現形態だったと仮定するなら、キリストの後続に配置されたローマ教皇の系譜は、教皇とローマ教会の正統性を支持する一つの手段になり得たことも考えられよう。キリストの権威が代々の教皇に連綿と受け継がれたこと示す象徴となった「天の国の鍵」の画題に、通じるものがあるかもしれない。『マタイによる福音書』（16. 19）に記された「天の国の鍵」の画題が、キリストがペトロに与え、歴代教皇にも引き継がれる権威の象徴としてよく広まるのは15世紀以降で、特に16世紀以降の反宗教改革（Counter-Reformation）の美術において絶大な人気を博したと言われる[28]。慶應義塾図書館所蔵本に描かれたのは鍵ではなく系譜のラウンデルで、16世紀以降の（反）宗教改革の文脈も勿論ここに関わりはないが、教皇の権威をキリストの後を継ぐ者として象徴的に表現した点に関しては近似性を見出し得る。

　こうした教皇の系譜と王家の系譜との併記に、霊的な権威を世俗の系譜に添える意図まで在ったのかは定かでないが、同種の写本の中にはブリトン人の系譜をトロイア人の家系からさらにノア～アダムへ遡る事例も複数あ

り⁽²⁹⁾、国内の政権闘争を背景とした世俗の系譜制作においてさえ、聖書の人物たちとの繋がりが尊重されていたことは少なくとも窺えよう。

3　印刷本時代の「キリストの系譜」──15世紀末の大陸、宗教改革期の英国

　以上に見たように、ポワティエの『キリストの系譜』はキリストの家系を平易に教える目的から編まれ、13〜15世紀にかけて写本制作され、受け継がれた。これと併存する形で、世俗権力の継承を中心的に扱う系譜に並置・連結された「キリストの系譜」の受容というものがあった。世俗の系譜制作も様々な形で盛んになった13〜14世紀を経て、15世紀の英国では内乱を背景にした政治色の濃い王家の系譜が多数制作された。慶應義塾図書館所蔵「ブリテン王の系譜」は、これらの流れの交差を示唆する資料であり、しかも地理的には遠いローマや神聖ローマ帝国の系譜を配置し、ローマ教会を霊的な支柱とする中世カトリック共同体に英国を組み入れる形で、視界を大陸のラテン的世界に開いていた。ところで、ちょうどこの写本の制作時期とも重なる15世紀後半の大陸では、英国よりも一足早く印刷技術の導入が進んだ。そして早くもインキュナブラの時代から、大陸の印刷本の年代記の中には、複雑な系統樹のデザインを視覚要素に取り入れる書物が出現していた。

　「ニュルンベルク年代記」という呼称でも親しまれるハルトマン・シェーデル（Hartmann Schedel, 1440〜1514年）の『年代記』（*Liber chronicarum*）は、天地創造から編纂当時の1493年までの歴史を扱った年代記であり、挿絵が豊富なことで名高い。600頁にも及ぶ大著ではあるが、ラテン語版とドイツ語版の二種類が刊行され、現存部数も多い。「それまでに印刷されたどの書物よりも多数の木版画が描かれた」と言われ⁽³⁰⁾、その中には「キリストの系譜」や「ローマ教皇の系譜」を表す図柄も含まれている。多数の人物の姿

と名前を示す図像が文字テクストの周囲を彩るように印刷頁に組み込まれ、「キリストの系譜」に属する人物に関してはブドウの木の枝の図で視覚的に結び合わせ、家系の繋がりを示唆している。これらの視覚要素は、ウィルソンが現存する手書きの割付け案と印刷紙面とを比較分析したことから、書物・印刷文化史の観点で注目されることも多い。

　印刷紙面の構成要素の中で、文字テクストと余白あるいは文字テクスト同士の仕切りに用いるレイアウト装飾には簡便な線図の他、対象テクスト周辺を（全体または一部分）図柄で埋める「縁飾り」（border）などの素材があり、絵画性を強く持つものについては「挿絵」との線引きが難しい場合も考え得る。シェーデルの『年代記』の「キリストの系譜」や「ローマ教皇の系譜」を示す視覚表現も、「縁飾り」のように取り囲んだテクストを際立たせる。ただし、仕切りのための（或いは埋草的な）装飾に留まりはせず、系譜以外の挿絵の印象とも相まって、通常の挿絵同様の効果を持ち得ている。頁ごとにデザインや配置を変え、人物描写も個性をより具体的に捉えようとする肖像の要素に比重を置いているためであろう。これに対して、ほぼ同時代に編まれ、シェーデルに影響を与えたとも言われるヴェルナー・ローレヴィンク（Werner Rolewinck, 1425年頃～1502年）の『時の束』（または『時代の束』）（*Fasciculus temporum*）は、ポワティエのピーターの『キリストの系譜』の要素を、書物全体の印刷レイアウト装飾に反映させた一貫性が特徴的だと言える[31]。

　この『時の束』については、「印刷された最古の編年体の世界史」とウィルソンも評するように[32]、複数の異なる地域の歴史叙述を併記するにあたり、それらの文字テクストを統一的な時間軸に沿わせた配置に新しさがあった。配置の工夫により、異なる複数地域の歴史が歩調を揃え、ある程度の同時性を持って展開する。ただしこの革新性は、実は伝統的な要素の加工の上

に為されたものであり、年表のように各地域の叙述の歴史時間を揃える重要な基軸は、創世から年を数える「世界年代」('anno Mundi')やキリストの生誕を基準とする「キリスト紀元」('anno Christi' または紀元前は 'anno ante Christi nativitatem')が書き込まれた中央の「キリストの系譜」('linea Christi')欄に他ならない。文字テクストを上下に区分けするレイアウト装飾の機能も果たしているこの欄は、紙面の見開きの中央を真横に貫くスペースに人物名を記したラウンデルを並べる図表を兼ね、読者は水平方向に（左頁から右頁へ）「系譜」欄中のラウンデルを辿るのみでアダムからキリストまでの血筋の把握が可能である[33]。キリストの後続には初代からのローマ教皇のラウンデルを配置し、「キリストの系譜」に「ローマ教皇の系譜」を継承させる形で「系譜」欄は巻末まで維持された。シェーデルの『年代記』に比べれば、画一的なデザインは終始単調にも見えようが、内容自体は単なるレイアウト装飾を超えて、年代表示の独自の機能を持つ図表の役割を豊かに担っていた。

　『時の束』は1474年のラテン語の初版以降、作者存命中に30以上の版を重ね、各国語にも訳された当時のベスト・セラーの一つであり、叙述面でも視覚表現に関してもこれに影響を受けた可能性のある印刷物が英国でも現れた[34]。比較的時代の近い印刷物の中で、系統樹に類似した視覚要素を持つ書物には、人文主義の印刷業者ジョン・ラステル（John Rastell, 1475年頃〜1536年）の手がけた歴史書『人民の過去』（*The Pastyme of People*, 1529 〜 30年頃）が挙げられる[35]。書物全体のレイアウト装飾と一箇所の挿絵（sig. A5ᵛ）という二つの要素を個別に取り上げると、まず本書は文字テクストを上下に仕切る特徴的なレイアウト装飾を用いていた。系譜のようにラウンデルの人物名を線図で繋ぐその装飾は、地域毎の歴史叙述を分割する役割を保ったまま水平方向に展開し、『時の束』に近いレイアウトの紙面を構成している。大陸の類似の事例に比べれば技術的に稚拙な面は否めないが、系統樹の視覚表

象を印刷レイアウト全体に取り入れる、英国では初期の試みと捉えるなら、意欲作とも見直せよう。ただし、レイアウト装飾の作る樹形に名を連ねる人物は各国の世俗の統治者（ローマ皇帝も含む）と歴代のローマ教皇であり、複数の地域を扱ってはいても、叙述の比重はあくまで英王室の叙述に置く、英語の英国史であった。従って、これらの内容のみからすれば、聖書世界の出来事の描写が少ないため、「キリストの系譜」との関連性は幾分捉え難い。

　もっとも、もう一方の挿絵（sig. A5ᵛ）の存在から、その類推も可能である。前述のレイアウト装飾に上下を区分けされた文字テクスト（ローマ史の叙述）中に、キリストの家系図が小さな挿絵の形で組み込まれている（図6および図8の拡大画像も参照）。見開きの左頁、オクタウィアヌス帝の治世の歴史叙述に差し挟まれた小さな系図から、右頁の12枚一式の肖像画群へ、さらに頁を捲った先にあるローマ教皇史のレイアウト装飾の起点（図7の左上角、ペトロのラウンデル）へと、読者がほぼ水平に目を移せば、これら（系図中のキリスト・肖像画の十二使徒・ラウンデルの鍵を持ったペトロ）は緩やかなイメージの連鎖となり、ペトロのラウンデルから巻末まで続いているローマ教皇の系譜を構成する線図と合わせて、教皇史に直結した「キリストの系譜」が視覚的に成立する。以上のイメージの連鎖をラステルの樹形の一本の大きな幹枝に喩えるとするなら、より細かな枝葉は小さな挿絵の系図内に描き込まれている。そして仔細にこれを見ると、ヨセフよりもマリア、さらにマリアの母であるアンナに焦点を当てていると気づく（図8）。つまり、この挿絵の系図は、アンナと三人の夫との間に、それぞれマリアの名の娘がいたことをはっきりと図示している。これは実に「キリストの母系の系譜」または「マリアの系譜」と言うべき内容で、父系に焦点を当てる、通常の「キリストの系譜」とは区別される必要がある。

　ここで、「キリストの母系の系譜」を父系の系譜と区別した上で、「マリア

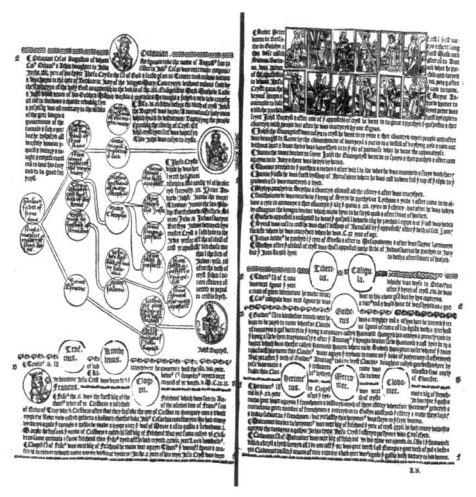

図6 ローマ史（オクタウィアヌス帝の治世）に挿入
された系図（左頁）、十二使徒の挿絵（右頁）

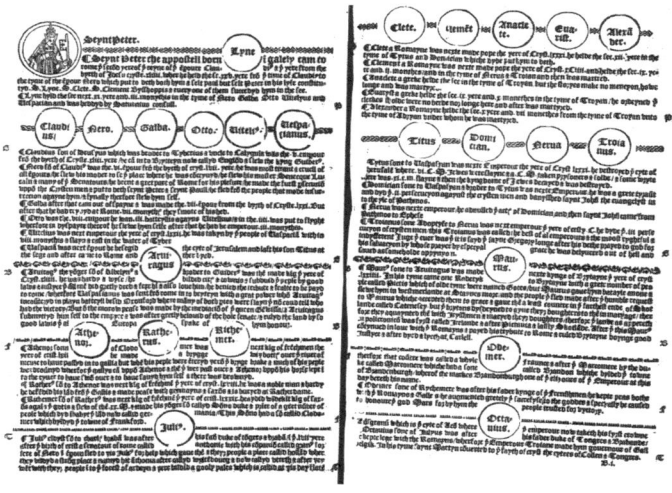

図7 ペトロのラウンデル（左頁の上角）と、それに続くローマ教皇の系譜
（最上部の線図）

の系譜」として改めて着目する。言うまでもなく、キリストの母であるマリアは聖書に記述があり、キリスト教信仰において「聖母」としての地位に揺るぎない。一方、その母であるアンナについては、聖書のいわゆる「正典」に記述がない(『ヤコブ原福音書』の記述が知られる)。しかし、中世のヨーロッパでは広く親しまれて、聖女とする崇拝も存在した。ヤコブス・デ・ヴォラギネ(Jacobus de Voragine, 1230年頃～98年)が集成した聖人伝『黄金伝説』(*Legenda aurea*)は、中世でもっとも汎く読まれた書物の一つとされるが、その「聖母マリアお誕生」の章でも、

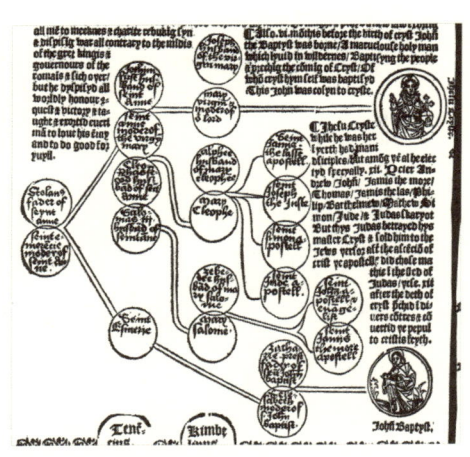

図8 (図6の一部拡大)(右から)キリスト、三人のマリア、聖母マリアの母アンナ(と三人の夫)、アンナの父母までの四世代を図示した「マリアの系譜」(キリストの真下には洗礼者ヨハネのラウンデルも見える)

> 一方、アンナは、三人の良人をもったと言われる。ヨアキムとクレオパとサロメである。(中略)これについては、つぎのような意味の唄がある。「アンナは大の果報者。ヨアキム、クレオパ、サロメという三人の男と結婚し、三人のマリアを生みました。最初のマリアは、ヨセフにとつぎ、わたしたちの霊のいのちイエスを生みました。つぎのマリアは、アルパヨにとついで、小ヤコブとヨセフ、シモンとユダを生みました。最後のマリアは、ゼベダイにとついで、ヨハネと大ヤコブを生みまし

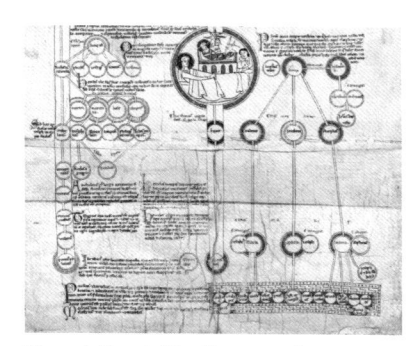

図9 主幹の右側に描かれた「マリアの系譜」

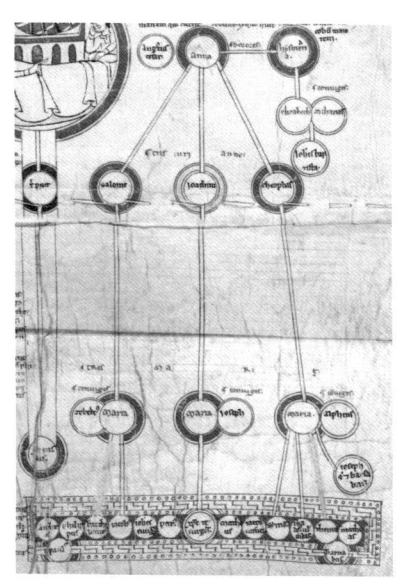

図10 (図9の一部拡大) アンナ(上部中央の赤いラウンデル)と三人のマリア(下部の三つの赤いラウンデル)

た」[36]

と述べられていた。ここに示された関係性は、ラステルの「マリアの系譜」の樹形の描写に全て合致している。

　配置・表現に細かな違いはあるものの、ヴォラギネとほぼ同時代人であったポワティエの『キリストの系譜』の樹形に描かれた関係性も、基本的に同一のものである。ポワティエの『キリストの系譜』でも、アンナの三人の夫と三人のマリアを含む同様の「マリアの系譜」が、「キリストの系譜」の主幹の脇に小さな樹形の姿で添えられていた(図9, 10)。従って、直接の関連

性の有無はともあれ、ほぼ共通の人物関係を取り扱ったラステルの「マリアの系譜」とポワティエの「マリアの系譜」は、一つの類型と見なせる。ただし、聖母マリア崇拝とともに盛り上がり、北ヨーロッパの諸地域でおよそ1470年代後半から1530年までがその最高潮と言われる聖アンナ崇拝には、転機もあったことに注意を払うべきだろう。16世紀に入るとアンナの挿話の信憑性を疑う風潮が現れ、（特に1530年代以降）その崇拝は衰微した歴史的経緯があった[37]。ラステルの「マリアの系譜」でさらに注目できる要素は、アンナの父母（ストラヌスとエメレンティア）のラウンデルをも含めている点である。この両者は、ポワティエの樹形に含まれてはおらず、上記引用のヴォラギネも触れていない。

「聖アンナ」の権威と人気に翳りが見え始めたまさに同時期に、その父母までを系図に盛り込んでいたラステルの歴史書は、「キリストの系譜」そのものを本格的に取り扱った書物ではないとはいえ、制作者の「系譜」への関心の強さを十分に窺わせる。ジョン・ラステルは、歴史家としては素人であり、版を重ねることのなかった本書の影響力は限定的であったかもしれない。しかし、トマス・モア（Thomas More, 1478～1535年）の義理の兄弟にあたり、先取的な気風を持つ人文主義者として知られ、同時代の宗教的な議論にも敏感であった。そのような人物が自身の歴史書に取り入れた「キリストの母系（またはマリア）の系譜」の表象は、当時の宗教改革や人文主義の歴史叙述の文脈からも注目に値しよう。アンナの信憑性を疑い始めた人々の目には、その父母の描写も疑わしく映ったことであろうその一方で、マリア・アンナ・エメレンティアという三人を聖女として崇める彫像などの美術品もまだ作られていた複雑な時勢だった[38]。

宗教改革前夜の英国で、「キリストの系譜」に近いレイアウトと挿絵とを出版物に取り入れていたラステル自身は、晩年（1530年前後から死去する

1536年の間）に新しい信仰に目覚め、その熱狂的な信心がきっかけにもなって獄死するに到る波乱の人生を送る[39]。大体1530年前後と推定されるラステルの改宗時期のさらなる特定は難しいが、この歴史書内の描写に限るならば、キリストからペトロに権威の受け継がれたローマ教皇の歴史と英国史は（ローマ皇帝史を間に挟んで）上下に並置され、本文はともに水平に流れ、共存の道を示唆するように捉えられなくもない。特に初期の頃、英国の宗教改革は王家の方針が一定せず、民間の反応も一枚岩ではなかった[40]。これと比較して興味深いのが、大陸では宗教改革に対抗するトリエント公会議（1545〜63年）がローマ教皇に招集され反宗教改革の機運が高まったその一方、英国では1559年の国王至上法（Act of Supremacy）再発布や1563年の三十九箇条（Thirty-nine Articles）作成などを通じてイングランド教会（Church of England）体制が強化された後の出版物である。1611年に英国では自国語訳聖書の決定版というべき欽定訳聖書が出版されるが、ちょうどこの時、再び新たな「キリストの系譜」が編み出された。ジョン・スピード（John Speed, 1551/2〜1629年）による『聖典の系譜』（*The Genealogies Recorded in the Sacred Scriptures*）は、欽定訳聖書出版に際して、「聖典の系譜」（'The Genealogies of Holy Scriptures'）としてその一部に組み入れられたため、非常に多くの読者を得ることとなった。

　作者スピードは、地図製作者・系図製作者として、視覚要素を豊かに盛り込んだ印刷物を残した点で独特の存在である。16世紀後半から1629年までという宗教論争の絶え間ない時代を生き、仕立・呉服商（merchant tailor）から歴史家に転身を遂げた人物であった。英国の歴史家として高名なジョン・ストウ（John Stow, 1524/5〜1605年）の同時代人で、仕立・呉服商の職から離れて古事・歴史研究に打ち込むようになった経歴は似ているが、古写本などの収集熱が一因で周囲からカトリックに同情的と見なされることもあった

ストウに対し、スピードはむしろヒュー・ブロートン（Hugh Broughton, 1549～1612年）のようなピューリタン的な人物との関わりがあった[41]。ブロートンは高名なヘブライ学者であったが、個性の強過ぎる性格が周囲に敬遠されたようで、欽定訳聖書の編纂作業に加わる望みは叶わず、失意から刊行された聖書には強い批判的態度を示した。他方、1589年に大陸に渡ったブロートンが残していった原稿を受け継ぎ、その後『聖典の系譜』を完成させたスピードは、欽定訳聖書の諸版にこれを含める特許を得て、英訳聖書出版の一大事業に関わりを持つことになった。「キリストの系譜」を刊本に仕立てたともいうべき本作品は、1640年までに少なくとも33版を数えたことが知られている[42]。読者への緒言、番号を振った全34枚の一頁大の系図、地図という三つの要素から成る。

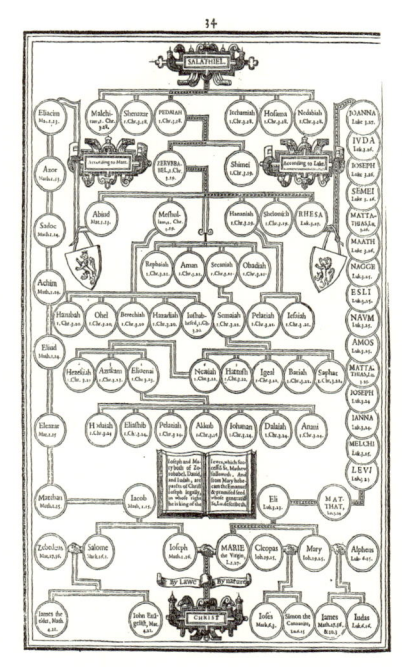

図11 「聖典の系譜」（'Genealogies'）34枚目の系図

　複雑な様相を呈した英国の宗教改革であるが、16世紀を通じて、聖書の自国語（英語）化と（ヘブライ・ギリシャ）原典からの翻訳が重視される流れは着実に強まり、欽定訳聖書の刊行はその一つの頂点であった[43]。欽定訳聖書の編纂方針に合わせたかのように、スピードによる系譜の書は全て（表題、含まれるテクスト、人物名を含め）英語表記を基本に、人物名のすぐ下に

聖書で参照すべき章が書き記されている点が特徴的である[44]。本稿の前半で問題点を指摘した、マタイとルカで異なる部分(ダビデの子ナタンからヨセフの父エリまで)の系譜については、両方の記述を取り入れようとしている。34番目の系図(図11)はシャルティエルの名から始まるが、このシャルティエルは、マタイとルカとで異なっているナタンからエリまでの人物群中、共通する二名のうちの一名(残り一名はゼルバベル)である(図12の拡大画像を参照)[45]。シャルティエルから(他よりも強調された線を)二世代下へ辿ると、ゼルバベルの名がある。このゼルバベルから、「マタイによる」系図('According to Matt.')と「ルカによる」系図('According to Luke.')は左右に分岐して、マタイの系図(アビウドからヤコブ)はヨセフへ、ルカの系図(レサからエリ)はマリアへと、それぞれが別々の帰結に行き着く(図11と図13の拡大画像を参照)。そこからのヨセフ・マリア夫婦の結びつきは、ラウンデルから伸びた二人の手が交わす握手が示している。

　「マリアの系譜」という観点から改めて着目すると、聖書(正典)に記述の無いアンナとその夫ヨアキムの名は図示されておらず、処女マリア('MARIE the Virgin')の実父の位置のラウンデルにはエリ('Eli')の名が入っている。つまり、異なる二つの福音書の記述の両方を樹形図に盛り込んだ上で、解釈の分かれるルカの「ヨセフはエリの子」(3.23)については、ヨセフが一旦マリアを経由してエリに繋がる系譜に描いている。従って、ヨセフは「エリの子」に間違いないが、より正確には「エリの婿養子という意味での息子」と読める系譜である。マタイ・ルカ両福音書の齟齬を、マタイは「ヨセフの血筋」を述べ、ルカは「マリアの血筋」を述べている、と捉えることで解消する解釈方法に等しい。これは今現在も一定の支持のある解釈方法で、過去にはヴィテルボのアンニウス(Annius of Viterbo, 1432年頃〜1502年)やマルティン・ルター(Martin Luther, 1483〜1546年)も提唱してい

「キリストの系譜」の視覚表象

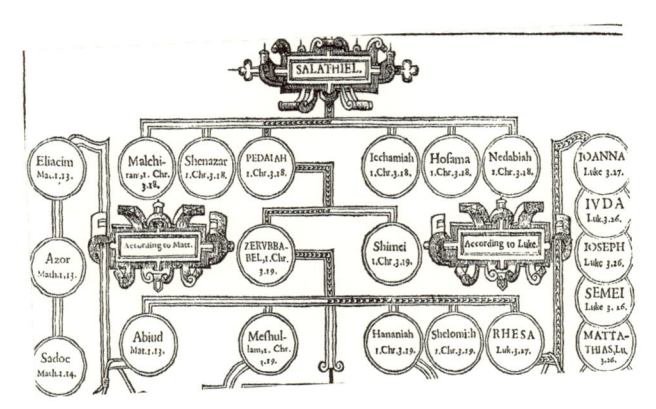

図12 （図11 上部を拡大）シャルティエルからゼルバベル、ゼルバベルからの分岐（左方向にアビウドからヨセフへ向かう系統、右方向にレサからマリアへ向かう系統がそれぞれ示される）

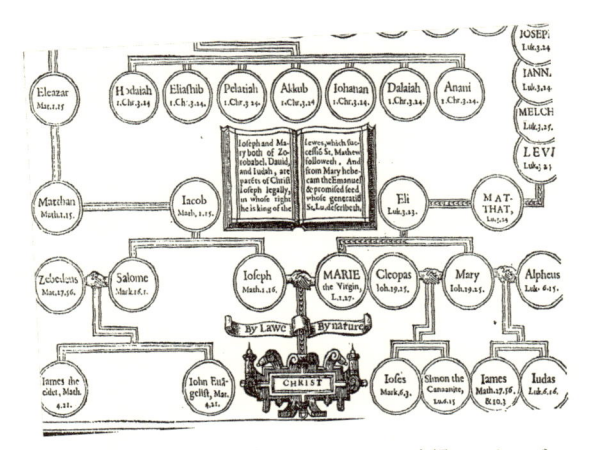

図13 （図11 下部の拡大）ヨセフ・マリア夫婦のラウンデルとキリスト

た⁽⁴⁶⁾。

　遡って、ポワティエのピーターはルカの系図（ナタンからエリまでの繋がり）を樹形に特に示さなかったが、同時代の『黄金伝説』の「聖母お誕生」に再び目を向けると、マタイの系図はもちろん、ルカの系図もあくまでヨセフの家系と見なされていると分かる。ヴォラギネは、マタイ・ルカ両福音書が記したのは「マリアの系図ではなく、キリストの実父ではない養父ヨセフの系図」と明言し、「母方ではなく、父方の系図を記載するのが聖書のならわし」と述べた[47]。「ダマスコスのヨハネスが書いているように」と、続くヴォラギネの詳述に関して端的に結論のみを拾えば、ヨセフ当人に二人の父がいた形で、ヤコブが血縁上の父、エリが法的な父という位置づけであった（ヨセフの実母がヤコブと結婚する前はエリの妻であったことだけが理由で、マリアは特に関係ない）。確かにこの一つの伝統的解釈では、マタイとルカを折衷的に理解してエリをマリアの実父と見なす必要はなく、マリアの父母がヨアキムとアンナだと述べて矛盾はなかった[48]。

　中世で伝統的に受け入れられていたヨアキム・アンナ夫婦はこうして姿を潜めたが、スピードの系譜には、樹形から離れたような幾何学的なデザインをはじめとして、多彩な工夫が見られた。なかでも、「約束の地」カナン（および聖地エルサレム）の地図は目を引く（図14）。ポワティエの『キリストの系譜』も図4のようなエルサレムの図を含んだが、簡素かつ抽象的であった。対して、地形などの細部まで具体的に描きこもうとしたスピードの地図は、エルサレムへの新たな注視を感じさせる。地図は、全34頁分の系譜の後、頁を一枚捲った先の見開きを占める。つまり、ヨセフ・マリア夫婦とその子キリストの一家で完結する系図を眺めた直後の読者を、カナンへと視覚的に導く構成を取った。読者は系譜を学んだ後、歴代ローマ教皇の名とローマ・カトリック教会の歴史を知る代わりに、イスラエルの地形を鳥瞰する。

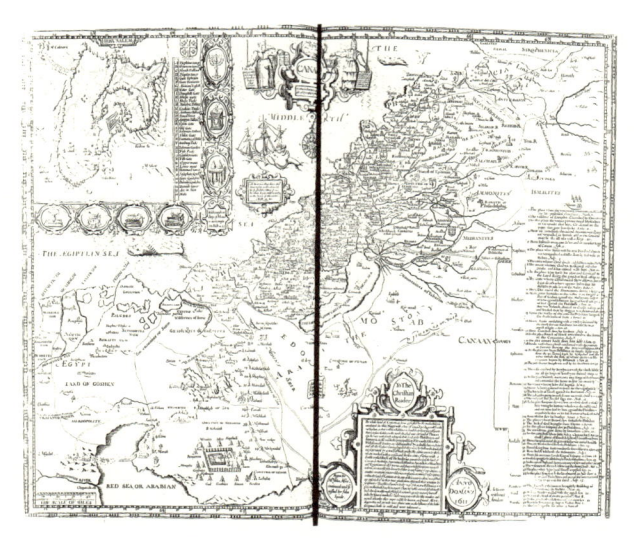

図14　カナンの地図（左上角の四角く囲った部分ではエルサレムを図解）

この地図にはアルファベット順の一覧表も付けられ、地名や部族の名前などをより詳細に学ぶことも可能だった。

　これらの特色を持つ、ローマ教皇へ継続することのない「キリストの系譜」は、イングランド教会を擁し、ローマとは緊張関係にあった当時の英国においては、ある意味当然の選択であったと言えよう。聖書の翻訳では（ローマ教会公認のラテン語聖書であるウルガタ聖書からの間接訳よりも）ヘブライ語・ギリシャ語原典からの直接訳を重視する変化があったが、聖地についても直に──すなわち、ローマを経由することなく──エルサレムを憧憬するという、原点（原典）回帰の立場が取られたのである。スピードの『聖典の系譜』は原題通り、あくまで「聖典に記録された系譜」を指標とするものであって、それまでの「キリストの系譜」とは性質を異にしていた。系譜がカ

ナンの地図とともに欽定訳聖書の一部として、英訳聖書編纂の精神と国教を支える柱と成るには、制作者スピードの意識としてかような編集が不可欠だったのであろう。

　以上、「キリストの系譜」の視覚表象が、英国でどのように受容されたかの一端を紹介した。現代もマタイ・ルカ両福音書の違いを筆頭に、系譜の聖書解釈をめぐる様々な議論が存在するが、中世には実際にどのような視覚表象があったのか、英国の事例を中心に眺めた。ポワティエの『キリストの系譜』と、二つの印刷物（ラステルとスピード）については、類似点を持ちつつも対照的な「マリアの系譜」にも注目した。13〜15世紀の写本時代から、徐々に印刷技術の普及した16世紀前半、宗教的な動乱を経て自国語の印刷聖書の完成を見た17世紀前半の英国でも、人々が「キリストの系譜」の問題に強い関心を保持し、形を変えながら受け継いでいたことが、本稿の限られた事例からも理解されよう。それぞれの資料の制作過程や目的の解明にはより仔細な個別研究が欠かせないが、ある程度幅広い文脈から概容を捉えることを本稿では目指した。「キリストの系譜」という図像言語が、一見類似した表象にも従来とは異なる解釈や歴史観に基づく多様な主張を内包し、教育・政治・（時間認識を含む）歴史哲学・宗教の問題と論争とに密接に関わっていたことを確認した。

表：『キリストの系譜』（カサナテンセ写本）と『マタイによる福音書』（1.1-17）系譜の対応
　　（参考として、『ルカによる福音書』（3.23-38）の系譜を追加）

カサナテンセ写本（主幹部分のラウンデル内文字列のトランスクリプト）	『マタイによる福音書』の対応	『ルカによる福音書』（参考）
挿絵（エデンのアダムとイブ）*	（記載なし）	アダム

Seth	（記載なし）	セト
Enos	（記載なし）	エノシュ
Caynan	（記載なし）	ケナン
Malaleel	（記載なし）	マハラルエル
Iareth	（記載なし）	イエレド
Enoch	（記載なし）	エノク
Matusalem	（記載なし）	メトシェラ
Lamec	（記載なし）	レメク
<u>文字なし、人物の肖像（ノア）のみ</u>	（記載なし）	ノア
Seth	（記載なし）	セム
Arphaxat	（記載なし）	アルパクシャド
Sale uel Caynam	（記載なし）	カイナム シェラ
Ioeber	（記載なし）	エベル
Phalech	（記載なし）	ペレグ
Reu uel Regau	（記載なし）	レウ
Saruch	（記載なし）	セルグ
Nachor	（記載なし）	ナホル
Thare	（記載なし）	テラ
<u>Abraham</u>	アブラハム	アブラハム
<u>Ysaac</u>	イサク	イサク
<u>Iacob</u>	ヤコブ	ヤコブ
Iudas	ユダ	ユダ
Phares	ペレツ	ペレツ
Esron	ヘツロン	ヘツロン
Aram	アラム	アルニ アドミン
Aminadab	アミナダブ	アミナダブ

Naason	ナフション	ナフション
Salmon	サルモン	サラ
Booç	ボアズ	ボアズ
Obeth	オベド	オベド
Isay uel Iesse	エッサイ	エッサイ
Dauid	ダビデ	ダビデ
de Bersabee Salomon **	ソロモン	ナタン
Roboan	レハブアム	マタタ
Abia	アビヤ	メンナ
Assa	アサ	メレア
Iosaphat	ヨシャファト	エリアキム
Ioram	ヨラム	ヨナム
Ochoçias	(記載なし)	ヨセフ
Athalia **	(記載なし)	ユダ
Ioas	(記載なし)	シメオン
Amasias	(記載なし)	レビ
Sine rege	(記載なし)	マタト
Oçias	ウジヤ	ヨリム
Ioathan	ヨタム	エリエゼル
Achaç	アハズ	ヨシュア
Eçechias	ヒゼキヤ	エル
Manasses	マナセ	エルマダム
Amon	アモス	コサム
Iosias	ヨシヤ	アディ
Ioachaç	(記載なし)	メルキ
Iechonias uel Eliachim uel Ioachim	エコンヤ ***	ネリ
Iechonias		シャルティエル
Sedechias	(記載なし)	ゼルバベル

Salatiel	**シャルティエル**	レサ
Çorobabel	**ゼルバベル**	ヨハナン
Abiud	アビウド	ヨダ
Eliachim	エリアキム	ヨセク
Açor	アゾル	セメイン
Sadoch	サドク	マタティア
Alchimus lege Achim	アキム	マハト
Eliud	エリウド	ナガイ
Eleaçar	エレアザル	エスリ
Mathan	マタン	ナウム
Iacob	ヤコブ	アモス
Iosep	**ヨセフ**	マタティア
<u>Cristus</u>	イエス	**ヨセフ**
<u>Cristus in medio doctorum</u>		ヤナイ
i.n.r.i *		メルキ
		レビ
		マタト
		エリ
		ヨセフ
		イエス

表中の記号の注意：
1. <u>下線の項目</u>はラウンデルに肖像が描かれている
2. *項目にはラウンデルは使われていない（'i.n.r.i' は磔刑図に組み込まれている）
3. ** 項目中の 'de Bersabee' と 'Athalia' の文字は全て朱筆（この他も、全体的に各項目の書き出しの一字には朱が入っている）
4. *** 項目の「エコンヤ」は、ヨシヤの子（旧約聖書でのヨアキム）とシャルティエルの父（旧約聖書でのヨアキン）としてマタイの記述中に二回登場し、これら二人の別人物が（もしかすると意図的に）混同されている
5. マタイ・ルカ両福音書中の網掛けは、ダビデからヨセフまでの二種の異なる系譜として知られる部分
（両福音書の系譜に共通するダビデ・シャルティエル・ゼルバベル・ヨセフのみはさらに**太字**で示した）

図版一覧
図 1　ポワティエ（ホートン図書館所蔵本）より、系譜の開始部分（MS Typ 216, fol. 2）
図 2　（図 1 の一部拡大）アダム・イブ夫婦と五人の子のラウンデル
図 3　ポワティエ（ホートン図書館所蔵本）より、カナンまでの旅程の図と十二部族の配置図（MS Typ 216, fol. 3）
図 4　ポワティエ（ホートン図書館所蔵本）より、エルサレムの図（MS Typ 216, fol. 5）
図 5　「ブリテン王の系譜」（慶應義塾図書館所蔵本）より、系譜の開始部分（Keio University Library 170X–11, fol. 1）
図 6　ラステル、見開き（STC 20724, sigs A5^v–A6^r）
図 7　ラステル、見開き（STC 20724, sigs A6^v–B1^r）
図 8　（図 6 の一部拡大）キリストの母系（またはマリア）の系譜
図 9　ポワティエ（ホートン図書館所蔵本）より、キリストの母系（またはマリア）の系譜（MS Typ 216, fols 5–6）
図 10　（図 9 の一部拡大）アンナと三人のマリア（MS Typ 216, fols 5–6）
図 11　スピードより、「聖典の系譜」（'Genealogies'）34 枚目の図（STC 2216）
図 12　（図 11 上部を拡大）シャルティエルおよびゼルバベルからの分岐
図 13　（図 11 下部を拡大）ヨセフ・マリア夫婦とキリスト
図 14　スピードより、カナンの地図（STC 2216）

図版 6–8, 11–4 は、Early English Books Online〈http://eebo.chadwyck.com/home〉に拠った

注
（1）三中信宏・杉山久仁彦『系統樹曼荼羅──チェイン・ツリー・ネットワーク』（NTT 出版、2012）。
（2）三中・杉山、13 頁。
（3）今日でも「キリストの系譜」と呼ばれる様々な新しい図表が制作されており、インターネット上でも（'genealogy of Christ' や 'genealogy of Jesus Christ' の検索で）それらの閲覧は容易である。中世キリスト教美術における図像学全般については、Gertrud Schiller, *Iconography of Christian Art*, trans. by Janet Seligman (London: Humphries, 1971–) が画像を豊富に取り扱っていて分かりやすい。家系樹の事例も含まれている（I (1971), 15–22 を参照のこと）。
（4）三中・杉山、3 頁。前文の「神聖家系図」についても、80–86 頁を参照のこと。
（5）Harald Kleinschmidt, *Understanding the Middle Ages: The Transformation of Ideas and Attitudes*

in the Medieval World (Woodbridge, UK: Boydell, 2000; repr. 2003), p. 222.
(6) Kleinschmidt, pp. 241–46 を参照（特に pp. 242–43 で口承の伝統に触れている）。
(7) こうした考慮から、本稿では系図・系統図・系統樹の図案部分と、これらの持つ言語的情報や図案を取り囲む文字テクストなどを全て包括する語として「系譜」の表現を用いる。また、キリストの家系およびそれを示すもの全般を「キリストの系譜」と記すが、後述するポワティエによる作品の表題を指す場合に限り、『』で括る。
(8) 各々の語義の詳細ついては、該当項目（'genealogy' および 'pedigree'）を参照のこと。
(9) 14世紀前半（1320〜40年）のイタリア（トスカナ地方）起源の写本とされるカサナテンセ図書館所蔵本（Rome, Biblioteca Casanatense, MS 4254）は、巻子本形式のファクシミリ版とセットの注釈書が刊行されており、注釈巻の Peter of Potiers, *Genealogia Christi*, ed. by Maria Algàs and Mónica Miró, trans. by Anne Barton de Mayor (Barcelona: Moleiro, 2000) には、ラテン語本文のトランスクリプトおよび現代スペイン語訳・現代英語訳が収録されている。『キリストの系譜』に関する本稿の考察は、特に断りの無い場合、このカサナテンセ図書館所蔵本の図像および文字テクストに基づく点に留意されたい。
(10) Miguel C. Vivancos, 'The *Genealogia Christi* by Peter of Poitiers', in *Genealogia Christi*, ed. by Algàs and Miró, pp. 13–27 (p. 19).
(11) ホートン図書館所蔵本（Cambridge, MA, Houghton Library, Harvard University, MS Typ 216）に関して、所蔵図書館の情報は北フランス起源の可能性を挙げているが、Ana Domínguez Rodríguez, 'Figurative Illustrations in the *Genealogia Christi* by Peter of Poitiers in the Biblioteca Casanatense', in *Genealogia Christi*, ed. by Algàs and Miró, pp. 67–90 (p. 71) は英国起源と述べている。Carlos Miranda García, 'Mnemonics and Pedagogy in the *Compendium Historiae in Genealogia Christi* by Peter of Poitiers', in *Genealogia Christi*, ed. by Algàs and Miró, pp. 29–66 (p. 45) はフランス北東部の由来としており、いずれにしても、（特にノルマン征服以来交流の盛んであった）英仏海峡周辺地域の美術的影響（'Channel'）の濃い写本と見られる。
(12) Vivancos, pp. 13–27 (p. 18) より。作者の経歴と他の著作物についても、同論考の pp. 16–18 を参照のこと。
(13) Vivancos, pp. 13–27 (p. 24).
(14) ポワティエの「オリジナル版」ともみなされる写本にフランス国立図書館所蔵本（Paris, Bibliothèque nationale de France, MS lat. 14435）が挙げられるが、それについての議論も含めて Vivancos, pp. 13–27 (p. 19) を参照のこと。
(15) Vivancos, pp. 13–27 (p. 19).
(16) 聖書に登場する人物名の本稿内の表記は、基本的に新共同訳聖書（1991年刊）に基づいた。

(17) 数例のみ挙げれば、アダムのすぐ次の代のセトは三男である。イサクはアブラハムの「独り子」であったが、イサクの子ヤコブは双生児の兄エサウのものであった「長子の権利」を後から譲り受けたことが『創世記』で述べられている。また、ダビデ・ソロモン父子はそれぞれが末子である。
(18) それぞれの写本については、本稿の注9および注11を参照のこと。
(19) 図1-4（および後の図9-10）はいずれもホートン図書館所蔵本。Peter of Poitiers, *Compendium historiae in genealogia Christi* (*c.* 1200–*c.* 1250), MS in Latin (MS Typ 216), Houghton Library, Harvard University ⟨http://nrs.harvard.edu/urn-3:FHCL.HOUGH:2655226⟩ [accessed 30 March 2014] で、デジタル画像が公開されている。カサナテンセ図書館所蔵本の視覚要素の特徴については Rodríguez, pp. 67–90 が詳述しており、旅程の図および部族の配置図に関しても同論考のそれぞれ pp. 57–58 および p. 53 を参照のこと。
(20) Vivancos, pp. 13–27 (p. 18).
(21) 図5に画像を示した、慶應義塾図書館所蔵「ブリテン王の系譜」（Tokyo, Keio University Library 170X–11）の詳細については、John Scahill, 'Genealogical Roll of the Kings of Britain (London?, 1461–71)', in *Mostly British: Manuscripts and Early Printed Materials from Classical Rome to Renaissance England in the Collection of Keio University Library*, ed. by Takami Matusda (Tokyo: Keio University, 2001), pp. 78–83 の解題を参照のこと。
(22) 慶應義塾図書館所蔵本の属する写本群（'Considerans' group）の五つの分類および『キリストの系譜』との関連性については、John Scahill, 'The Keio Copy of the Roger of St Albans Chronicle', in *The Medieval Book and a Modern Collector: Essays in Honour of Toshiyuki Takamiya*, ed. by Takami Matsuda, Richard A. Linenthal and John Scahill (Cambridge: Brewer; Tokyo: Yushodo Press, 2004), pp. 269–77 (pp. 269–70) を参照。他にも、Margaret Lamont, '"Genealogical" History and the English Roll', in *Medieval Manuscripts, their Makers and Users: A Special Issue of Viator in Honor of Richard and Mary Rouse*, ed. by Henry Ansgar Kelly and others, Viator: Medieval and Renaissance Studies (Turnhout: Brepols, 2011), pp. 245–61 (pp. 245–46) が中世の巻子本の「英国王の系譜」を三種に分けて論じている。
(23) Scahill, 'Genealogical Roll', pp. 78–83 (pp. 79–81); Lamont, '"Genealogical" History', pp. 245–61 (p. 245); Edward Donald Kennedy, 'Romancing the Past: A Medieval English Perspective', in *The Medieval Chronicle: Proceedings of the 1st International Conference on the Medieval Chronicle, Driebergen/Utrecht, 13–16 July 1996*, ed. by Erik Kooper, Costerus New Series, 120 (Amsterdam: Rodopi, 1999), pp. 13–39 (p. 30).
(24) Kennedy, pp. 13–39 (pp. 30–32).
(25) Kennedy, pp. 13–39 (p. 30).
(26) Scahill, 'Genealogical Roll', pp. 78–83 (p. 79).

(27) Scahill, 'Genealogical Roll', pp. 78-83 (p. 79); Scahill, 'The Keio Copy', pp. 269-77 (pp. 273-74).
(28) Schiller, I (1971), 156 の「キリストが天の国の鍵をペトロに与える」('Christ gives Peter the keys of the kingdom of heaven') 項目を参照のこと。
(29) Scahill, 'The Keio Copy', pp. 269-77 (pp. 269-70) の分類（特に C 群）を参照。さらに年代の古い文献で、ウェールズ王の系譜がノア～アダムに遡る描写を含む事例（9 世紀後半から 10 世紀前半の文献）は、Kleinschmidt, pp. 244-46 に挙げられている。
(30) エイドリアン・ウィルソン（河合忠信・雪嶋宏一・佐川美智子訳）『ニュルンベルク年代記の誕生――ドイツ初期印刷と挿絵本の制作』（雄松堂出版、1993）、42 頁。
(31) Incunabula Collection, Digital Gallery of Rare Books & Special Collections, DG_KUL (Digital Gallery of Keio University Library)〈http://project.lib.keio.ac.jp/dg_kul/incunabula_tbl.php〉[accessed 30 March 2014] 中の「004 ローレヴィンク『時の束』」(Werner Rolewinck, *Fasciculus temporum* ([Strassburg]: [Prüss], [not before 6 April 1490])) 項目（解題と画像）を参照のこと。『時の束』がポワティエの『キリストの系譜』に依拠している点については、Laviece Ward, 'Werner Rolevinck and the *Fasciculus Temporum*: Carthusian Historiography in the Late Middle Ages', in *Normative Zentrierung (Normative Centering)*, ed. by Rudolf Suntrup and Jan R. Veenstra, Medieval to Early Modern Culture (Kultureller Wandel vom Mittelalter zur Frühen Neuzeit), 2 (Frankfurt am Main: Lang, 2002), pp. 209-30 (pp. 218-21) に詳しい。
(32) ウィルソン、39 頁。
(33) 少なくとも慶應義塾図書館所蔵『時の束』（プリュス版）(Tokyo, Keio University Library 120X-512-1) に関しては、「系譜」欄中の人物選択（アダムからキリストまでのラウンデル）は、本稿の表にまとめたポワティエの主幹部分の情報と（「王不在」のラウンデルも含めて）一致している。ただし、異綴りなど表現上の違いは見られる。
(34) Takako Harashima, 'The Narrative Functions of John Rastell's Printing: *The Pastyme of People* and Early Tudor "Genealogical" Issues', *Journal of the Early Book Society for the Study of Manuscripts and Printing History*, 11 (2008), 43-86 (p. 51).
(35) 図 6-8 に画像を示した、John Rastell, *The pastyme of people: The Cronycles of dyuers realmys and most specyally of the realme of Englond [...]* (London: Rastell, [*c*. 1529-30]) (STC 20724)。出版年の表記に関しては E. J. Devereux, *A Bibliography of John Rastell* (Montreal: McGill-Queen's University Press, 1999), p. 157 の議論を参考にした。
(36) ヤコブス・デ・ヴォラギネ（前田敬作・他訳）『黄金伝説』全 4 巻（平凡社、2006）、第 3 巻（前田敬作・西井武訳）390-91 頁。
(37) Virginia Nixon, *Mary's Mother: Saint Anne in Late Medieval Europe* (University Park: Pennsylvania State University Press, 2004), pp. 121-31, 133.

(38) 例えば、ドイツの彫像の例は以下で見られる：*The Virgin and Child, Saint Anne, and Saint Emerentia*, Sculpture-Wood, [Hildesheim?, 1515–30], Metropolitan Museum of Art 〈http://www.metmuseum.org/collections/search-the-collections/463810〉[accessed 30 March 2014]。地域によって聖アンナ崇拝の在り方に差があった点と、特に英国の傾向に関しては、Nixon, p. 115 を参照。

(39) ラステルの生涯については、玉泉八州男『シェイクスピアとイギリス民衆演劇の成立』（研究社、2004）が詳しく扱っている（第一章の三「ラステルの周辺―――つのルネサンスと宗教改革」）。

(40) 最新の様々な研究がこの傾向を論じているが、Peter Marshall, *Reformation England, 1480–1642*, Reading History (London: Arnold, 2003) は包括的な研究書の一つである。

(41) これらの歴史家の生涯は、『オックスフォード英国人名辞典』(*Oxford Dictionary of National Biography*) を参照のこと。特にスピードについては、Sarah Bendall, 'Speed, John (1551/2–1629)', *Oxford Dictionary of National Biography* (Oxford: Oxford University Press, 2004; online edn, 2008)〈http://www.oxforddnb.com/view/article/26093〉[accessed 30 March 2014] 記事を参照。

(42) Martha W. Driver, 'Mapping Chaucer: John Speed and the Later Portraits', *Chaucer Review*, 36.3 (2002), 228–49 (p. 241).

(43) ヘブライ原典と英訳聖書の関連については、橋本功『聖書の英語――旧約原典からみた』第 3 版（英潮社、2000）が詳述している。欽定訳聖書の諸版の特徴については、特に pp. 22–32 を参照。チャールズ・C・バターワース（斎藤國治訳）『欽定訳聖書の文学的系譜（1340–1611）』（中央書院、1980）も欽定訳聖書の編纂方針や文体について詳しい。

(44) 図 11–14 は全て、*THE HOLY BIBLE, Conteyning the Old Testament, AND THE NEW: Newly Translated out of the Originall Tongues [. . .]* (London: Barker, 1611) (STC 2216) 中の 'THE GENEALOGIES OF HOLY SCRIPTVRES' からの例（以下 'Genealogies' と表記）。

(45) 本稿末尾の表も併せて参照のこと。

(46) Marshall D. Johnson, *The Purpose of the Biblical Genealogies with Special Reference to the Setting of the Genealogies of Jesus*, 2nd edn (Cambridge: Cambridge University Press, 1969; repr. Eugene: Wipf and Stock, 2002), p. 143.

(47) ヴォラギネ、第 3 巻 389 頁。

(48) ヨアキムとエリが同一人物という見方も存在するが、ヴォラギネの叙述では別人物と読める（ヴォラギネ、第 3 巻 389–90 頁参照。ただし、一般にエリには「ヘリ」の表記もあり、この前田・西井訳はヘリと記述している点に注意）。Johnson, p. 141 の図と解説も参照のこと。

フランチェスコ・コロンナ
『ヒュプネロトマキア・ポリフィリ』の世界

伊藤　博明

はじめに

　15世紀が終わろうとする1499年の11月に、ヴェネツィアの有名な書肆アルド・マヌツィオ（Aldo Manuzio）、ラテン語名アルドゥス・マヌティウス（Aldus Manutius）から、以下のようなタイトル・ページをもつフォリオ版の書物が刊行された［図1］。

　HYPNEROTOMACHIA POLIPHILI, VBI HV/MANA OMNIA NON NISI SOMNIVM / ESSE DOCET, ATQVE OBITER / PLVRIMA SCITV SANE / QVAM DIGNA COM/MEMORAT.
　　（ヒュプネロトマキア・ポリフィリ、ここでは、人間的な事柄はすべて夢に他ならないことが示され、そしてさらに、確かに知るに値する多くの事柄が語られる。）[1]

　書名の中の「ヒュプネロトマキア」（hypnerotomachia）とは、ギリシア語の「夢」（hypnos）、「愛」（erōs）、「闘い」（machē）から合成された造語である。本書の冒頭に置かれた序文において無名氏（anonymus）は、書名の意味について、「この作品を彼はギリシア語の語彙を用いて、夢の中の愛の闘い（pugna d'amor in somno）と呼んでいる」[2]と述べている。また、第2版がヴ

フランチェスコ・コロンナ『ヒュプネロトマキア・ポリフィリ』の世界

　ェネツィアで1545年に刊行された際の書名も、『ポリーフィロのヒュプネロトマキア、すなわち、夢の中の愛の闘い』(*La Hypnerotomachia de Polifilo, cioè pugna d'amore in sogno*)[3]であった。

　初版の書名がラテン語（主人公の名前は「ポリフィルス」）であるのに対して、第2版がイタリア語（「ポリーフィロ」）に変わっているが、そのことは、実際にテクストが基本的にイタリア語で書かれていることを反映している。しかし、テクスト中にはラテン語、さらにはギリシア語の語彙も頻繁に使用されており、全体として、独特の混淆的文体を創出している。そしてこの文体は、著者（一般にはフランチェスコ・コロンナと呼ばれる）によって、明らかに意識的に選択されたものなのである。

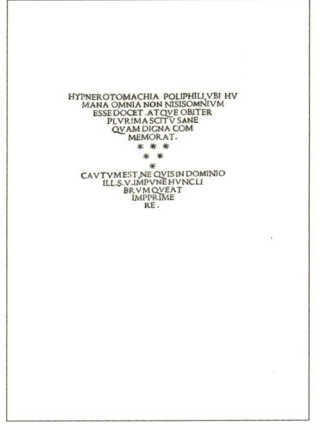

図1　フランチェスコ・コロンナ『ヒュプネロトマキア・ポリフィリ』、ヴェネツィア、1499年　フロンティスピース

　ところで、この著者については、いまだに論争が続いており、ヴェネツィアの修道士、あるいはローマの貴族である可能性が高いが、レオン・バッティスタ・アルベルティなど他にも候補が挙げられている。謎めいたところが多い作品であるが、最も奇妙であり、そして最も魅力を湛えているのは、その古代的・異教的な雰囲気が横溢した内容である。主人公のポリーフィロは夢の中で、恋するポリーアを求めてさまよい、最後には結ばれるという筋立てであり、その過程で彼は古代風の神殿や庭園に迷い込み、神話上の怪物やニンフに出会い、神々の凱旋や祭儀を目の当たりにする。その物語に添えられた総計172枚の秀逸な木版画がさらに興趣を増している。

謎めいている点は、『ヒュプネロトマキア・ポリフィリ』の出版事情についても言いうる。アルド・マヌツィオは周知のように、イタリア・ルネサンスの人文主義的文化の発展において功績が大きい出版者であった。彼は出版社を興した 1495 年から没する 1515 年まで、131 点の書物を刊行した[4]。その中で古典ギリシア語作品が 43 点、古典ラテン語作品が 31 点、キリスト教関連作品が 11 点、人文主義者の作品が 46 点であり、古典作品を中心にラテン語・ギリシア語作品への関心が高く、その傾向は初期の刊行物では顕著である。1500 年まで刊行された 37 点のうち、俗語（イタリア語）によるものは、本書とシエナの聖カタリナの『書簡集』の 2 点だけである。また、本書はアルド・マヌツィオが出版した唯一の挿絵入りの書物であった。本書はさまざまな点から見て、アルド・マヌツィオの刊行物の中で異彩を放っているのである[5]。

　『ヒュプネロトマキア・ポリフィリ』の出現から 500 年後、ドメニコ・ニョーリは本書の再評価の端緒を示した先駆的な論考（1889 〜 1900 年）において、本書を「最高の空想的作品、15 世紀の唯一の詩」（la maggiore opera fantastica, il solo poema del Quattrocento）[6]と呼び、そのダンテ『神曲』に影響を受けた世界を称讃した。その 50 年後、マリオ・プラーツは、1950 年に雑誌に発表したエッセイにおいて、本書を「ルネサンスにおける最も美しい挿絵入りの書物、……最も嘆賞されながら、最も読まれていない書物」と指摘して、再び本書への注意を喚起した[7]。彼はまた、最初の本格的な研究書である M・テレーザ・カゼッラとジョヴァンニ・ポッツィの『フランチェスコ・コロンナ――伝記と作品』（1959 年）[8]に対する書評において、コロンナを「15 世紀版ジョイス」と呼び、『ヒュプネロトマキア・ポリフィリ』をジェイムズ・ジョイスの『フィネガンズ・ウェイク』に比較すべき作品と評している[9]。

この何重もの意味において「奇書」と呼ばれうる作品について、わが国で最初に紹介したのは、澁澤龍彦によるエッセイ「『ポリフィルス狂恋夢』」(『ユリイカ』1973年4月号) であろう[10]。その他には、アンソニー・ブラントの『イタリアにおける芸術理論――1450～1600年』[11]における論及、エルンスト・ゴンブリッチによる小論「ヒュプネロトマキアナ――『ポリフィロの夢』」[12]、エドガー・ウィントの『ルネサンスの異教秘儀』[13]におけるいくつかの言及、そしてルドルフ・ウィトカウアーの「初期ルネサンスにおける象形文字学」[14]における言及が思い浮かぶ程度である。本稿の目的は、わが国においてはいまだに十分な言及がなされていない『ヒュプネロトマキア・ポリフィリ』について、簡単な紹介を試みることである。

1　著者

　これまで、『ヒュプネロトマキア・ポリフィリ』の著者を「フランチェスコ・コロンナ」(Francesco Colonna) と呼んできたが、実は、本書に著者の名前はいっさい記されていない。しかし16世紀の初頭から、テクストの中に著者の名前を示唆するものが隠されていると指摘されてきた。すなわち、全38章の冒頭を飾る大文字 [図2] を最初からすべて結合すると、一つの文章が形成される。このアクロスティックから、"POLIAM FRATER FRANCISCUS COLUMNA PERAMAVIT"(修道士フランチェスコ・コロンナはポリーアを深く愛した)[15]と読み取ることができるのである。

　シエナ市立図書館所蔵本の最初のページには、「読者へ。もし著者の神々しい名前を知りたいならば／すべての章の頭文字を読みたまえ」という二行連句が書き入れられている[16]。最も確実な証拠は、本書が1723年にヴェネツィアのドメニコ派のデッラ・ザッテレ修道院に収蔵されたアルド版に記さ

れていた文言である。この版自体は失われてしまったが、その際に採られたアポストロ・ゼーノによるメモが残っており、以下の通りである。

図2 同 fol. a 2r.

MDXII［1521］ [17] XX junii. Nomen verum auctoris est Franciscus Columna Venetus qui fuit ordinis predicatorum et dum amore ardentissimo cuiusdam Hippolitae terneretur Tarvisii, mutato nomine, Poliam eam autumat, cui opus dedicat, ut patet. Librorum capita hoc ostendunt, pro unoquoque libro prima littera: itaque simul junctae dicunt: "Poliam frater Franciscus Columna peramavit". Adhuc vivit Venetiis in SS. Johanne et Paulo. [18]

（1521年6月20日。著者の真の名前はヴェネツィア人フランチェスコ・コロンナである。彼はドミニコ会に属し、トレヴィーゾにおいて、ヒッポリタという女性へのきわめて激しい愛に捕らわれ、彼女の名前を変えてポリーアと呼び、彼女にこの作品を捧げたのであり、それは明らかなことである。このことは、本書の各章の頭文字が示しており、各々の章の文字を結びつけると、「修道士フランチェスコ・コロンナはポリーアを深く愛した」と読むことができる。彼は現在も、ヴェネツィアのサンティ・ヨハネ・エ・パウロ教会で生活している。）

1546年にパリでジャック・ケルヴェールから刊行された最初のフランス

語版[19]では、著者は「ある学識ある、著名な一族出身の紳士」と呼ばれていた。続いて1553年に刊行された第2版[20]では、ヤコブス・ゴホリウス（Jacobus Gohorius）がフロンティスピースの裏のページにおいて、このアクロスティックについて指摘しており、フランチェスコ・コロンナの名前を、ローマで有名なコロンナ家と関係づけている。

　18世紀イタリアの新古典派の建築家トンマーゾ・テマンツァ（Tommaso Temanza, 1705〜89年）は、1778年にヴェネツィア出身の建築家の伝記『ヴェネツィアの最も有名な建築家と著述家の生涯』（*Vite del più celebri architetti e scrittori veneziani*）を刊行する[21]。その第1章においてテマンツァは、フランチェスコ・コロンナについて詳しく述べており、そこで『ヒュプネロトマキア・ポリフィリ』の著者を、ヴェネツィアの修道士のコロンナと同定している。彼による推測に富んだ記述によるならば、コロンナは東方とイタリア全土を旅したのち、1462年にトレヴィーゾで、司教職にあったオビスポ・レッリと知り合い、彼の姪のイッポーリタ（Ippolita）と恋に落ちた。1464年にトレヴィーゾがペストに見舞われると、彼女は修道院へと逃れ、1464年にはそこで死去するか、少なくともトレヴィーゾを去った。絶望したコロンナはヴェネツィアのドメニコ派の修道会に入り、そこで本書を執筆したのである。

　ドメニコ・ニョーリは上述の論考「ポリーフィロの夢」において、アクロスティックの存在にもかかわらず、「修道士フランチェスコの僧衣の下に、ある著名な人文主義者（un qualche illustre umanista）が隠れている」のではないか、という疑問を提出している[22]。この「著名な人文主義者」を、ヴェローナの出身で、ローマで活躍したフェリーチェ・フェリチャーノ（Felice Feliciano, 1432〜1480年）と同定したのが、アナ・コメントフスカヤの論考（1935〜36年）である[23]。彼女は、アクロスティックが「フランチェスコ

がポリーアに恋した」ことしか述べておらず、著者については何も触れていない、と指摘している点において正しいが、しかし彼女の議論も多くは推測に基づくものである。

　他方、著者を「ヴェネツィアの修道士フランチェスコ・コロンナ」とする伝統的な仮説を膨大な資料を分析して立証しようと試みたのが、マリア・テレーザ・カゼッラとジョヴァンニ・ポッツィの『フランチェスコ・コロンナ──伝記と作品』(1959年)である。カゼッラによれば[24]、コロンナの生涯は次のようにまとめられる。彼は1433年にヴェネツィアで生まれ、ドメニコ派の修道会に入った。1465年にはトレヴィーゾで司祭職にあり、1472年、1474年、1476年にトレヴィーゾに滞在していたことは確認されており、1473年にはパドヴァ大学神学部の学士号を取得している。1477年に彼はヴェネツィアの修道院から、何かの理由によって追放される。1481年にヴェネツィアに「マギステル」(magister)の称号をもって現われ、その後、聖ザニーポロ修道院にて過ごす。1500年10月の資料によれば、彼は修道院の外に住むことを余儀なくされており、おそらく道徳上の問題となる行動が原因であった。1515年の資料では、彼はトレヴィーゾの聖ニコロ修道院に居て、翌年にはヴェネツィアで、過去に起こった「少女を凌辱した」という嫌疑に対して弁明している。その後、再びザニーポロ修道院に戻り、1527年の7月あるいは──別の資料によれば──10月に死去した。

　カゼッラがコロンナを『ヒュプネロトマキア・ポリフィリ』の著者として同定するために挙げている数ある資料のうち、重要な意味をもつと考えられる三つの資料について紹介したい。その第一は、先に紹介したアポストロ・ゼーノの1723年の覚書である。第二は、1501年6月5日付の資料で、その中で、ドメニコ会の管区長ヴェンチェンツォ・バンデッロがコロンナに対して、書物を刊行した際に与えた貸借金を支払うように命じているのであ

る⁽²⁵⁾。カゼッラは当該の書物を『ヒュプネロトマキア・ポリフィリ』と推測している。第三は、レオナルド・アルベルティ（Leonardo Alberti）が1517年にボローニャで刊行した『ドミニコ会の著名人』（*De viris illustribus Ordinis Praedicatorum*）における記述である。そこでは、「ヴェネツィア人フランチェスコ・コロンナ」（Franciscus Columna venetus）は、母語で記した書物において自らの多彩な才能を示した、と述べられている⁽²⁶⁾。カゼッラはこの書物を『ヒュプネロトマキア・ポリフィリ』と見なしている。

　しかしカゼッラの議論がすべての研究者から受け入れられたわけではなく、サルヴァドーレ・バッターリアは1971年に、著者の名前はフランチェスコ・コロンナであることは認めつつも、ヴェネツィアの修道士ではなく、ローマの貴族と同定した。このフランチェスコは、ローマから数キロ離れたパレストリーナの領主で1453年頃に生まれ、1503年以降に没した。バッターリアは、本書に登場するモニュメントの多くがパレストリーナの廃墟に想を得たものであると考えた。そして、アクロスティックに登場する「フラテル、フランチェスコ・コロンナは……」の「フラテル」は修道士ではなく、彼が属していたローマの秘儀的な「ローマ・アカデミー」（Accademia romana）の名称に関連していると主張している⁽²⁷⁾。

　バッターリアの議論を踏襲して、カゼッラを強く批判し、詳しい議論によってローマの貴族を本書の著者と結論づけたのはマウリツィオ・カルヴェージ（Maurizio Calvesi）である⁽²⁸⁾。カルヴェージによれば、このコロンナは自らの作品の異教的世界が教皇から咎められることを恐れて、その素性を隠して、ローマではなくヴェネツィアから出版した。ウルビーノのグイドバルドに対する自著の献呈は、コロンナ家とモンテフェルトロ家との結びつきを示唆している。

　『ヒュプネロトマキア・ポリフィリ』の世界は、当時のローマの異教的な

文化に根差したものである。その代表的な人文主義者であったポンポニオ・レートは、コロンナ家の住居に近いクイリナーレ宮のアカデミーで活躍していた。そのメンバーは「フラテル」（frater）と呼ばれていたのであり、したがって、アクロスティックの「フラテル、フランチェスコ・コロンナは……」の「フラテル」は修道士ではなく、レート・アカデミーのメンバーを指していると理解しなければならない。本書に見られるローマ古代の描写は、ポッツィが述べたような空想上のものではなく、コロンナが実際にローマにおいて見聞し、研究した成果であり、そして、パレストリーナのフォルトゥーナ神殿がモデルとして利用されている。

　カルヴェージは多くの言葉を費やして自説を展開するのであるが、結局は状況証拠を積み上げて論証しているわけで、決定的な証拠は見いだされていない。それゆえに、L・ドナートのように、著者は「無名者」であり、フランチェスコ・コロンナという名前は案出されたものであり、『ヒュプネロトマキア・ポリフィリ』の言語にもヴェネト風なものは存在しない、と結論づける者も存在する[29]。

　他方、アレッサンドロ・パッロンキ（1963/1983年）、そしてピエロ・スカペッキ（1983年）は、1505年頃に没した修道士エリーゼオ・ダ・トレヴィーゾ（Eliseo da Treviso）を著者と見なしている。その根拠は、フィレンツェで活躍した神学者アルカンジェロ・ジャーニ（Arcangeo Giani, 1552〜1623年）が、1618年に刊行した、聖母マリア下僕会の編年記（*Annalium sacri ordinis fratrum servorum*）における記述である。そこにおいて、エリーゼオはあらゆる知識を具えているがゆえに「ポリフィルス［多くのことを愛する者］」（Polyphilus）と呼ばれており、ある書物を「1500年［原文ママ］にヴェネツィアのアルド・マネツィオから刊行した」と述べられている[30]。ただし、『ヒュプネロトマキア・ポリフィリ』の刊行から100年以上経て為された証

言の信憑性については疑問が残る。

　きわめて独創的な説を提出したのは、エマヌエーラ・クレツゥレスコ＝クアランタが1977年に発表した『夢の庭園——「ポリフィル」とルネサンスの秘儀』(Emanuela Kretzulesco-Quaranta, *Les Jardins du songe. Poliphile et la Mystique de la Renaisasnce*) [31] である。彼女は本書を一人によって著されたものではなく、レオン・バッティスタ・アルベルティ (Leon Battista Alberti, 1404〜72年)、ロレンツォ・イル・マニーフィコ (Lorenzo il Magnifico, 1449-1492)、ジョヴァンニ・ピーコ・デッラ・ミランドラ (Giovanni Pico della Miranndola, 1463〜94年)、そして、パレストリーナの領主フランチェスコ・コロンナによって書き継がれ、改訂されてきた作品と見なしている。

　その他には、ロスヴィザ・シュテヴァーリンク（1996年）が、パドヴァ生まれで、ローマではポンピオ・レートのアカデミーにも所属した経験のある人文主義者・詩人のニッコロ・レリオ・コスミコ (Niccolò Lelio Cosmico, 1420年頃〜1500年) を [32]、またライアン・ルフェーブル（1997年）がレオン・バッティスタ・アルベルティを [33]、それぞれ真の著者として挙げている。

　『ヒュプネロトマキア・ポリフィリ』は匿名の書物であり、それゆえ、著者の帰属については常に疑問がつきまとわざるをえない。研究者たちも多くは状況的な証拠に頼らざるをえないのであるが、それらの中で、アポストロ・ゼーノによるメモによって伝えられる、1521年の銘記があるアルド版への書き入れの評価が最も重要な鍵となる。当然のことながら、ヴェネツィアの修道士フランチェスコ・コロンナを著者として否定する者たちはすべて、このゼーノによるメモを「捏造」と見なしている。カルヴェージの議論全体に対してすでにポッツィが反論を行っているが [34]、最近ではマルコ・アリアーニ（1998年）が当該の箇所の解釈に関して、カルヴェージの議論を「きわめて奇妙で、説得力にまったく乏しい」と批判した上でその真正さを擁護

している⁽³⁵⁾。1999年に英訳を刊行したジョスリン・ゴドウィンも序文において、この見解を踏襲している⁽³⁶⁾。

　今後、同時代の新たな資料が発見されるまで、『ヒュプネロトマキア・ポリフィリ』の著者をめぐって、最終的な結論が下されることはないであろう。しかし当座は、ポッツィとカゼッラに従って、ヴェネツィアのサンティ・ヨハネ・エ・パウロ教会に属していた修道士フランチェスコ・コロンナを著者と見なしてよいであろう。

2　言語

　すでに述べたように、『ヒュプネロトマキア・ポリフィリ』の際だった特色であり、読者の理解を――当時も現在も――困難にしている原因の一つが、そこで使用されている異例で奇妙な言語である。本書の冒頭に置かれた、ウルビーノ公グイドバルト・ダ・モンテフェルトロ宛のラテン語による献呈文において、レオナルド・グラッシ・ダ・ヴェローナは、この書物の中には「驚くべきことがあり、すなわち、われわれの言語に加えて、それを理解するためには、トスカーナ語や俗語と同様にギリシア語とラテン語を知る必要がある」⁽³⁷⁾と述べている。

　ジョヴァンニ・ポッツィは、上述の『フランチェスコ・コロンナ――伝記と作品』第2巻において、『ヒュプネロトマキア・ポリフィリ』の言語について、初めて学問的で詳細な探究と分析を行った。そしてその成果は、ポッツィとチャッポーニによる校訂版の註およびグロサリーにおいて活用されている。ポッツィの研究に基づいて、本書の言語的特色について述べるならば、まず本書は構文的には基本的に俗語によって、すなわちイタリア語によって執筆されているが、他の言語、とりわけラテン語に由来する表現も多く見ら

れるし、ラテン語的な構文も散見される。ギリシア語は、テクストを装飾する形容詞形において、あるいは古代の対象を表現する名詞として用いられている。

　本書は総体としては、ラテン語と俗語の混合物と言いうるが、そこにヴェネト方言は見いだされない。他方、コロンナのラテン語はキケロ風の古典期のラテン語ではなく、15世紀末のイタリアの折衷的で修飾的なラテン語である。その語句もアプレイウスのような古代末期のラテン語から採られた珍奇なものが多く、オウィディウスからは、神話的な素材だけではなく、またラテン語句も利用している。プリニウスからは、テクニカル・ターム、とりわけ植物、建築、宝石についての語句を借用している。さらに建築用語については、ウィトルウィウスとアルベルティの影響が顕著である。

　ポッツィの指摘によれば、コロンナに近いラテン語的俗語は、同時代人よりも、ヴェネツィアの政治家・文学者のアントニオ・ヴィンチグエッラ（Antonio Vinciguerra, 1440年頃〜1502年）のものである。それに対して、エルモラオ・バルバロ（Ermolao Barbaro, 1440〜71/74年）やピエトロ・ベンボ（Pietro Bembo, 1470〜1547年）などの著名な人文主義者の影響は受けていない。

　また、コロンナはラテン語を自らの作品に導入するにあたって、単純に単語を借用するだけではなく、独自の俗語化を行って新しい表現を生みだした。たとえば、新たな最上級（「きわめて当惑させる」illucentissimi）、新たな反復動詞（「走り回る」discursitando）、新たな起動動詞（「石化する」lapidisco）、新たな複合語（「石だらけの場所を探す」saxipeta）、新たな指小辞（「軽く嚙む」mordiculo）などである。さらにコロンナは接頭辞についても新たな用法（「燃える」infornaceo）を創出し、とりわけ接尾辞についてはそうであった。ポッツィは、彼の接尾辞の形成について「語彙のケンタウルスにしてセイレ

ーン」⁽³⁸⁾と呼んでいる。

　ここでコロンナの、いわば雅俗混淆体の文章の一例を見てみたい。物語は第1部の後半で、ポリーフィロとポリーアが、キュテラ島に向かって、ニンフたちの漕ぐ船に乗り込む場面である。最初にポッツィとチャッポーニによる校訂版テクストを、次にアリアーニとガブリエーレによる現代イタリア語訳を、そして試訳を付け加える。

> Hora, nella fatale **navarchia** sencia amplustre et temone naviganti nui **protopoi** et sopra questo impraemiditato navigo, ove tuti gli mysterii d'amore spiravano, il quale havea per la puppe la prora et per la prora la puppe, cum il più digno et exquisito artificio ad Cupidine dalla matre accommodato, che **unque** una apta et uberrimamente faconda lingua di rotondo eloquio il sapesse exponendo exprimere et exprimendo recollere et distinctamente recollendo percontare. Nel mediostimo dilla quale cioè nell'**istopde**, era levata una aurea hasta cum triumphale et imperatoria **vexillatione**, di panno tenue sericeo, di **infectura cyanea**, nella quale, di gemmule dilla coloratione opportune cum candidissime margarite, depolitamente erano picturarimente ritramati d'ambe le facie, cum multiplici foliamenti, cum summa deornatione decorissima, tri hieroglyphi: uno antiquario vesculo, ne lo hiato buccale dil quale ardeva una flammula; et poscia era el mundo, inseme colligati cum uno ramusculo di vinco. Ad gli suavi **reflati** dil **verifeo** et **obesequente** zephyro **perflatile** volabile et **eximie incostante**. Lo interpreto degli quali cusì io el feci: Amor vincit omnia.⁽³⁹⁾

> Navigavamo ora, da principianti, sotto una fatale guida senza aplustre né timone, su quell'incredibile vascello, dove spiravano tutti i misteri d'amore.

Aveva per poppa la prua e per prua la poppa, straordinario, squisito artificio predisposto per Cupido dalla madre: mai una lingua capace, copiosamente faconda di ben tornito eloquio, avrebbe saputo, descrivendola, rappresentarla, rappresentandola celebrarla, e celebrandola analizzarla in ogni sua parte. Al centro, nel piede dell'albero, era innalzata un'asta d'oro con un trionfale stendardo imperiale, di seta sottile tinta d'azzurro, sulle cui facce erano splendidamente ricamati, come fossero dipinti, tre geroglifici, con piccole gemme dai colori più pertinenti, candidissime perle e molteplici fogliature: decorazione eccelsa, raffinatissima. Vi erano figurati un antico vasetto nella cui larga bocca ardeva una fiammella e poi il mondo, congiunti da un ramoscello di vinco. Esposto ai soavi refoli del primaverile e compiacente Zefiro lo stendardo svolazzava ondeggiando meravigliosamente. La mia interpretazione dei geroglifici fu questa: AMORE VINCE TUTTO. (40)

さあ、われわれは、宿命的な**命令**のもとに、船尾の装飾も舵もなく、**初めて乗る者**として、この思いもよらぬ、愛のあらゆる秘儀が息づいている船に乗り込むことにしよう。この船は船尾を船首として、船首を船尾としてもち、クピドのために母［ウェヌス］によって設えられた称讃に値する、優雅な装置を具えており、それについて、朗々とした弁舌の有能で、豊かな能弁な舌もけっして、説明しながら表現し、表現しながら称讃し、称讃しながら仔細に調査することはできないだろう。その船の中央に、すわなち、**底柱**の上に薄い絹で織られ、**群青で染められた勝利**の、帝国の**旗**をつけた黄金のポールが立てられており、その旗の上には、このうえなく白い真珠をあしらった適度な色合いの宝石を伴い、多彩な葉を伴い、非凡な最上の装飾を施されて、三つのヒエログリフが、あた

かも絵画のように、優雅に刺繍されている。すなわち、古代風の壺は、その**大きく開いた口**から炎が燃えでており、次の世界と柳の小枝によって結びつけられている。**春をもたらす**、**好意的な**ゼピュロス［西風］の甘美な**一吹き**のもとで、この旗は風を孕んで**はためき**、**はげしく揺れ動く**。そのヒエログリフの解釈を、私は次のように行った。すなわち、「愛はすべてに打ち勝つ」。

図3 同 fol. s 3r.

いくつかの語句について説明を加えると、まず接続詞の「そして」（et）と前置詞の「ともに」（cum）はラテン語的表現である（イタリア語ではeおよびconとなる）。「命令」（navarchia）はギリシア語のναυαρχίαに由来する。その他のギリシア語起源の言葉は「初めて乗る者」（protoploi < πρωτόπλοος）、「底柱」（istopode < ιστοπέδη）である。明らかにラテン語的表現としては、「群青で染められた」（infectura cyanea < infectus + cyaneus）、「旗」（vexillatione < vexillatio / vexillum）、「大きく開いた口」（hiato buccale < hiatus + bucca）、「春をもたらす」（verifero < ver + fero）、「好意的な」（obsequente < obsequor）、「一吹き」（reflati < reflatus）、「はためき」（perflatile < perflatus）、「はげしく」（eximie < eximie）、「揺れ動く」（incostante < inconstans）が見いだされる。

　この箇所には挿絵［図3］が挿入されており、それについて解釈するならば、左側の炎を出している壺は「愛」（AMOR）を、柳の小枝（vinco）は「打ち勝つ」（VINCIT）を、そしてT字型地球に太陽と月が描かれた世界が「すべて」（OMNIA）を表している。このモットー自体はウェルギリウスの

『牧歌』(10・69) に由来するもので、古代ばかりか中世とルネサンスにおいても人口に膾炙していた。

　われわれが『ヒュプネロトマキア・ポリフィリ』のアルド版のテクストを読もうとしても、イタリア語の辞書はほとんど役に立たず、むしろラテン語辞書を引いて類推することを選ぶべきだろう。それほど本書のテクストは特殊である。そして、この事情は16世紀の読者にとっても類似していたに相違ない。本書のラテン語は、当時の知識人が理解していたスコラ哲学のラテン語とも、また、彼らが模範としたローマ古典期のラテン語ともまったく異なるものだった。

　コロンナは、情景や事象・事物の描写において、流麗に言葉を繋いで、「エクプラシス」と呼ばれる緻密な描写を重ねていて、これが本書の一つの特色となっている。しかし、プリニウスの『博物誌』(*Historia naturalis*) から借用されたと思われる植物学用語は、しばしば対象を同定することはできない。またモニュメントや建造物の描写においても、ウィトルウィウスの『建築論』(*De architectura*) とアルベルティの『建築論』(*De re aedificatoria*) における用語を利用しながら詳細な説明を加えているが、その利用は厳密とは言いがたい。コロンナは自ら、いわば空想の建築家として語っているので、彼の建築学上の正確な意図を理解するのはきわめて困難である[41]。

　レオナルド・グラッシはアルド版の献呈文において、『ヒュプネロトマキア・ポリフィリ』がたんに知識だけではなく、古代人の全書物に見いだされるよりも多くの自然の秘密を含んでいると述べていた。そして、コロンナが本書をギリシア語とラテン語を含む理解が困難な言葉で著したのは、「きわめて学識ある者でなければ、彼の教説の奥義に参与しえないようにするためだった」[42]と書いている。しかし、コロンナが自らの秘儀的な思索と教説を俗衆から隠すために、奇妙で異様な言語と文体を用いたとは考えられない。

彼の真意については、おそらくゴドウィンの次の指摘が正鵠を射ているだろう。「コロンナは自らの学識を、聴衆を教化するよりもむしろ幻惑させるために用いている。そのことはまさに、ポリーフィロが、自ら目にするモニュメントのきわめて洗練され、過剰に装飾された表面によって、そして、彼の夢の国における衣服、祝宴、愉楽の過度な壮麗さによって幻惑されるのと同じである」[43]。

3　物語

『ヒュプネロトマキア・ポリフィリ』は第1部と、それよりもはるかに短い第2部から構成されている。第1部は全編、物語の主人公ポリーフィロが夢の中で経験するさまざまな出来事が、ポリーフィロの視点から語られている。他方第2部は、ポリーアの口から二人の言葉が紡がれている[44]。第1部の背景をなしているのは、遠い古代の風景で、異教の神々とニンフが登場するほか、数々のモニュメント、神殿、宮殿、遺跡、庭園まで想像上の産物である。他方第2部は、北イタリアのトレヴィーゾという現実の都市が舞台となっている。

本書の内容の粗筋は「序文」において、ラテン語詩、ラテン語散文、イタリア語詩によって紹介されている。また、各章の冒頭には、当該の章の梗概が記されており、以下、それを邦訳することによって、物語の紹介に代えることにしたい。

第1部
［1］ポリーフィロは、彼のヒュプネロトマキア［夢の中の愛の闘い］を始め、夢の中で、ひっそりし、静かで、手つかずの野に自分がいた時候について

語る。そして、彼は無分別にも、近寄りがたく暗い森の中へ、大きな恐れを抱いて入った［図4］。(fol. a 2r. / p.3.)　(45)

[2] ポリーフィロは、暗い森の危険を恐れつつ、光の父に祈りを捧げる。不安と喉の渇きを感じて森の外に出で、水を飲んで元気を取り戻そうと思っていると、甘美な歌声を聞く。その歌声を追っているうちに飲むことを忘れてしまい、より深い不安の中に自ら陥る。(fol. a 4r. / p.7.)

[3] ここでポリーフィロは、彼がまだ眠っており、夢の中で、驚愕すべき障壁、すなわち、高いオベリスクを戴いた、称讃に値する驚嘆すべきピラミッドによって頂部が閉じられた峡谷にいることを語る［図5］。喜びとともに入念に、すべてが詳細に考察される。(fol. a 6v. / p.12.)

[4] ポリーフィロは巨大な建造物と驚嘆すべきオベリスクを具える並外れたピラミッドの部分について述べたのち、次の章においては、大きく勇壮な作品、とりわけ馬［図6］、横臥する巨像、象、さらにはきわめて優雅な扉について説明する。(fol. b. 3v. / p.22.)

[5] ポリーフィロは、きわめて正確に、大きな扉の対称性について説明し、続けて、きわめて入念に、高価で非凡な装飾と、驚嘆すべき製作について述べる。(fol. c 4r. / p.39.)

[6] ポリーフィロは、この扉に進み出て、大きな喜びとともに、この入口の驚嘆すべき装飾を眺め続ける。それから戻ろうとすると、奇怪なドラゴンを見る［図7］。彼は想像を絶する恐れに捕らわれて、地下へと逃げる。ついに、彼は探し求めていた出口を見いだし、心地よい場所に至る。(fol. d 1v. / p.50.)

[7] ポリーフィロは、彼が入って見いだした心地よい場所について述べる。そこをさまよって、風変わりで美しく制作された噴水を見いだす。彼は、いかにして5人の優美な乙女と出会い、そして彼の出現に驚いた彼女らが、

図4　同　fol. a 3v.

図5　同　fol. b 1v.

図6　同　fol. b 4v.

図7　同　fol. d 3v.

図8　同　fol. h 8r.

同情して彼を元気づけたのちに、いかにして彼女らとともに楽しむように彼を招いたのかを述べる。(fol. d 6v. / p.60.)

[8] ポリーフィロは、5人のニンフに元気づけられ、すっかり信頼して、彼女らと温泉に赴く。そこで彼は噴水の新奇さと塗油を大いに笑う。そして、女王エレウテリリデによって導かれていくと、その途中で、邸館の中に特異なものと、他に比肩すべき製作物のない噴水を見る。(fol. e 3v. / p.71.)

[9] ポリーフィロは、この女王の卓越した威厳、彼女の住居の状態と目を見張る壮麗さ、優しい、好意に満ちた歓待について、彼を見たときの彼女の驚きについて、自らに可能なかぎり述べる。さらに彼は、饗宴の、人知をはるかに超えた壮麗さと豪華さについて、彼が導かれた比類のない場所について述べる。(fol. f 3v. / p.86.)

[10] ポリーフィロは続いて、十分に歓待を受けたのち、遊戯として行われたきわめて優雅な舞踊について語る。そして、いかに女王が、彼を二人の美しい少女に委ねて、彼が悦楽と驚くべき事柄について感嘆するように導こうとしたのかを語る。その道すがら、彼にとってのいくつかの疑問が容易に解かれていく。最後に三つの扉の前に到り、彼は愛情深いニンフたちの間から、中央の扉を開けて入る［図8］。(fol. g 7r. / p.109.)

[11] 彼は好色な乙女たちから放擲されて、この場所に一人で残されていると、この上なく優美なニンフが彼のもとに現れる。ポリーフィロは彼女の美しさと服装について愛情を込めて述べる。(fol. i 3r. / p.133.)

[12] この上なく美しいニンフは、左手に松明をもちながらポリーフィロに近づくと、右手で彼をつかまえ、彼女に従うように彼を誘う。そのとき、ポローフィロの五感は、この優美な乙女への甘美な愛によって火をつけられ、いっそう燃えあがる。(fol. i 6r. / p.139.)

[13] ポリーアは、まだ愛するポリーフィロに素性を知られていないが、そ

の心と優美さで彼を活気づけ、彼は、この驚くべき美しさを前にして、自らの魂を愛へと一挙に向かわせる。両者に凱旋行列が近づき、彼は、喜びに溢れている夥しい数の少年と少女を見る。(fol. k 1r. / p. 145.)

［14］ポリーフィロは、上述した場所において、さまざまな貴石と宝石でつくられた、6頭立ての四つの車が凱旋しているのを見る［図9・10］。祝福された多くの男女の若者たちが深い敬意を払って至高のユピテルを称える。(fol. k 3v. / p. 150.)

［15］愛する若者たちと神々しい情愛に満ちた乙女たちについて、ニンフがポリーフィロに雄弁に、誰がいかに神々に愛されたのかを語る。そして彼は、神々しい予言する者たちの踊りを見る。(fol. l 5r. / p.171.)

［16］ニンフがポリーフィロに秘儀的な凱旋と神的愛について適切に説明したのち、彼をさらに進むにように誘い、そこでは、最高の喜悦とともに彼は、花々、涼しい木陰、輝く小川、澄んだ泉の間で、自らの最愛の者たちとさまざまな仕方で楽しんでいる他のニンフたちを見る。そこでポリーフィロは、激しい愛の情念に襲われて狂乱に陥るが、気を静め、美しいニンフの甘い美しさを観照しながら希望のうちに休らう。(fol. l 8r. / p. 175.)

［17］ニンフは、愛に捕らわれたポリーフィロをさまざまな美しい場所に導く。そこで彼は、聖なる祭壇の周りで、ウェルトゥムヌスとポモナの凱旋を熱狂的に祝っている、称讃する数多くの仲間たちを見る。次いで彼らは、驚嘆すべき神殿に到達する。彼はその建築的な構造について少し述べる。その内部では、ニンフが最高の女祭司に警告されて、松明を儀式通りに消し、そして、ポリーフィロに、彼女がポリーアであることが明らかにされる。続いて彼女は、犠牲を捧げる女祭司とともに聖なる礼拝堂［図11］の中に入り、神の祭壇の間で、三美神を召喚する。(fol. m 3r. / p. 183.)

［18］ポリーアは、敬虔に雉鳩を捧げると、そこから一人の羽根をもつ妖精

図 9　同　fol. k 6v.

図 10　同　fol. k 7r.

図 11　同　fol. n 3r.

図 12　同　fol. p 1r.

図 13　同　fol. y 4r.

図 14　同　fol. z 7r.

155

が現れる。そこで最高の女祭司は神的なウェヌスに祈りを捧げ、薔薇を撒き、白鳥を犠牲に供すると、奇跡のように、花と果実が育つ薔薇園が生まれる［図12］。彼らは喜びに満ちて神殿の廃墟に着き、ポリーアはそこで祝われる祭儀について説明する。次いでポリーフィロに、多くの古代の碑銘を観照するように説得すると、彼に恐怖が戻ってくるが、彼女が側に座っていることで勇気づけられる。ポリーフィロはポリーアの測りしれない美しさに驚嘆し、愛によってすっかり燃え上がる。(fol. o 4v. / p. 218.)

［19］ポリーアはポリーフィロに、廃墟にある神殿の古代の碑銘について吟味するように説得する。そこにポリーフィロは、驚嘆すべき事柄を見いだし、そして最後にプロセロピナの略奪について読むと、ポリーアを失ってしまわないかと不意に心配になり、恐怖に駆られて彼女のもとに戻る。そこに愛の神アモルが現れて、ポリーアにポリーフィロとともに小舟に乗るように誘う。ゼピュロス［西風］が呼ばれて、彼らは幸運のうちに航行する。海上を進むと、海神たちがクピドに対して深い崇敬の意を示す。(fol. p 5r. / p.235.)

［20］ポリーフィロは、ニンフたちが櫂を漕ぐ手を休め、甘美に歌い始めると語る。彼女たちと合わせるポリーアの声に、彼は愛の大きく、深い甘美さを感じとる。(fol. s 2v. / p. 277.)

［21］ポリーフィロは、強く望んでいた土地に、歓喜とともに着き、植物、草木、鳥、住人を適切に描写しながら、その際だった心地よさを絶賛する。しかし、彼は最初に小舟の形態について、そして、いかにすばやく、多くの贈り物を持参したニンフが、小舟から下りたクピドに歩みよって彼を飾ったのかについて説明する。(fol. s 5v. / p. 284.)

［22］彼らは小舟から降りると、華やかに飾りたてた数多くのニンフが、戦勝記念品を手にもちながらやってくる。ポリーフィロは、クピドに聖なる

事物が捧げられる秘儀的祭儀について、また凱旋車の上に神が座り、その後方でポリーアとポリーフィロの双方が繋がれた栄誉の行列について述べる。こうして彼らは、壮大な華麗さの中で、驚嘆すべき円形劇場の門に着き［図13］、その内と外について仔細に述べられる。(fol. u 7v. / p. 320.)

［23］ポリーフィロは、円形劇場の中央に見いだされるウェヌスの泉の驚嘆すべき構造について、そしていかに幕が裂かれて、威厳を誇る神的な母が見られたのかを、また、いかに彼女がニンフたちの合唱に沈黙を命じて、彼女らから3人を選んでポリーアと彼に委ねたのかを述べる。それからクピドは両者を傷つけ、女神は両者に泉の水を振りかけ、ポリーフィロは着替える。最後にマルスが到着し、彼らは許しを請うて出発する。(fol. y 7v. / p. 352.)

［24］この戦士が到着したのち、ポリーフィロは、いかに彼らがすべての仲間と他のニンフたちを伴って劇場から外に出たのかを、またいかに彼らが、アドニスの墓についてニンフたちが語る聖なる泉［図14］に着いたのかを、さらにいかに女神が記念祭ごとに、聖なる儀式を執り行うためにそこに召喚されるのかを語る。歌唱も歓喜も静まり、ポリーアは、自らの出自について、そして自らの恋愛について語るように説得される。(fol. z 5r. / p. 362.)

［25］ポリーフィロは、彼のヒュプネロトマキアの第二巻を始める。その中でポリーアと彼自身は、語り手を変えながら、彼らの恋愛の有り様について雄弁に語る。ここでポリーアは、自らの高貴で由緒ある出自について、いかにトレヴィーゾが彼女の祖先によって建てられたのかを、いかにレリア一族から発しているのかを、いかなる仕方で彼の愛しいポリーフィロが、彼女を知らずに、無分別にも彼女と不釣り合いな愛に落ちたのかを語る。(fol. A 1r. / p. 375.)

図15　同　fol. A 8v.

図16　同　fol. B 2v.

[26]　ポリーアはペストの病気に罹り、ディアナに身を捧げて誓った。ときおりポリーフィロは、彼女を神殿の中で見かけるが、ある日、彼女が一人で祈っているのを見いだした。彼は彼女に、彼女を愛することによって味わっている深い苦悩と苦痛を明かして慰めを求めるが、彼女は無慈悲なまで、彼が憔悴して死に至るところを見る［図15］。そして、彼女は、あたかも大罪を犯した者のように、素早くそこから逃げ去る。（fol. A 4r. / p. 381.）

[27]　ポリーアは、自らの常軌を逸した行状について要約し、そこから逃れながら、いかに眩暈に襲われたのかを、そして、気づくことなしにある森へと導かれ、そこで二人の乙女が拷問を受けているのを見たのかを語る［図16］。彼女は、これらのすべてに恐ろしくなり、自分の家に戻る。それから、彼女が眠っているとき、二人の殺し屋に誘拐されるように思えた。彼女は恐れおののき、動揺しながら、乳母といっしょに夢から目覚め、乳母は彼女にそれについて有益な助言を与える。（fol. B 1v. / p. 392.）

[28]　ポリーアは、いかにして賢い乳母が彼女に、謎めいた例によって、神々の怒りを避け、威嚇から逃れるように進言したのかを、そして、過度

の愛ゆえに絶望したある女性が自死したのかを語る。彼女はポリーアに、至高のウェヌスの聖なる神殿に仕える女祭司のもとに躊躇なく赴くように忠言するが、それは、何を為さねばならないのかについて女祭司に相談し、すなわち、最も適切で、効果のある訓戒を彼女からポリーアに好意をもって与えてもらうためだった。(fol. B 7r. / p. 403.)

[29] ポリーアは、賢い乳母からもたらされた神々の怒りの例に恐れおののき、愛することへの準備を始めて、神殿に赴くが、そこには死んだポリーフィロが横たわっている。彼女は泣きながら、涙をこぼして彼を抱くことによって、彼を蘇生させる [図17]。彼女は、いかにディアナのニンフたちが彼らを逃れさせたのかを、彼女が自分の部屋で見た光景を、そしていかにして次に、ウェヌスの神殿に赴いて、愛するポリーフィロを再び見いだしたのかを語る。(fol. C 3r. / p. 411.)

[30] ポリーアは、女祭司を前にして、過去の不信仰について叱責されるが、他方今は、全身が愛の情熱によって貫かれ、それはポリーフィロの面前で繰り返される [図18]。敬虔な女主人は彼を自分の方に呼ぶ。彼は彼女に、揺るぎのない意志のもとで両者を確固な者としてくれるように懇願する。ポリーアは、愛の焦燥によって内へと引き込まれ、返答を中断する。(fol. C 8v. / p. 422.)

[31] ポリーフィロが彼の話を閉じるやいなや、ポリーアが彼に、数多くの例を示しながら、彼の情熱によっていかに深く傷ついたのかを、そしていかなる愛の衝動によって彼を欲しているのかを告白する。彼女の感情が切迫していることが現れて、彼女は自らの抑えようのない愛を保証するために、彼にこの上なく甘美なキスを与える。そして、彼女は崇敬すべき女祭司の返答を伝える。(fol. D 2v. / p.426.)

[32] ポリーフィロは、女祭司の命令に従って、忍耐を称讃する。彼の自ら

図17　同　fol. C 5v.　　　　　　　　　図18　同　fol. D 2r.

　　の恋愛のすでに語った事柄は省略して、いかに彼女を祝祭日に神殿の中で
　　見たのか、そして、いかに愛の情熱のために混乱に陥って、しばしば別離
　　に苦しみ、それゆえに、自らの苦痛を明らかにするために彼女に書簡を送
　　ることを思いついたのかを語る。(fol. D 4v. / p. 430.)
［33］ポリーフィロがポリーアに認めた、と彼が語る最初の手紙に対して、
　　彼には返答がなかったので、彼は第二の手紙を送る。(fol. D 8r. / p. 438.)
［34］ポリーフィロは、自らの苦痛に満ちた物語を続ける。すなわち、ポリ
　　ーアは二通の手紙にも心を動かされなかったので、いかに彼女に第三の手
　　紙を送ったのか、そして、彼女はいまだに冷酷さを保っていたが、いかに
　　彼女がディアナ神殿の中で、一人で祈っているところを偶然見いだしたの
　　かを語る。そこで彼は死んだのだが、彼女の甘美な抱擁の中で蘇生したの
　　である。(fol. E 2v. / p. 442.)
［35］ポリーフィロは続けて、いかに彼の魂が自らの中に再び入ったのかを、
　　そして彼の喜びに満ちて語っているように思えたのかを語る。すなわち、
　　彼が穏和で好意に満ちた女神パフィアの面前にいたことを、そして今は、
　　女神から恩恵を受けて、彼に生命を賦与するために幸福に満ちて戻ってき

[36] ポリーフィロは、魂が黙るいなや、ポリーアの両腕の中で生を取り戻したと語る。そして彼は、女祭司に対して、彼らを相互的な、永遠の愛において結びつけてくれるように祈り、そして語るのを終える。ポリーアもまた、乙女たちに対して、いかに自らが恋に落ちたのかを、またポリーフィロが彼女と恋に落ちたのかを語る。(fol. F 1r. / p. 455.)

[37] ポリーフィロは、ポリーアが語るのを止め、さらに、彼女が花々からなる小さな冠の作成を終えて、彼に優しくキスをしながら、頭上にそれを置く。ニンフたちは、愛の物語に長く留まって聴いたのち、暇を乞うて自らの愉悦へと戻る。ポリーアとポリーフィロは二人だけで残り、愛の睦言を交わし合う。ポリーアが彼をこの上なく強く抱擁していると、彼女が消え、そして彼女とともに夢が消える。(fol. F 1v. / p. 456.)

[38] ここでポリーフィロは、自らのヒュプネロトマキアを終え、夢がこれ以上長く続かないこと、そして太陽は一日を始めることにおいては嫉み深いことを悔やむ。(fol. F 3r. / p. 459.)

4　古代嗜好（1）――エジプト

『ヒュプネロトマキア・ポリフィリ』の特色と魅力の一つは、その豊かな――しばしば過剰な――古代的な風景と建造物、および異教の神々の描写に存する。次の二つの章においては、その例として、エジプト的要素が強く見られる箇所と、典型的なローマの神々が登場する場面について紹介したい。

夢の中でさまよい歩くポリーフィロは、ある広場の中で大きな青銅製の馬に出会う[46]。台座の上に据えられた馬は大きな二つの翼を具えている［図6］。荒々しげな馬には小さな耳がついており、長いたてがみを垂らしている。

この馬に大勢の子どもたちがよじ登っては落とされ、また登ろうと何度も空しい努力を重ねている。

さて次にポリーフィロの目に入った建造物は、巨大な象であった。そして喜び勇んでそこに向かおうとしていると、突然、別の方向から人間の苦しげな唸り声が聞こえる。彼は思わず瓦礫の山を乗り越えて、その声の方へ歩みを進める。この声の持ち主は仰向けに横たわった中年男の巨像であった。彼は病気のように見え、空いた口から溜息と唸り声を発しているのであった。

ポリーフィロは好奇心に駆られて、空いた口から喉を通って体内へと入っていく。そこには人体のあらゆる部分が具えられ、いわば内部から見学できるようになっていた。各々の部分にはカルデア語、ギリシア語、ラテン語で説明が加えられており、そのすべては実物と遜色ないものだった。ポリーフィロは心臓に達して、大きな溜息が心臓において愛によってつくられることを理解する。そして愛がひどく傷つける場所を見る。彼はこの光景に心を動かされ、ポリーアのことを想って、自らの心の奥より深い溜息をつく。すると、それが体内中に反響して、彼は大きな恐怖にとらわれた。

ポリーフィロはあらためて、この巨像の素晴らしい考案に驚嘆し、古代の才能の深さに讃嘆する。彼はこう呟く。「おお、真に黄金の時代よ、〈徳〉が〈幸運〉と手を携えていた時よ。しかしお前は、われわれの時代に〈無知〉だけを、そしてその競合者の〈貪欲〉を委ねたのだ」[47]。

彼が巨像の別の箇所から外に出ると、廃墟の中に女性の額を見いだす。彼は元の場所に戻って、大きな馬から遠くないところに、オベリスクを背負った巨大な象を見いだす［図19］。それは黒曜石よりも黒い岩石から造られており、石の中には金と銀がちりばめられている。オベリスクの表面には、エジプト文字（charactere aegyptio）が美しく彫られている。その先端には輝く透明な材質からなる球体が載っている。

図19 同 fol. b 7v.

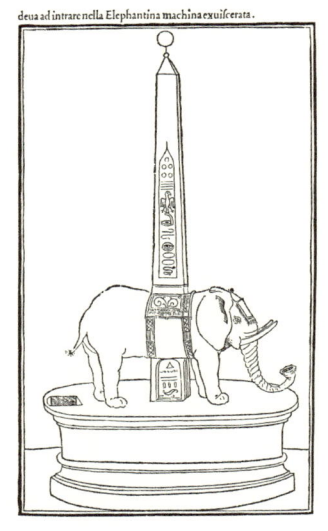

図20 同 fol. b 7r.

　巨象の方は固い斑岩から制作された見事な台座の上に据えられており、白く輝く石の大きな牙をもっている。背中の青銅製のサドルからは美しい装飾物が胴体の両側に垂らされており、そこにはラテン語で「脳は頭の中にある」と書かれている[48]。そしてまた、巨象の頭部から鼻先にかけて真鍮製の優雅な装飾物が懸けられている［図20］。その中には、「ギリシア語とアラビア語」(littere ionice et arabe) を見ることができる。ポリーフィロはその意味について本文では述べていないが、挿絵から判断する限り、「労苦と勤勉」と読みとれる[49]。
　巨象とオベリスクは堅固な台座の上に載っており、この台座には小さな入口があって、そこから内部に入っていくことができた。巨象の中は空洞になっており、ポリーフィロは強く関心を惹きつけられて、その中へと階段を昇

っていく。内部は天井から青銅の鎖で吊り下げられたランプで照らされており、その中に彼は、二つの古代の石棺とその上の二体の人物像を見いだす。

　一つの石棺の上には、黒い石から制作された、等身大の裸体の男性が王冠を戴き、右手で鍍金された錫を差し出している［図21］。彼は左手に馬の頭蓋に似た形の楯をもっており、そこにはヘブライ語、アッティカ（ギリシア）語、ラテン語の三カ国語によって「もし獣性が私を覆わなければ、私は裸体でいるだろう。汝は探し、見いだすだろう。私に構うことなかれ」（NVDVS ESSEM, BESTIA NI ME TEXISSET. QVARE ET INVENIES. ME SINITO）と記されている。ここで、「獣性」は象が表す身体的無為を象徴し、他方、それをまとってない「裸体」は純粋な魂の状態を象徴している[50]。

　もう一つの石棺には、同じく裸体で、女王と見なすべき人物が立っている［図22］。彼女は右手を上げて、指で背後の方を指し示し、左手は一枚の銘板を支えていて、そこには前者と同様に三カ国語のエピグラムが記されている。すなわち、「汝が誰であろうとも、この宝から汝の好むものを取れ。しかし気をつけよ。頭を持ち去って、身体には触れるな」（QVISQVIS ES, QVANTVNCVNQVE LIBVERTI HVIVS THESAVRI SVME. AT MONEO: AVFER CAPVT, CORPVS NE TANGITO）。

　ポリーフィロは何度も読み返して、この文言の意味について考えるが、確かな回答を見いだすことはできない。そうしているうちに、この場所に居ることに恐怖を覚えて、巨象から外に出る。彼が斑岩で制作された台座をあらためて見直すと、そこにはヒエログリフが刻まれていた［図23］。彼はこれらのきわめて古く、神聖な文字について熟考して、その意味を次のように理解した。

　　　汝は労働を自然の神に惜しみなく捧げよ。汝が少しずつ［汝の］魂を神

に従わせるようにするならば、[神は] 汝の生をしっかりと護り、慈悲深く支配して保持し、安全に庇護するだろう（EX LABORE DEO NATVRAE SACRFICA LIBERALITER, PAVLATIM REDVCES ANIMVM DEO SVBIECTVM. FIRMAM CVSTODIAM VITAE TVAE MISERICORDITER GVBERNANDO TENEBIT, INCOLVMENQVE SERVABIT)⁽⁵¹⁾。

　ポリーフィロは個々のヒエログリフについて意味を明示して説明しているわけではないが、カルヴェージに従って、以下のように解釈したと考えられるだろう。二つの鍬を伴ったブクラニウム（牛頭模様）＝労働。神を表す目と自然を表す禿鷹が記された祭壇＝自然の神に犠牲を捧げること。水盤＝気前のよさ。水差し＝漸次さ。糸巻き＝導くこと。蓋をされた古代の壺＝魂。神を表す目が記された靴底＝神に従うこと。鷲鳥と結ばれた錨＝確固とした庇護。手でつかまれたランプ＝汝の生。オリーブの枝を伴った舵＝慈悲深く支配すること。二つの鉤＝保持すること。海豚とリボンで結ばれた、蓋を閉ざされた筐笥＝無傷のままに保持すること⁽⁵²⁾。

　古代エジプトの文字であるヒエログリフは、中世初期から解読方法が忘却されており、ルネサンスの人文主義者や哲学者は、秘儀的な意味を表す、純粋な表意文字として考えていた（実際には表音的要素が強い）。また、ポリーフィロが見たヒエログリフは、古代のエジプトに由来する正確なヒエログリフとは言いがたく、古代ローマの遺物に刻まれていた文字に類似している。たとえば、サン・ロレンツォ・フオーリ・レ・ムーラ聖堂に置かれていた、ローマ時代の神殿の装飾（現在はローマのカピトリーノ博物館蔵）［図24］を見るならば、フランチェスコ・コロンナが、ブクラニウム（牛頭模様）を始めとして、このような遺物の表象から想を得て、自らヒエログリフを発案した

図21　同　fol. b 7v.

図22　同　fol. b 8r.

図23　同　fol. c 1r.

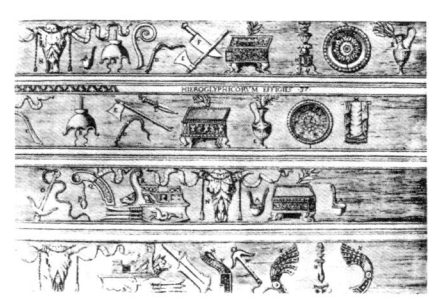

図24　「サン・ロレンツォ・フオーリ・レ・ムーラ聖堂に残存する古代ローマ神殿のフリーズ」、ヘルヴァルト『ヒエログリフ宝典』（1607年）の銅版画

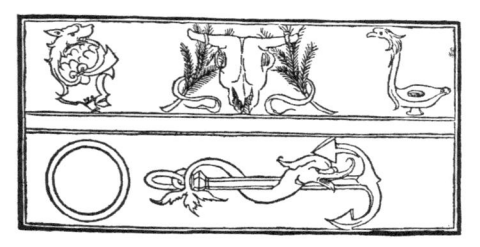

図25　同　fol. d 2r.

と推測しうるだろう。

　『ヒュプネロトマキア・ポリフィリ』には、他にもさまざまなヒエログリフが登場しているが、その一つは、ポリーフィロが遭遇した橋に刻まれている［図25］。上段のヒエログリフは、犬の頭部をつけた兜、小枝が巻きついたブクラニウム、古代のランプであり、その意味は「忍耐（ブクラニウム）は生（ランプ）の飾り（小枝）であり、監視者（犬）であり、保護者（兜）である」（PATIENTIA EST ORNAMENTVM CVSTODIA ET PROTECTIO VITAE）[53]となる。下段のヒエログリフは、円と海豚が巻きついた錨であり、その意味は「いつも（円）、ゆっくり（錨）、急げ（海豚）」（ΑΕΙ ΣΠΕΤΔΕ ΒΡΑΔΕΩΣ / Semper festina tarde）[54]となり、日本語では「急がば回れ」という格言に対応するだろう。

　『ヒュプネロトマキア・ポリフィリ』には、ヒエログリフとともに、ピラミッドやオベリスクなどエジプト起源のモニュメントが仔細に描写されているが、これはルネサンスからバロックにかけての、ヨーロッパにおけるエジプトへの関心の先駆となるものである。ヒエログリフに関しては、ホラポッロに帰属されるギリシア語の作品『ヒエログリフ集』が、1419年にフィレンツェの聖職者クリストフォロ・ブオンデルモンティによってギリシアで発見されたことが重要な出来事だった。ヒエログリフはレオン・バッティスタ・アルベルティを始めとするイタリアの人文主義者たちの興味を惹いていたが、フランチェスコ・コロンナの「創出した」ヒエログリフも16世紀のヨーロッパに多大な影響を及ばすことになるのである[55]。

　たとえば、上記の錨に巻きつく海豚というイメージは、元来はティトゥス帝が制作させた貨幣（80年）に刻まれていたものであるが、それをアウグストゥス帝の語った格言である「ゆっくり急げ」[56]と結びつけてヒエログリフ化したのはコロンナである。その後、このイメージはアルド・マヌツィオ

が自らの出版社標として、1501年刊行の『キリスト教詩人集』から用いることになる。他方、「ユマニストの王」デジデリウス・エラスムスは、1508年にアルド・マヌツィオから刊行した『格言集』増補版において、「ゆっくり急げ」（Festina lente）という項目を設けて、海豚が巻きつけられた錨というヒエログリフに結びつけて説明している[57]。そしてフランソワ・ラブレーも1534年に上梓した『ガルガンチュア物語』第9章において、ヒエログリフに関して、ポリフィル（Polyphile）の『愛の夢』（*Songe d'Amours*）に触れ、さらに錨と海豚のイメージを示唆している[58]。

5　古代趣味（2）――ローマ

ポリーフィロは「一人のきわめて優雅なニンフ」（elegantissima nympha）に導かれ、美しい木立を抜けて、正方形の広場へと至る。その周囲にはヒアシンス、棘のあるブドウ、ビャクシン、ツゲが生育しており、生け垣に沿って対称的に、勝利のシュロの木が植えられており、黒、赤、黄色といったさまざまな色の外皮をもった実をたわわにつけている。そこにはまた、緑のシトロン、オレンジ、リンゴ、ピスタチオ、ザクロ、マルメロ、ギンバイカ、セイヨウカリン、ナナカマドなど、多くの高貴で、実り多く、美しい樹木が交互に見られ、ここは春の到来によって更新された場所なのである。

そしてポリーフィロは、花々が咲く野原の上、涼しげな木陰の中に、外貌が異様な一群の人々を見いだす。集っている快活な彼女らは、さまざまな服装をしており、ある者は白斑がある子鹿の皮を、ある者は山猫と豹の皮を身につけている。またある者は裸体をバナナの葉で、ある者はヨモギやエジプト豆やポプラや他の葉で覆っている。彼女らは宗教的な舞踏を行いながら、両手を叩いて歓喜に満ちている。

彼女らはハマドリュアデスというニンフたちとヒュメニデスというニンフたちで、花に覆われたウェルトゥムヌスの前と側で楽しげに飛び跳ねている。ウェルトゥムヌスは額を深紅と黄色の薔薇で飾り、膝の上はおひつじ座の季節（春）を愛する香しく美しい花々が溢れている。彼は、4人のファウヌスが新しい枝から作成した綱で牽く乗り物の上に、最愛の美しい妻のポモナとともに座っている［図26］。

図26　同　fol. m 4r.

　ポモナは果物の冠をつけ、彼女の金髪は優雅に垂れ下がっている。彼女の足元には土器製の漏斗が置かれ、手には花々と熟した果実、さまざまな葉で満ちたコルノコピア（豊穣の角）をもっている。この二人の乗り物に先だって、ファウヌスたちの近くに、二人の愛らしいニンフが進んでおり、その一人は鶴嘴（ツルハシ）、鍬、鎌で飾られた槍を掲げている。そこには板が吊り下げられており、次のように記されている。「私は私の崇拝者たちに、身体の完全な健康と、永遠の活力と、食卓の慎ましい喜びを与える」（INTEGERRIMAM CORPOR. VALITVDINEM ET STABILE ROBVR CASTASQVE MENSAR. DELITIAS ET BEATAM ANIMI SECVRITATEM CVLTORIB. M. OFFERO）[59]。

　このように、フランチェスコ・コロンナは、ポリーフィロにウェルトゥムヌスとポモナの凱旋行列という、古代ローマ的な光景を見学させる。ウェルトゥムヌス（Vertumnus）、古名ウォルトゥムヌス（Vortumnus）は、古代イタリア、おそらくはエトルリア起源の神であり、ローマ人はウェルトゥムヌスを「転じる」（vertere）という動詞と関連づけて、季節の推移や植物の生育を

司る神と見なした。その祭日は、ウォルトゥムナーリアと呼ばれ、夏が過ぎて果物が成熟し始める8月13日である。他方、ポモナ（Pomona）はラテン語の「果実」（pomum/poma）に由来する名前で、古代イタリアの果実と果樹の女神であった。ローマでは専属の司祭が存在し、オスティアに向かう途中の街道には彼女の聖林であるポモナルがあった。

　ウェルトゥムヌスとポモナの婚姻の話は、オウィディウスの『変身物語』（14・623以下）が詳しく伝えている。それによれば、ポモナはラティウムの森のニンフであるハマドリュアデスの一人であった。園芸の技術に巧みで果樹を育てることに熱心であり、恋愛にはまったく無関心だった。とりわけポモナに専心していた神はウェルトゥムヌスで、さまざまな姿に変装して彼女を口説いたが成功しなかった。ついに、老婆に変装して、イピスとアナクサレテの悲話を紹介しながら、ウェルトゥムヌスの想いを無慈悲に断らないように迫ったのだが、それも効力がまったくなかった。そこで、ついに神はもとの若者に立ち戻って、彼女の前に姿を現した。「神は、暴力に訴えることも辞さなかったが、その必要はなかった。ニンフは、神の姿に魅せられて、彼の愛に答えるべく、同じ愛の痛みをおぼえたからだ」[(60)]。

　「ウェルトゥムヌスとポモナ」という主題をめぐって美術史上は、イタリアのヤーコポ・ポントルモ（1519/21年、ポッジョ・ア・カイアーノ、ヴィラ・メディチ）やフランチェスコ・メルツィ（1571/20年、ベルリン絵画館）を始めとして、とくに17世紀のネーデルラントで好んで描かれた。例えば、ヘンドリック・ゴルツィウス（1613年、アムステルダム王立図書館）やパウル・モレーリス（1625/30年、ロッテルダム、ボイスマンス・ファン・ボーニンゲン美術館）の作品が有名である。

　『ヒュプネロトマキア・ポリフィリ』の記述に戻ると、先頭を行くもう一人のニンフは、作業道具と若枝をつけた飾りを掲げている。ニンフたちは古

代の祭儀に従って踊りながら、手を叩いて、厳かに身体を翻しながら、聖なる正方形の祭壇を取り囲む。この祭壇は、草花に溢れ、清らかな泉から水が流れる場所の中央に設えられていた。それは輝く白大理石を用いて見事に仕上げられており、しかも四面の各々には、優雅な場面が信じがたい精密さで彫られていた。

　その最初の面には、この上なく美しい女神が現れ、彼女の翻る髪は薔薇と他の花々で飾られ、薄い衣服は優美な四肢に付着している［図27］。彼女は右手で、炎を上げる古代の壺の祭壇の上に、花々と薔薇を撒き散らし、左手で一枝の香りのよい実のついたギンバイカをもっている。彼女の前には、周知の武器（挿絵に見て取れるように弓と矢）を具えた、有翼の美しい子どもが微笑みながら立ち、そこには二羽の鳩も見える。この肖像の下にはこう書かれている。「花咲く春に捧ぐ」（Florido veri .S.）[61]。「有翼の美しい子ども」はクピドに他ならず、二羽の鳩もウェヌスのアトリビュートである。したがって、ここでは〈春〉の女神とウェヌスの同一視が図られている。両女神の結びつきについて、ルクレティウスは「春の訪れとともにウェヌスとウェヌスの有翼の先触れはゼピュロスとともに前を行き……」（『事物の本性について』5・737以下）と歌っている。

　この〈春〉を始めとして、この祭壇の4面には四つの季節の擬人像が彫られている。次の面に表されているのは、乙女の顔立ちながら、淑女の威厳を具えている女性像で、その素晴らしい彫刻に関してはその制作者に大きな名誉が帰せられる［図28］。彼女は小麦の穂の冠を戴き、その髪は優雅に衣服まで垂れている。右手では穀物で溢れるコルノコピアをもち、左手では小麦の穂がついた三本の茎をもっている。足元には小麦の束が置かれている。この肖像の下にはこう書かれている。「黄金色の実りに捧ぐ」（Flavae messi .S.）[62]。〈夏〉のアトリビュートについて、オウィディウスは「麦の穂の花

FLORIDO VERI .S.

図 27　同　fol. m 4v.

FLAVAE MESSI.S.

図 28　同　fol. m 5r.

MVSTVLENTO AV-
TVMNO .S.

図 29　同　fol. m 5r.

HYEMI AEOLIAE.S.

図 30　同　fol. m 5v

輪をつけている」(『変身物語』2・28) と述べている。なお挿絵では、小麦の束の代わりに、地面に一人の子どもが座り、両手に一本ずつ小麦の穂をもっている。

　三番目の面には、驚嘆すべき技量によって制作された、裸体の子どもの神像が彫られている [図29]。彼は葡萄の房の冠を戴き、みだらに笑っている。左手には葡萄の房をもち、右手には葡萄の実と葉と巻きひげで一杯のコルノコピアをもっている。足元には一頭の毛深い山羊が横たわっている。この肖像の下にはこう書かれている。「葡萄汁の秋に捧ぐ」(Mustulento autumno . S.)[63]。オウィディウスによれば、〈秋〉は「踏み砕いた葡萄の色に染まっている」(『変身物語』2・29) のであった。

　最後の面には、赤く、硬い表情をした王のごとき人物が見事に彫られている [図30]。彼は左手で錫をつかんで、暗く、風が強く、雨が降る空を見つめている。右手では雹を降らす雲に触れている。彼は裸体の上に毛皮を着ており、古代風のサンダルを履いている。この肖像の下にはこう書かれている。「冬の風に捧ぐ」(Hyemi Aeoliae .S.)[64]。〈冬〉の描写は、オウィディウスによる「白髪を逆立てている」(『変身物語』2・30) という表現とは異なっている。絵画においては一般に、〈冬〉は外套にくるまった老人として表され、火の近くにいる場合もある。また、コロンナはアエオルス（風を司る神）によって〈冬〉を代表させているが、アエオルスがもつ錫については、ウェルギリウス（『アエネイス』1・56) が言及している。

　コロンナの記述に戻ると、この浮彫を施した傑出した芸術家は、この作品のために注意深く大理石を選び、その白さの中に黒色で筋をつけて大気の暗さと明るさを、また雹が落ちる雲を描いた。そして、この崇敬すべき祭壇の上には、しっかりと、「庭園の庇護者の粗い似姿が彼の上品で適切な付帯物すべてとともに」(el rude similachro del'hortulano custode cum tutti gli sui decenti et propriati insignii)[65] 設置されていた［図 31］。地上から立つ 4 本の柱で支えられたドーム型の四阿（あずまや）が、秘儀的な祭壇を覆っている。これらの柱は草花で愛らしく飾られ、屋根もすべて大量の花々で葺かれていた。燃えるランプが入口と後部の柱から吊られており、それらの周りに下げられた黄金の板は、春の新鮮な風が吹くと金属音を響かせた。この似姿の前でニンフたちは、古代の儀式と田舎の儀式に則って、この神を崇敬しながら、数多くの瓶を壊し、犠牲の驢馬の泡立つ血、暖かい牛乳、発泡性の葡萄酒を撒き散らし、そして陽気で快活に、果実と花々と葉とともに葡萄酒を神に捧げる。

図 31　同　fol. m 6r.

　ここで語られる「庭園の庇護者」とは、挿絵が端的に示しているように、プリアポスに他ならない。オウィディウスが「赤ら顔の庭園の庇護者」（『変身物語』6・333）と呼んだプリアポスは、元来は小アジアの豊穣神であり、庭園、葡萄、蜜蜂、羊の庇護神として、ギリシアとイタリアで広く崇拝された。生殖の力を強調するために、巨大な男根を所有しており、挿絵のようにグロテスクな姿で描かれることも多い。ウェヌスとバッコスの子とされるが、異説ではウェヌスとユピテルの子で、嫉妬したユノに呪いをかけられ、生まれながらにしてこのような男根をもつことになった。

　オウィディウスによれば、プリアポスはニンフのロティスを襲おうとして（『祭暦』1・415 以下）、あるいはウェスタ神を襲おうとして（同、6・319 以下）、神々の饗宴の合間に近づいたが、シレノスの驢馬が突然いなないたた

めに気づかれ、彼の企ては不首尾に終わった。それゆえ、コロンナも書いているように、この神へは驢馬が犠牲として捧げられるのであり、挿絵においても、前方で一頭の驢馬が首を裂かれている。

　コロンナは、プリアポスの饗宴の最中に、もう一人の神を導入させている。テクストによるならば、今やニンフたちは、この栄光に満ちた凱旋の後に、小柄な老人のヤヌスを導いた。彼もまた古代の林地の儀式に与しており、紐と多くの花々で編まれたロープに繋がれている。ニンフたちは田舎風のやり方で、みだらな婚姻の歌を歌い、歓喜に満ちて粗野な楽器を演奏し、飛びはね、喝采を送り、大声で祝福する。「これらの荘厳な祭儀と陽気な祝賀は私に、これまでの凱旋が私に引きおこした讃嘆と同じほどの、快楽と喜悦と驚愕をもたらした」[66]。

　こうして、ポリーフィロが一人の美しいニンフとともに見学する神々の凱旋行列と饗宴は、ローマ固有の神で、住居の戸口と市門の庇護者であるヤヌスの登場をもって終わりを告げるのである。

6　諸版と翻訳

　本稿の冒頭で述べたように、『ヒュプネロトマキア・ポリフィリ』は1499年に、ヴェネツィアの書肆アルド・マヌツィオより刊行された[67]。第2版は、アルドの息子であるパオロ・マヌツィオが1545年に刊行している[68]。その書名は以下のとおりである。

La Hypnerotomachia de Polifilo, cioè pugna d'amore in sogno dov' egli mostra che tette le cose humane non sono altro che sogno: dove narra molte altre cose digne di cognitione. Venetiis, 1545.

（ポリーフィロのヒュプネロトマキア、すなわち、夢の中の愛の闘い——そこで彼は、人間的な事柄はすべて夢に他ならないことを示し、そこで彼は知るに値する他の多くの事柄を語る。）

　この版はいくつかの箇所を訂正した他は、初版とまったく同様であり、木版画も6枚を除いては、初版と同一の版木を用いている。
　その翌年、1546年に最初のフランス語版がパリで、ジャック・ケルヴェールによって刊行された。書名は以下のとおりである。

Hypnerotomachie ou Discours du Songe de Poliphile, deduisant comme Amour le combat à l'occasion de Polia. Soubz la fiction de quoy l'auteur, mostrant que toutes choses terrestres ne sont que vanité, traicte de plusieurs matières profitables et dignes de mémoire. Nouvellement traduict de langage italien en françois. A Paris, par Iacques Kerver aux deux Cochez, rue Saint Jaques, M.D.X.L.V.I.

　（ヒュプネロトマキア、すなわちポリフィルの夢の話——いかにして〈愛〉がポリアのために彼と闘うのかが順を追って詳述される。この創作のもとで、著者は、地上的な事柄はすべて無益でしかないことを示しながら、多くの有益で記憶に値する題材について論じている。イタリア語から新たにフランス語に訳された。）[69]

　フロンティスピース［図32］は、タイトルを一種のグロテスク模様が囲み、左右に一人のサテュロスと一人のニンフを、下部には二人のアモルを配している。最後のページはヘルメス柱が描かれ、「汝は我を見逃すことなかれ」（NE ME PRAETERI）というモットーが記されている。本書は、ある「マルタの騎士」が行った翻訳をジャン・マルタン（Jean Martin, 1507?〜1553年）

が改訂したものであり、326ページに届く大冊で、新しい木版画が添えられている。本文に先だって、マルティンによる、ナンティーユ・ル・オードゥイン伯アンリ・ル・ルノンコール宛の献呈書簡が収められている。

　マルティンはギリシア語、ラテン語、イタリア語に堪能であり、ホラポッロの『ヒエログリフ集』、ウィトルウィウスの『建築論』、レーモン・スボンの『自然神学』、セバスティアン・セルリオの『建築論』、ヤコポ・サンナザーロの『アルカディア』、ピエトロ・ベンボの『アゾラーニ』などをフランス語に訳している(70)。彼は「読者への注意」においては、「冗漫な」原文のイタリア語を、「多くの人々が満足できるような、簡潔なフランス語に」変えたと述べている。実際、彼の翻訳は、原文の神話的、植物学的、建築学的な叙述を切り詰めて、読みやすく優雅な文体で綴られている。

　挿絵の木版画はきわめて質が高く、ところによっては、イタリア語原本の木版画よりもテクストに忠実に従っている。採り上げている場面や図版の構成は原本を踏襲しているが、そのスタイルは異なっており、風景と建築的な細部が詳しく描かれている［図33・34］。制作者については、これまでジェフロワ・トリー、ジャン・クーザン、ジャン・グージョンらが挙げられてきた。これらの人物の中で、現在は、本書に収められた木版画と類似した、アンリ2世のパリ入場風景の版画を作成したジャン・クーザンの可能性が指摘されている。

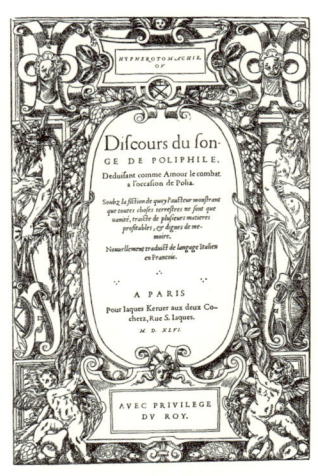

図32　フランス語版『ヒュプネロトマキア・ポリフィリ』、ジャック・ケルヴェール刊、パリ、1546年　フロンティスピース

図33　フランチェスコ・コロンナ『ヒュプネロトマキア・ポリフィリ』、ヴェネツィア、1499年 fol. a 7r.

図34　フランス語版『ヒュプネロトマキア・ポリフィリ』、ジャック・ケルヴェール刊、パリ、1546年 fol. 4r.

　本書は、1963年にアルベール=マリー・シュミットの序論付のファクシミリ版が出版されている[71]。また、1994年にはジル・ポリッツィが、綴り字を現代フランス語化した校訂版を刊行した。これは序論、註、グロサリー、索引を具えており、フランスにおいて大きな影響を与えた本書を研究するためにきわめて有益である[72]。

　このフランス語版『ヒュプネロトマキア』は、内容的にも図版的にもほとんど変更せずに、1553年と1561年と続けて再版された[73]。1546年版と異なる点は、フロンティスピースの裏ページに、ヤコブス・ゴホリウス（Jacobus Gohorius）の序文が記されていて、著者が「修道士フランチェスコ・コロンナ」であることを示唆していることと、最後のページにヘルメス柱に代わって、紋章が描かれた楯に前脚をかけた一角獣が描かれていることである。一角獣に付されているモットーは「一角獣の愛される子のように」（Dilectus quemadomodum filius unicornium）である。短期間に三つの版が刊行されていることから、当時のフランスにおいて本書が広範に受容された事実を推測することができる。

1600年にパリの書肆マチュー・ギユモンから、フランソワ・ベロアルド・ド・ヴェルヴィル（François Béroalde de Verville, 1556～1626年）によるフランス語訳が刊行された。翻訳者のベロアルド・ド・ヴェルヴィルは文学者・詩人で、古今の著名人が議論を戦わせる奇書『出世の道』（*Moyen de parvenir*）[74]の作者として有名である[75]。この著作は新しい仏訳というよりもむしろ、ベロアルド自身が率直に述べているように、ジャン・マルタンの仏訳の「模倣以外ではない」ものであったが、書名は以下のような先立つ翻訳とは異なるものだった。

Tableau de Riches Inventions couvertes du voile des feintes amoureuses, qui sont representées dans le Songe de Poliphile, devoilées des ombres du songe, et subtilement exposées par Béroalde. A Paris, chez Matieu Guillemont, 1600.
（「ポリフィルの夢」の中で表された、愛の装いのヴェールで包まれた豊かな創意の一覧——ベロアルドによって夢の影を払われ、巧みに解説される。）[76]

本書に収められた木版画も、ジャン・マルタン版と同一であるが、フロンティスピースだけは、上方に向かって叫ぶフェニックス、絡み合う蛇とドラゴン、燃え盛る火から立つ樹木、大きな幹の上の水盤など奇妙な錬金術的なモティーフと象徴によって装飾されている［図35］。そして、本文の前に置かれた、「本書のフロンティスピースの、叡知を懐抱する秘匿文字集」（Recueil stégamographique contenat l'intelligence du frontispice de ce livre）において、ベロアルドは『ヒュプネロトマキア・ポリフィリ』の錬金術的な内容を説明しているのである。

ベロアルドによるフランス語版は、1772年にパリで、『ポリアの愛、すな

わちポリフィルの夢——イタリア語からの翻訳』（*Les Amours de Polia ou le Songe de Polyphile traduit de l'italien*）という書名で再刊されている。

19世紀に入って、1804年には、ジャック・ギヨーム・ルグラン（Jacques Guillaume Legrand, 1743-1807）が、自ら「自由訳」と呼んだフランス語版を『ポリフィルの夢』（*Songe de Poliphile*）という書名で刊行した[77]。彼は序文において、17世紀に果たされた二つのフランス語訳について、「あまりにガリア風で、今は読むことが不可能である」[78]と指摘している。そして自らの翻訳については、原文が曖昧で当惑させるものなので、場合によっては

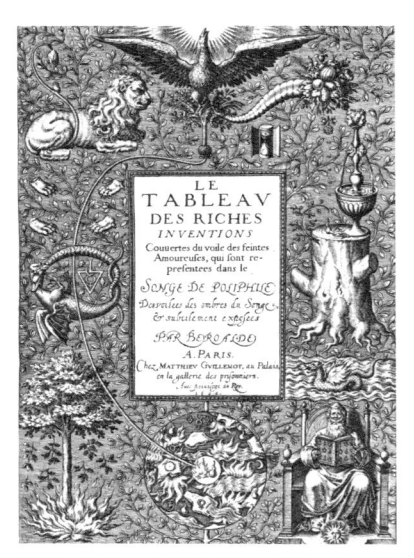

図35　フランス語版『ヒュプネロトマキア・ポリフィリ』、フランソワ・ベロアルド・ド・ヴェルヴィル訳、パリ、1600年　フロンティスピース

削除を施し、また時には、ルグラン自身が元来の思索と感じたものを付加して、「新しい自由な翻訳、あるいはむしろ一つの模倣」[79]を行ったと述べている。なお本書には図版がいっさい含まれていない。

1883年に至って、画家かつ詩人で、アルベルティの翻訳者でもあるクラディウス［クロード］・ポプリン（Claudius［Claude］Popelin, 1825～1892年）が初めて、『ヒュプネロトマキア・ポリフィリ』の原文に忠実なフランス語訳を、『修道士フランチェスコ・コロンナのポリフィルの夢、すなわちヒュプネロトマキア』（*Le Songe de Poliphile ou Hypnerotomachie de Frère Francesco Colonna*）と題して刊行した[80]。原文のイタリア語版の文体に忠実であることは不可能

であるとはいえ、全体的に入念で正確な翻訳であると評されている。また、ポプリンは本文に先だって、237ページにも及ぶ長文の序論を付してあり、その後の『ヒュプネロトマキア・ポリフィリ』研究に多大な影響を及ぼした。

　最初の英語版は1592年にロンドンで刊行され、書名は『ヒュプネロトマキア、夢の中の愛の闘い』(Hypnerotomachia. The Strife of Love in a Dreame) とされていた[81]。本書はイタリア語版原著の、短縮された不完全な英訳であり、また、添えられた木版画が少なく、その質も粗雑である［図36］。英訳者はR.D.とイニシャルしか記されていないが、ロバート・ダーリントン卿 (Sir Robert Dallington, 1561～1637年) が候補として挙げられている。1888年になって、『ヒュプネロトマキア・ポリフィリ』のオリジナルの版画を編纂した書物が、J・W・アッペルによって刊行されている[82]。その2年後の1890年に、同じくロンドンで、『夢の中の愛の闘い——F・コロンナのヒュプネロトマキア第1巻のエリザベス朝版』(The Strife of Love in a Dream. Being the Elizabethan Version of the First Book of the Hypnerotomachia of F. Colonna) が刊行された[83]。これは、1592年の英語版を基に作成されたもので、不完全な翻訳であり、内容はプリアポスへの供犠の場面で終わっている。

　ジョヴァンニ・ポッツィとルチーア・A・チャッポーニによる『ヒュプネロトマキア・ポリフィリ』の校訂版がパドヴァのアンテノーレ社から刊行されたのは1968年のことであり、1980年に第2版が刊行されている[84]。その第1巻では、誤植の訂正はもとより、短縮語の復元、分節の区切りの適正化など、多くの印刷本をもとに念入りに校訂されている一方で、第2巻では、

図36　英語版『ヒュプネロトマキア・ポリフィリ』、ロンドン、1592年 fol. 11r.

建築学上の詳細な説明など、内容的に豊かな註解が行われている。図版は1499年刊行のアルド・マヌツィオ版のものがすべて収められている。1968年以降の本書に関わる研究は、すべてポッツィとチャッポーニの校訂版に拠っているといっても過言ではない。

スペイン語訳は、1981年にピエラ・ペドラサによる全訳が『ポリーフィロの夢』(*Sueño de Polifilo*) というタイトルのもとに2巻本として刊行された[85]。1999年には1巻本として再刊されている[86]。ペドラサによる序論を含み、翻訳も原著の理解にとってきわめて有益である。そして、待望された英語による完全訳は、キルヒャー研究などで名高いジョシュリン・ゴドウィンが完成させ、1999年にロンドンから刊行された[87]。

その後、1998年にミラノのアデルフィ社から、全2巻から成る『ヒュプネロトマキア・ポリフィリ』が刊行された[88]。その第1巻は1499年のオリジナルのテクストのファクシミリ版であり、第2巻には、マルコ・アリアーニとミーノ・ガブリエーレによる、本書の現代イタリア語訳、および、ポッツィとチャッポーニの仕事を踏まえた上での、きわめて詳細な註解が含まれている。

注

(1) Venetiis Mense decembri MID in aedibus Aldi Manutii. Collation: /Kp/k^4 a-y^8 z^{10} A-E^8 F^4 Cf. *Incunabula Short Title Catalogue, British Museum*, ic00767000; Frederick R. Goff, *Incunabula in American Libraries, A Third Census of Fifteenth-Century Books Recorded in North American Collections*, New York: The Bibliographical Society of America, 1964, C767; W.A. Copinger, *Supplement to Hain's Repertorium bibliographicum*, Part 1, London: H.Sotheran, 1895, n.5501*; *Bibliothèque Nationale. Catalogue des incunables*, 2 voll, Paris: Bibliothèque Nationale. 1981-2006,C-523; *Indice generale degli incunaboli delle biblioteche d'Italia*, compilata da T.M.Guarnaschelli e E. Valenziani [et al.], 6 voll, Roma, 1943-1978, n. 3062; *A Catalogue of Books in the Fifteenth Century in the Bodleian Library*, Oxford: Oxford University Press, C-391;

Catalogue of Books in the XVth Century Now in the British Museum, 13 voll, London: 't Goy-Houten, 1963-2007, Vol. 5, p. 561; *Bayerische Staatsbibliothek Inkunabelkatalog*, 6 voll, Wiesbaden: Ludwig Reichert, 1988-2005, C-471; *Gesamtkatalog der Wiegendrucke*, Stuttgart: Anton Hiersemann,1925- , n.7223; Antoine Augustin Renouard, *Annales de l'Imprimerie de Alde, ou Histoire des trois Manuce et leurs éditions*, Troisième édition, Paris: Jules Renouard, 1834, pp. 21-22. わが国では広島経済大学図書館および金沢工業大学ライブラリーセンターに所蔵されている。Cf. Koichi Yukishima, *Union Catalogue of Incunabula in Japanese Libraries*, 2nd ed., Tokyo: Yushodo Press, 2004, n. 138；雪嶋宏一「わが国におけるアルド版の調査研究」(『早稲田大学図書館紀要』第54号、2007年)、27頁。

　本稿において参照するテクスト、註釈、イタリア語訳は以下である。*Hypnerotomachia Poliphili*, edizione critica e commento a cura di Giovanni Pozzi e Lucia A. Ciapponi, 2 voll., Padova: Antenore, 1968, 2a ed., 1980; *Hypnerotomachia Poliphili*, a cura di Marco Ariani e Mino Gabriele, 2 voll, Milano: Alelphi, 1998.『ヒュプネロトマキア・ポリフィリ』の諸版（ファクシミリ版を含む）については、本稿の6「諸版と翻訳」で詳しく紹介する。

(2)　*Hypnerotomachia Poliphili*, a cura di Pozzi e Ciapponi, p.xii.
(3)　Cf. *Index Aureliensis: Catalogus librorum sedecimo saeculo impressorum*, Baden-Baden: Valentin Koerner, 1962-, *143.133; H.M. Adams, *Catalogue of Books printed on the Continent of Europe, 1501-1600 in Cambridge Libraries*, Cambridge: Cambridge University Press, 1967, C2414; *Short-title Catalogue of Books Printed in Italy and Italian Books Printed in Other Countries from 1465 to 1600 in the British Library*, London: British Library, 1986, p.530; *The Aldin Press: Catalogue of Ahmason-Murphy Collection of Books by or Relating to the Press in the Library of the University of California, Los Angeles: Incorporting Works Recorded Elswhere*, Berkely, Ca.: Univeristy of California Press, 2001, p. 221, n. 335; Renouard, *Annales de l'Imprimerie de Alde*, pp. 133-144. 本書は慶應義塾図書館に所蔵されている。以下を参照のこと。『書物の森へ——西洋の初期印刷本と版画』（1996年、町田市立国際版画美術館）、181～182頁；『寓意の鏡——16・17世紀ヨーロッパの書物と挿絵』（松田隆美監修、1999年、慶應義塾大学)、112～113頁；雪嶋宏一「わが国におけるアルド版の調査研究」(『早稲田大学図書館紀要』第54号、2007年)、44頁。
(4)　データは雪嶋宏一氏の論考「学術出版の祖アルド・マヌーツィオ」(『早稲田大学図書館紀要』第52号、2005年、1～33頁に拠る。アルド・マヌツィオについては以下を参照。Martin Lowry, *The World of Aldus Manutius: Business and Scholarship in Renaissance Venice*, Oxford: Basil Brackwell, 1979; Harry George Fletcher III, *New Aldine Studies: Documentary Essays on the Life and Work of Aldine Manutius*, San Francisco: B.M. Rosenthal, 1988; Carlo Dionisotti, *Aldo Manuzio: Umanista e editore*, Milano: Edizioni il Polifico, 1995; Martin Davies, *Aldus Manutius: Printer and Publisher of Renaissance Venice*, Tempe, Arizona: Arizona Center for

Medieval and Renaissance Studies, 1999.
（5） Cf. Carlo Dionisotti, "Aldo Manuzio," in Idem, *Gli umanisti e il volgare fra Quattro e Cinquecento*, Firenze: Le Monnier, 1968, pp. 1-14.
（6） Demenico Gnoli, "Il Sogno di Polifilo," *La Bibliofilia*, 1 (1899-1900), p. 212.
（7） Mario Praz, "*La Hypnerotomachia Poliphili*," *Paragone*, 6 (giugno 1950), pp. 11-16.
（8） M. Teresa Casella e Giovanni Pozzi, *Francesco Colonna. Biografia e opere*, Padova: Antenore, 1959.
（9） Mario Praz, "Un Joyce nel Quattrocento", *Il Tempo*, 19 agosto 1961; in Idem, *Il giardino dei sensi. Studi sul manierismo e sul barocco*, Milano: Mondadori, 1976, pp. 25-30 ［マリオ・プラーツ「15世紀版ジョイス」（同『官能の庭』、若桑みどり・森田義之・白崎容子・伊藤博明・上村清雄訳、ありな書房、1992年）に所収。］他方、ベネデット・クローチェは1950年に発表したエッセイにおいて、本書の言語について「それは言語ではなく、ジャーゴンである（non è lingua ma gergo）と述べ、本書は「人文主義のカリカチュア」（una caricatura dell'umanesimo）として解釈しうるだろう、と否定的な評価を下している（Benedetto Croce, "La Hypneromachia Poliphili," *Quaderni della "Critica,"* 6, 1950, pp. 49-50)。
（10） のちに、澁澤龍彦『胡桃の中の世界』（青土社、1974年）に収録。本書は河出文庫版（1984年）の他、「新編ビブリオテカ澁澤龍彦」（白水社、1988年）、「澁澤龍彦全集」13（河出書房新社、1994年）にも収められている。
（11） 邦訳は『イタリアの美術』（中森義宗訳、美術出版社、1968年）。原著はAnthony Blunt, *Artistic Theory in Italy 1450-1600*, Oxford: Oxford University Press, 1940.
（12） 遠山公一訳、E・H・ゴンブリッチ『シンボリック・イメージ』（大原まゆみ・鈴木杜幾子・遠山公一訳、平凡社、1991年）に所収。原著はE.H. Gombrich, "Hypnerotomachiana," in Idem, *Symbolic Images: Studies in the Art of the Renaissance II*, London: Phaidon, 1972, pp. 102-108.
（13） 田中英道・藤田博・加藤雅之訳、晶文社、1986年。原著はEdgar Wind, *Pagan Mysteries in the Renaissance*, London: Faber and Faber, 1958.
（14） 大野芳材・西野嘉章訳、R・ウィトカウアー『アレゴリーとシンボル――図像の東西交渉史』（平凡社、1991年）に所収。原著はRudolf Wittkower, "Hieroglyphics in the Early Renaissance," in Idem, *Allegory and the Migration of Symbols*, London: Thames and Hudson, 1977, pp. 113-128.
（15） Cf. Casella e Pozzi, *op.cit.*, vol. 1, pp. 63-64.
（16） Cf. E. Fumagalli, "Due esemplari dell' *Hypnertomachia Poliphili* di Francesco Colonna," *Aevum*, 66 (1992), p.423.
（17） ゼーノ自身によって"1521"と訂正されている。
（18） Casella e Pozzi, *op.cit.*, vol.1, p. 63.

(19) 注69を参照。
(20) 注73を参照。
(21) ... *che fiorirono nel secolo decimosesto*, Venezia: Stamaperia C. Palese, 1778; Con saggio critico, introd. biobibliografica e indice analitico a cura di Liliana Grassi, Milano: Edizioni Labor, 1966.
(22) Gnoli, *op. cit.*, p. 211.
(23) Ana Khomentovskaia, "Felice Feliciano comme l'auteur de l'*Hypnerotomachia Poliphili*," *Bibliofilia*, 37 (1935), pp.154-174, 200-212; 38 (1936), pp. 20-48, 92, 102.
(24) Casella e Pozzi, *op. cit.*, vol. 1, pp. 5-106.
(25) Ibid., vol. 1, p. 124, doc. 50.
(26) c. 154v. Cf. *Hypnertomachia Poliphili*, a cura di Pozzi e Ciapponi, p. 4, nota.
(27) Salvatore Battaglia, *La letteratura italiana. Medioevo e Umanesimo*, Firenze: Sansoni, 1971, pp. 428-436.
(28) Maurizio Calvesi, *Il Sogno di Polifilo prenestino*, Roma: Officina Edizioni, 1980; Idem, *La "Pugna d'amore in sogno" di Francesco Colonna romano*, Roma: Lithos, 1996.
(29) L. Donati, "Miscellanea bibliografica. I. Il mito di Francesco Colonna," *La Bibliofilia*, 64 (1962), pp. 247-270.
(30) Alessandro Parronchi, "L'autore del *Polifilo*," in *La Nazione*, 15 agosto 1963; Idem, "L'autore del *Polifilo* è proprio frate Eliseo," in *La Nazione*, 11 marzo 1983; Piero Scapecchi, "L'*Hypnerotomachia Poliphili* e il suo autore," in Biblioteca Marucelliana, *I fondi della SS. Annunciata*, a cura di Oueri Scaoechi, Firenze: Biblioteca Marucelliana, 1983, pp. 186-298; Idem, "*Hypnerotomachia Poliphili*," in *Aldo Manuzio Tipografo 1494-1515*, a cura di Liciana Bigliazzi et al., Firenze: Octavo, 1994, pp. 68-70. Cf. Marco Ariani, "L'autore del Polifilo," in *Hypnerotomachia Poliphili*, a cura di Ariani e Gabriele, pp.LXXXII-LXXXIII.
(31) Paris: Les Belles Lettres, 1976. Cf. Emanuela Kretzulesco Quaranta, "É Leon Battista Alberti il misterioso autore della *Hypnerotomachia Poliphili*?," *Politica Romana*, Quaderni dell'Associazione di Studi Tradizionali "Senatus", Roma, N. 3, 1996, pp. 178-187.
(32) Roswitha Stewering, *Architektur und Natur in der "Hypnerotomachia Poliphili"* (*Manutius 1499*) *und die Zuschreibung des Werkes an Niccolo Lelio Cosmico* (*Kunstgeschichte*), Hamburg: Lit, 1996.
(33) Liane Lefaivre, *Leon Battista Alberti's Hypnerotomachia Poliphili. Re-Cognizing the Architectural Body in the Early Italian Renaissance*, Cambridge, Mass.: MIT Press, 1997.
(34) Giovanni Pozzi, "Premessa alla ristampa", in *Hypnerotmachia Poliphili*, a cura di Pozzi e Ciapponi, vol. 2, 2a ed., pp. 1*-24*; Idem, "Ancora il Polifilo: l'autore, le vignette," in Idem, *Sull'orlo del visibile parlare*, Milano: Adelpi, 1993, pp. 115-143.
(35) Marco Ariani, "L'autore del Polifilo," in *Hypnerotomachia Poliphili*, a cura di Ariani e

Gabriele, pp.LXVI-LXVII. Cf. Calvesi, *La "Pugna d'amore in sogno" di Francesco Colonna romano*, pp. 275-282.
(36) Francesco Colonna, *Hypnerotomachia Poliphili. The Straife of Love in a Dream*, The Entire Text Translation for the First Time into English with an Introduction by Joscelyn Godwin, London: Thames & Hudson, 1999, p. xiv.
(37) *Hypnertomachia Poliphili*, a cura di Pozzi e Ciapponi, p.IX.
(38) Casella e Pozzi, *op. cit.*, p. 104. Cf. Peter Dronke, "Introduction," in *Hypnerotomachia Poliphili* (*Venetiis, Aldo Manuzio, 1499*), Zaragoza: Ediciones del Pórtico, 1981, p. 20.
(39) *Hypnerotomachia Poliphili*, a cura di Pozzi e Ciapponi, p. 278.
(40) *Hypnerotomachia Poliphili*, a cura di Ariani e Gabriele, vol. 2, pp. 289-290.
(41) Cf. Casella e Pozzi, *op.cit.*, vol.2; Dorothea Schmidt, *Untersuchungen zu den Architekturekphrasen in der Hypnerotomachia Poliphili: Die Beschreibung des Venus-Tempels*, Frankfurt am Main: R.G. Fischer, 1978; Stefano Borsi, *Polifilo architetto. Cultura architettonica e teoria artistica nell'Hypnerotomachia Poliphili di Francesco Colonna* (*1499*), Roma: Officina, 1995.
(42) *Hypnerotomachia Poliphili*, a cura Pozzi e Ciapponi, p.IX.
(43) Joscely Godwin, *op.cit.*, p.x.
(44) 全体の構成については、ゴドウィンによる一覧表（Ibid, p.xviii）を参照されたい。
(45) 以下、1499年アルドゥス版の該当の葉（フォリオ）、およびポッツィとチャッポーニによる校訂版（注1を参照）のページを記す。
(46) *Hypnerotomachia Poliphili*, ed.Venezia, 1499, fol. b 4r. / *Hypnerotomachia Poliphili*, a cura di Pozzi e Ciapponi, p. 24.
(47) ed.Venezia, 1499, fol. b 6r. / a cura di Pozzi e Ciapponi, p. 28.
(48) ed.Venezia, 1499, fol. b 6v. / a cura di Pozzi e Ciapponi, p. 29.
(49) Cf. *Hypnerotomachia Poliphili*, a cura di Ariani e Gabriele, vol. 2, p. 596. このアラビア語については以下を参照。K.H. Dannenfeldt, "The Rensaissance Humanists and the Knowledge of Arabic," *Studies in the Renaisance*, 2 (1955), p. 101; A.M. Piemontese, " Le iscrizioni arabe nella *Poliphili Hypnerotomachia*, in Charles Burnett and Anna Contadini (eds.), *Islam and the Italian Renaissance*, London: Warburg Institute, 1999, pp. 199-220.
(50) Cf. *Hypnerotomachia Poliphili*, a cura di Ariani e Gabriele, vol. 2, p. 602.
(51) ed.Venezia, 1499, fol. b 8v. / a cura di Pozzi e Ciapponi, p. 33.
(52) Cf. Calvesi, *Il sogno di Polifilo prenestino*, p. 137.
(53) ed.Venezia, 1499, fol. d 2r. / a cura di Pozzi e Ciapponi, p. 61.
(54) ed.Venezia, 1499, fol. d 2r. / a cura di Pozzi e Ciapponi, pp. 61-62.
(55) Cf. Karl Giehlow, "Die Hieroglyphenkunde des Humanismus in der Allgegorie der Renaissance," *Jahrbuch der Kunsthistorisches Sammlungen des Allerhöchsten Kasiserhauses*, 32 (1915),

pp. 1-229; Erik Iversen, *The Myth of Egypt and its Hieroglyphs in European Tradition*, Copenhagen:Gad, 1961 [Princeton; Princeton University Press, 1993]; Patrizia Castelli, *I geoglifici e il mito dell'Egitto nel Rinasicmento*, Firenze: Edam, 1979; Brian A. Curran, "The *Hypneromachia Poliphili* and Renaissance Egyptology," *Word & Image*, 14, 1/2 (January-June, 1998), pp. 156-185.

(56) Cf. Suetonius, *De vita Caesarum*, II, 25, 4. スエトニウス『ローマ皇帝伝』、国原吉之助訳、岩波文庫、1986年、119頁。

(57) Desiderius Erasmus, *Opera omnia*, ed. J. Leclerc, 10 voll, Leiden, 1703-1706, vol.2, 399E-400D. Cf. Margaret Mann Phillips, *The Adages of Erasmus. A Study with Translations*, Cambridge: Cambridge University Press, 1964, pp.171-190.

(58) 以下の拙稿を参照のこと。「ラブレーとヒエログリフ──『ガルガンチュワ物語』第9章」、『西洋中世における言語哲学の起源と展開』、平成12年度科学研究費補助金 [基盤研究（A）（1）] 研究成果報告書、研究代表者・清水哲郎（東北大学大学院文学研究科教授）、2001年3月、129〜148頁。

(59) ed.Venezia, 1499, fol. m 3v. / a cura di Pozzi e Ciapponi, p. 185.

(60) 中村善也訳、『変身物語』（岩波文庫、1984年）、291頁。

(61) ed.Venezia, 1499, fol. m 4r. / a cura di Pozzi e Ciapponi, p. 186. 挿絵［図27］に注目し、〈春〉の擬人像の大きな髪の房がたなびいている点を指摘し、この「動く付帯物」をボッティチェッリ《ウェヌスの誕生》との関連を示唆したのが、アビ・ヴァールブルクの博士論文『サンドロ・ボッティチェッリの《ウェヌスの誕生》と《春》──イタリア初期ルネサンスにおける古代表象に関する研究』（1893年）であった。邦訳の該当箇所は、伊藤博明・富松保文訳、「ヴァールブルク著作集」1、ありな書房、2003年、34〜35頁。この邦訳の底本は以下の通り。Aby Warburg, *Sandro Botticells "Geburt der Venus" und "Früling." Eine Untersuchung über die Vorstellungen von der Antike in der italienischen Frührenaissane*, in Idem, *Gesammelte Schriften* (1932), Neue hrsg., von Horst Bredekamp und Michael Deiers, Berlin, Akademie Verlag, 1998, pp. 1-59.

(62) ed.Venezia, 1499, fol. m 4v. / a cura di Pozzi e Ciapponi, p. 187.

(63) Ibid.

(64) Ibid.

(65) ed.Venezia, 1499, fol. m 5r. / a cura di Pozzi e Ciapponi, p. 188.

(66) Ibid.

(67) 注1を参照。ファクシミリ版は以下のとおり。*The Hypnerotomachia Poliphili of 1499. An Introduction to the Dream, the Dreamer, the Artist and the Painter* by George D. Painter, 2 voll., London: Eugrammia Press, 1963; *Hypnertomachia Poliphili*, Farnborough: Gregg International, 1963; *Hypnerotomachia Poliphili : Venice, 1499*, The Renaissance and the Gods, New York: Garland

Publishing, 1976; *Hypnerotomachia Poliphili* (*Venetiis, Aldo Manuzio, 1499*), With an Introduction of Peter Dronke, Zaragoza: Ediciones del Pórtico, 1981.
(68) 注3を参照。
(69) Paris: [Louis Blaubloom (Cynaeus)] pour Iacques Kerver, 1546. Cf. *Index Aureliensis*, *143.133.
(70) Cf. Michèle A. Lorgnet, *Jean Martin translateur d'emprise* : *réflexions sur les constructeurs de textes à la Renaissance*, Bologna: CLUB, 1994; *Jean Martin : un traducteur au temps de François Ier et de Henri II*, Paris: Presses de l'École normale supérieure, 1999.
(71) *Le songe de Poliphile*, Fac-similé de la première édition française de 1546, Avec les bois attribués à Jean Goujon d'après l'École Mantegna, Présenté par Albert-Marie Schmidt, Paris: Club des libraires de France, 1963.
(72) *Le Songe de Polophile*, Traduction de l'*Hypnerotomachia Poliphili* par Jean Martin (Paris, Kerver, 1546), Présentation, translittération, notes, glossaire et index par Gilles Polizzi, Paris: Imprimerie nationale Éditions, 1994.
(73) *Hypnerotomachie ou discours du songe de Polifile*, Paris: [Martin Masselin] pour Jacques Kerver, 1553. Cf. *Index Aureliensis*, *143.134; Paris: Jehan Le Blanc pour Jacques Kerver, 1561. Cf. *Index Aurelinsis*, *143.135.
(74) 邦訳は『出世の道』(三宅一郎訳、作品社、1985年)。
(75) Cf. V.-L. Saulnier, "Etude sur Beroalde de Verville ," *Revue d'Humanisme et Renaissance*, 5 (1944), pp. 210-239; *Béroalde de Verville, 1556-1626*, Cahiers V.L. Saulnier, 13, Paris: Presses de l'École normale supérieure, 1996; *Studies on Beroalde de Verville*, ed. by Michael Giordano, Paris: Papers on French Seventeenth Century Literature, 1992.
(76) Cf. Index Aureliensis *143.139.
(77) *Songe de Polifile, traduction libre del'italien, par G.J. Legrand, architecte des monuments publics et membre de plusieres société savantes et littéraires*, 2 voll., Paris: Dido l'Ainé, 1804.
(78) Ibid., p.5.
(79) Ibid., p.8.
(80) *Le Songe de Poliphile ou Hypnerotomachie de Frère Francesco Colonna littéralement traduit par la première fois avec une introduction et des notes, par Claudius Popelin. Figures sur bois gravées à nouveau par A. Prenaire*, 2 voll., Paris: Isidore Liseux éditeur, 1883. ファクシミリ版は以下のとおり。Genève: Slatkine, 1971.
(81) At London, [A. Jeffes, J. Charlewood, and Eliot's Court Press] Printed for Simon Waterson, and are to be sold at his shop, in S. Paules Churchyard, at Cheape-gate, 1592. Cf. *A Short-title Catalogue of Books Printed in England, Scotland, & Ireland and of Enblish Books Printed Abroad 1475-1640*, 2nd edn, revised & enlarged by W.A. Jackson, F.S. Ferguson, and Katharine F. Panzer,

3 voll, London, 1986-1991, n.5577; n.5578 (second varint, printed for W. Holme); n.5578b (third variant, printed for J.Busbie). ファクシミリ版は以下のとおり。*Hypnerotomachia. (The strife of love in a dream.)* London 1592, The English Experience vol.87, Amsterdam: Theatrum Orbis Terrarum; New York: Da Capo Press, 1969; *Hypneromachia. The Srife of Love in a Dreame (1592) by Francesco Colona.* Translated by R.D., A Facsimile Reproduction with an Introduction by Lucy Gent, Delmar, N.Y.: Scholars' Facsimiles & Reprints, 1973; *Hypnerotomachia, the Strife of Love in a Dream, London 1592*, The Renaissance and the Gods, New York: Garland Publishing, 1976.

(82) *The Dream of Poliphilus : Fac-similes of One Hundred and Sixty-eight Woodcuts in "Hypnerotomachia Poliphili" (Venice, 1499)*, With an Introductory Notice, and Descriptions by J. W. Appell, London: Privy Coucil, Department of Science and Art in Photo-Lithography, 1888.

(83) Ed. by Andrew Long, London: William Holme, 1890.

(84) 注1を参照。

(85) Edición y traducción de Pilar Pedraza, 2 voll., Valencia: Colegio ofcial de Aparejadores y Arquitectos Técnicos, 1981; Mursia: Còmisón de Cultura del Colegio de Aparejadores y Arquitectos Técnios de Mursia y la galería Yerba, 1981.

(86) Barcelona: El Acantilado, 1999.

(87) 注36を参照。

(88) 注1を参照。

情報の玉手箱

『百科全書』の世界

鷲見 洋一

序　基本のテーマ

　本論の基本テーマは「巨大量」である。フランス 18 世紀の大事典『百科全書』を論じるにあたって、どうしても押さえておくべき前提、背景が、ヨーロッパ人の「巨大量」への偏執なのである。「情報の玉手箱」へのこだわりとも言えるだろう。それはヨーロッパの精神史で、「量」、「蓄積」、「網羅」といった営みが、どういう精神的態度や表現傾向を生み出してきたかという問題でもある。結論をはじめに述べてしまうと、「世界図絵」という表象に尽きる。西ヨーロッパ人は量への取り組みとして、「世界図絵」という表現形態を考案したのであった。

1　「世界図絵」の誕生——収集・整理・分類の歴史的展望

　17 世紀から 18 世紀のヨーロッパで、『百科全書』を頂点とする諸種の辞書事典類が量産された背景はなにか。まず、大航海時代以来のヨーロッパ人における事物や情報の収集への情熱がある。羅針盤などの技術の進歩のおかげで、コロンブス、ヴァスコ・ダ・ガマ、マゼランなど多くの探検家が未知の大陸を踏査・探検するようになった時代背景が重要である。
　これと並行して、16 世紀には巨大量を把捉する方法として、地図制作が

活発に行われ、さらに美術の世界で「世界風景画」と呼ばれるジャンルが流行を見たことも注目していいだろう。世界や社会を高所から俯瞰し観察するという視点設定は、あらゆる「分類」行為の基本なのである。ここに「世界図絵」の原点がある。

　大旅行家がヨーロッパに持ち帰った収集品は膨大なものであったが、人間はある限度を超えた量に直面すると、その対象を分類したり、命名したりしたくなる動物である。命名、分類の促しは、やがて辞書、事典、博物図鑑の編纂、ついには博物館の創設へと人々を導いた。「世界図絵」の現実化である。

　さらに、収集したデータの整理を心がける営みが注目される。英国を中心とした「科学革命」で知られる17世紀がそれで、整理は主として三つの方向に向かった。まず、理性を駆使した思惟・知覚の対象分類（ベーコンやロックなどの経験論哲学）。つぎに言葉を収集・分類して辞典・辞書を制作する方向（アカデミー・フランセーズの辞書）。最後に、その二つを総合した上に、さらにもろもろの事物を収集・分類して、いわゆる事典を作る方向（チェンバーズの『サイクロピーディア』）。これはある種「カタログ化」への試みと言えるだろう。

　18世紀に入ると、人々は人間生活の全領域にまでそのカタログ化の関心を広げるようになった。そうした動向を支えた新しい文化の背景も無視できない。ただの博覧強記に基づく古い教養を捨て、人間の活動やその企てに目を向ける新しい知識への関心が生まれてくる。ラテン語を捨ててフランス語を優先する。技芸の重視。地理学と旅行。社交性を機動力とするサロンや学問上のサークル。女性の地位の向上。知識の普及には聖職者の役割も重要だった。新聞・雑誌を中心とした印刷メディアの充実。各種コレクションの整備は博物図鑑を生みだし、科学展示室がついには博物館となる。英国発のフ

リー・メーソンも重要である。また地方のネットワークとして地方アカデミーの活動がきわめて充実していた。

2　『百科全書』の誕生

　ルネサンス以来およそ考えられる限りの知の全領域をくまなく探査しようとしたディドロ・ダランベールの『百科全書』(1751～72年)は、この時代の「世界図絵」志向、すなわち分類と分析志向の極北に位置する成果である。パリの4人の出版業者による英国のチェンバーズ『サイクロピーディア』(1728)の仏訳企画から始まったこの出版事業の構想は、やがて若いディドロとダランベールに編集を任せてから少しずつ膨れ上がり、ついに本文17巻、図版11巻という巨大な規模の大百科事典となって空前の商業的成功をおさめた。本文は社会の各階層や職業から大勢の執筆者が協力した共同作品である。ピエール・ベール以来の批判的哲学史の伝統と、容赦のない真相暴露および徹底網羅の意志に貫かれた『百科全書』は、宗教界や政界、文壇などの反対派から攻撃され、発禁処分の憂き目も見たが、政府内外の支持者も多く、予約購読者は4千人を数えた。

　刊行に携わった人々は、出版業者4名から成る共同出版社に雇用される形で、編集長としてディドロとダランベール(1759年まで)が中心となり、項目執筆者は約180名に及んだ。『百科全書』の規模を紹介すると、まず版型はフォリオ版(40×25cm)と大きく、本文17巻(約1万6千ページ強)に加えて、図版11巻(銅版画約2800点)を擁し、さらにディドロは無関係だが、補遺・索引7巻が追加される。

3 「世界図絵」としての本文の世界

多様性の尊重
　あらゆる思想をカトリック教会とソルボンヌ神学部が独占していた時代に、民間企業が在野の知識人の編集になる巨大な思想の集大成を刊行したことにこそ、『百科全書』刊行の歴史的意義があった。権威主義が臭う思想や概念の統一・整序を嫌い、多様性を尊重したディドロの編集態度もその証である。当然ながら、事典内部には項目同士の矛盾や対立も少なくない。大作家ヴォルテールが心情的には『百科全書』を支援しつつも、最後まで不満を抱いたのがその一点であった。ディドロたちが欠点や誤謬すらをも人間の当然の権利として認めてしまう開かれた居直りの姿勢にこそ、啓蒙理性の栄光と限界があったと言えよう。

出版史の金字塔
　『百科全書』は先行事典類のさまざまな意匠や問題意識を悉く併呑していた。まさしく世界の鑑として、知識のすべてを一つの書物に収めようとする人類の夢をこれほど大規模に体現しようとした点で、本書は先例を見ない。そして本事典に対する賞賛や反発は、ともに新たな追随者の出現をうながした。従来の知識や編集方法が流れ込む本流であると同時に、新たな潮流を生み出す源流としての役割を担った作品だったのである。

人間知識の体系詳述
　では『百科全書』の全17巻におよぶ本文テクストはいかなる思想・体系によって整序されていたのだろうか。アルファベット順を採用して並べられ

た項目は、検索上の便宜さを除けば、何の意味もない恣意的な配列になっている。ディドロたちはこの恣意性を克服するのに、「人間知識の体系詳述」という分類システムを導入して、項目間のネットワーク作りを考えた。それは、英国の先達ベーコンからヒントを得て、人間の知性が有する3つの機能、すなわち「記憶力」、「理性」、「想像力」が生み出すそれぞれ「歴史」、「哲学」、「詩」にすべての知識を帰属させ、ツリー状のシステムを構築したのであった。事典内のすべての項目は、このツリーの枝葉に則していずれかのカテゴリーに位置づけられ、連結される仕組みである。本文第1巻巻頭に折り込まれたこの巨大なシソーラスのお陰で、読者は単一の項目と類縁性のある別個の項目へと導かれ（これは本文中の「参照指示」による）、また当該項目の属する上位概念・範疇を知ることもできる（これは項目冒頭の「分類符号」で示される）のである。どこまでも知識の全円性にこだわる、啓蒙時代にふさわしい「世界図絵」制作の試みなのであった。

4　反百科全書派

『百科全書』は毀誉褒貶が激しく、敵味方を精査するだけで、当時の政治情勢がおおかた把握できるほどであった。「反百科全書派」と呼べるのは、カトリック陣営（イエズス会、ソルボンヌ神学部やパリ大司教、ローマ教皇庁）、ジャンセニスト（司法の中枢であるパルルマン法院を牙城にしていた）であり、それぞれが独自の抑圧・検閲装置を有していた。王権と国家検閲機構は、『百科全書』にたいしてむしろ好意的であり、出版監督局長官のマルゼルブなどは体制内の支持者とも呼べる人物であったが、宗教界への配慮から、陰日向で飴と答を使い分けて、この世紀の出版事業を支援した。また、徒党を組まずとも、ディドロや『百科全書』にたいして悪感情を隠さない、高名な

文芸評論家フレロンのような知識人もいた。

5　後続版

　18世紀も後半になると、ベストセラーの『百科全書』に後続版が次々と制作された。『百科全書』の刊行は出版事業として捉えた場合、歴史上かなり新しい局面を切り開いた企画だった。パリ版以後、この後続事業を商業的に成功させた功労者は、シャルル＝ジョゼフ・パンクックという凄腕の実業家だった。20年間でヨーロッパ規模の出版王国を築き、最初期の資本主義者とも言われている。『百科全書』に関してはいくつもの企画を手がけたが、特筆されるべきはディドロとダランベール『百科全書』の補遺と索引の巻（これにはディドロは一切関与していない）と、空前の規模を誇る『体系的百科全書』である。

　フランス『百科全書』は18世紀フランスだけの現象ではなく、ヨーロッパ規模の企画だった。執筆協力者だけを見ても、フランス人のほかに、ドイツ、スイス、英国、リトアニアの人々がおり、多くはフランス・プロテスタントだった。学問分野で言うと、法学と政治哲学はドイツ、イタリア、スイス、医学と解剖学はオランダとイタリア、農業、剣術、詩歌は英国、地質学、鉱物学、哲学史と宗教史はドイツに、それぞれ負うところが多かったのである。

　『百科全書』が周囲にあたえた影響や外国での出版も重要である。地理的に考えて、ほぼ次のような同心円状の地域区分が出来るだろう。まず、中心に位置付けられる第1圏域はパリである。ここは一見、文化的には同質空間だが、微視的にはさまざまな葛藤や対立が起きている。カトリック対プロテスタント、イエズス会対ジャンセニスト、啓蒙哲学対王権、王権対ソルボン

ヌ、啓蒙哲学者対カトリック、といった具合である。

　第2番目の圏域がフランス王国の周囲に形成される。カトリック支配の外側で、新しい宗教的権威、すなわちルッター派、カルヴァン派、英国国教派などがせめぎ合っている。これらは北ヨーロッパのプロテスタント陣営であり、英国、オランダ、スイスとドイツの諸邦が含まれる。

　イタリアとスペインという2大カトリック国が、南ヨーロッパの第3圏域を構成する。とりわけイタリアには法王庁の権力があり、正統派の印象が強いが、実は北イタリアを中心に、新しい思想を待望する風潮は根強いものがあった。

　第4の最後の圏域は、西ヨーロッパを遥かに越えて東に広がる。ロシア、そして中国、朝鮮、日本といったアジアの国々である。

　少なくとも最初の三つの圏域を擁する西ヨーロッパ文化圏には、「文芸共和国」の長い伝統があった。国家権力や宗教権力の圧力から独立し、すべての成員が平等であらゆる問題を自由に討議しうるという対話の精神に貫かれた学者・文学者による幻想の共同体である。ルネサンスの人文主義者たちの間に生まれ、17、18世紀に普及した思想だが、このヨーロッパ規模の知のネットワークこそが、百科全書思想普及の原動力だった。『百科全書』パリ版は孤立した突発的な歴史的事件などではなく、実際には前世紀から続くより大きな知の地殻変動と転換が編み出したネットワークの中で説明されなければならない。

6　「世界図絵」としての図版の世界

　『百科全書』のもう一つの魅力は図版にある。補遺を入れると全12巻のフォリオ版に、数千枚におよぶ精緻な銅版画が収録され、精細な説明文と共に

当時の社会や技術を知る一級の資料を構成する。以下、膨大な図版に共通する特徴を列挙し、代表的な例を選んで紹介したい。

断面を照射する図版の世界

　図版の多くは断面図であり、普通は見ることのできない建物や装置や風景の隠れた裏側や内部を描きだしている。劇場の舞台と同じで、職工たちが働くアトリエの壁を取り払い、中を覗かせてくれるのである。解剖図、劇場機械、工場内景などさまざまである。

同時代の情報

　『百科全書』派が生活していた社会がどのような空間だったかを、手に取るように教えてくれる版画がある。とりわけ人々が暮らす建物についてのイメージは、たとえそこに人間が描かれていなくても、おのずとそこで繰り広げられる生活や暮らしの実態を雄弁に物語ってくれるのである。

　図版①（第1巻）「貴族の邸館図」　貴族の結婚生活の実態について教えてくれるのがブロンデルの図面である。ブロンデルは王室御用の建築家で、ディドロたち編集部の依頼で作成したのがこの貴族の典型的な館の図面なのだが、ここでは夫婦は左右に別居して暮らし、中央上部の共通スペースで会う形の生活を営んでいる。これは当時ブルジョワジーを中心に育まれつつあった近代的な夫婦や家庭の概念、すなわち現在の私たちにも通底する概念とはまったく異質なものであると言わざるをえない。『百科全書』の図版はそのような社会史的情報を、おそらくは図版製作者の意図とは無関係に私たちにあたえてくれるからこそ面白いと言える。

　図版②（第8巻）「銭湯船」　現在では失われてしまった面白い生活の側面に思わぬ光を当ててくれる図版である。何の変哲もない船の図面だが、これ

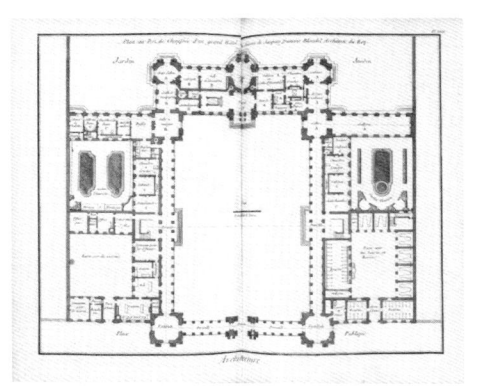

図1 『百科全書』(第1巻・Architecture, Pl.XXIII)「貴族の邸館図」(慶應義塾図書館蔵)

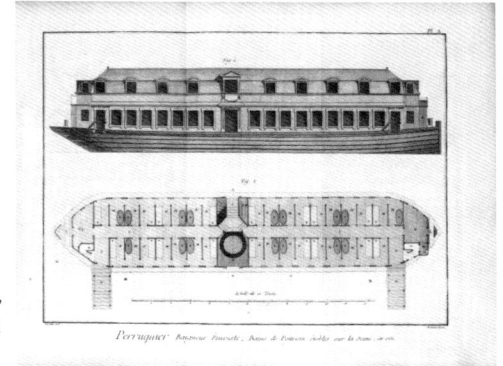

図2 『百科全書』(第8巻・Perruquier, Baigneur Etuviste, Pl.X)「銭湯船」(慶應義塾図書館蔵)

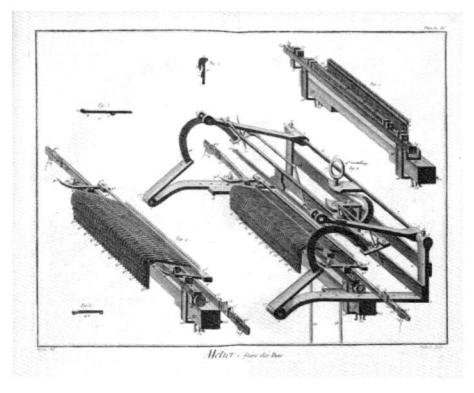

図3 『百科全書』(第2巻・Métier à faire des Bas, Pl.IV)「靴下編み機」(慶應義塾図書館蔵)

は1760年代初めにセーヌ河に浮かんでいた銭湯船なのだ。1761年、ポワトヴァンという男が大きな船を改造して、セーヌ河に銭湯を開いた。当時、パリの衛生状態は芳しいものではなく、セーヌの水もひどく汚染されていたから、この商売は繁盛したようだ。図面は見取図と地階の平面図で、2階は事務所と従業員の宿泊施設、地階が浴場になっている。浴場は右半分が男子用、左半分が女子用。男子コーナーで見ると、個室の浴場が9室、それにベッドのある寝室が10室用意されている。温水と冷水どちらの入浴もできたらしい。ポワトヴァンは翌62年、とある科学雑誌に寄稿してシャワーの医療効果を力説し、この件では医学アカデミーから御墨付を貰ったと豪語しているが、図面ではシャワーがある様子はない。この図版で面白いのは分類の基準である。風呂屋などというカテゴリーは『百科全書』図版にはなくて、この「銭湯船」は何と「鬘製造職人」の項目に属している。どちらも身だしなみに関わることであると納得させられるものの、どこか異様な物差しだと感じない訳にはいかない。

　また、開明的な進歩派の作品と思われがちな『百科全書』の図版に、意外な奢侈志向が見え隠れするのも面白い。協力者たちが共通して分有していた「上流」への憧憬や羨望のような心が透けて見えるのである。室内インテリアや銀食器などの調度品、当時の貴族のステイタス・シンボルだった乗馬や馬車に多くのページを費やしているのだ。

方法と思想

　イメージの開発にも百科全書派の方法と思想は読み取れる。すべてを分析し、記号化しようとする精神傾向は、「舞踏譜」や「狩猟」の図版で、身体の動きを数字化したり、猪の足跡を分類したりするやり方に如実に表れている。その最たる例が「絹靴下編み機」の図面である。

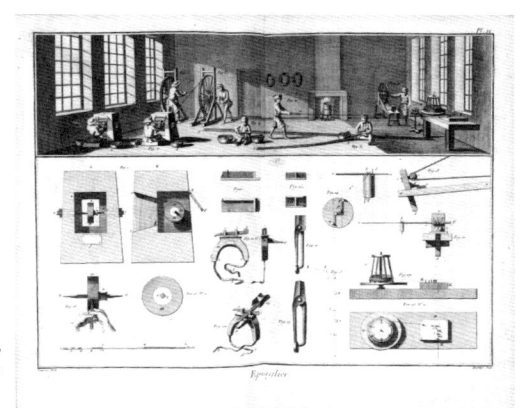

図4 『百科全書』(第4巻・Epinglier, Pl.II)「ピン製造職人」(慶應義塾図書館蔵)

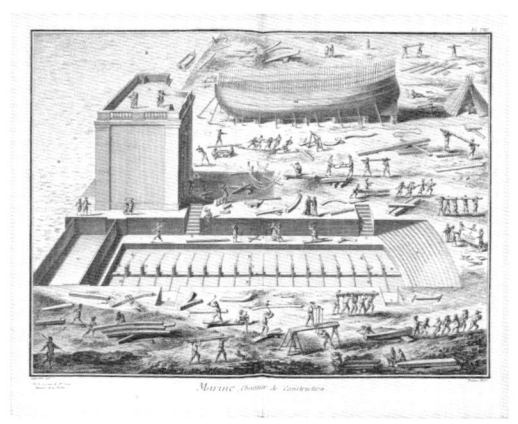

図5 『百科全書』(第7巻・Marine, Pl.VIII)「造船工場」とその拡大図(慶應義塾図書館蔵)

図版③（第2巻）「靴下編み機」 本文項目「靴下編み機」は、『百科全書』本文第2巻に収録されているが、執筆者はディドロであり、18世紀を通じて最高の機械といわれた靴下編み機についての詳細な解説である。たった一枚しか紹介できないが、原書ではさながら連続写真の趣で、デカルト哲学のような分析・総合のプロセスを実地に行うような複数枚の構成になっており、機械の全体図、部品への解体、組み立て、といった手順で記述されている。

異常と隠蔽

現在であればとうてい掲載が許されないようなおどろおどろしい対象物を図面にしたページもある。正視できないような、「見てはならないもの」すなわち両性具有者の解剖図がそれである。また、一見、静かな工場の作業風景と見えて、実は驚くべき労働現場の実態を伝えるのが、次の図版である。

図版④（第4巻）「ピン製造職人」 この図版に描かれている職人はすべて子供である。とりわけ中央に坐って作業にいそしんでいる男の子にいたっては、間違いなく今で言えば小学校就学以前の幼児だろう。この図版に対応する解題では、ピンを切り出す作業に従事しているのが子供であることには一切触れずにこう書かれている。「職工は毎分70回のみをふるうことができるから、毎時で4200回になる。のみ1回で12の鋳造片を切るから、毎時にして細針の先を5万400個切ることになるが（太針はもっとむつかしい）、これはやはり無理な労働である。というのもこの計算ではその都度のやり直しに必要な時間が差し引かれていないからである。その時間を考慮に入れた場合、職工は毎時3万本を切ることができる。だがこの作業はいちじるしく眼が疲労するので、このペースで一日中は無理だが太針、細針を含めて日に18万本は切る」。

『百科全書』の図版は、こうした悲惨な労働現場を必ずしもそのまま忠実

に写し取ったものではない。「ピン製造職人」にしても、工場の中がこれほど明るく広々として、しかも職工の数も数人に限られ、いわば閑散としていた筈はない。その意味では図版は美化され、洗練された現実の姿を私たちに伝えるのみであり、この画像を写真のように鵜呑みにして18世紀のフランスに関する具体的な理解の手掛かりとする訳にはいかない。ただこの図版に関して言えば、そうした単純化、美化のフィルターを通しても、児童の労働という悲惨な実態が、しかも編集者の思惑を超えたところで残ってしまったという事実は否定できない。

いたずら

一体、だれの思いつきだろう。どう見ても「いたずら」としか思えない奇妙なエピソードを描き込んだ一枚の巨大図版がある。

図版⑤（第7巻）「**造船工場**」 ブルターニュ半島にある軍港ブレストの海岸に設置された巨大な造船工場の全景。よく見ると、造船の作業に従事していない人物が少なくとも3名、絵のなかには描かれている。画面右下の角材に腰を下ろした2人の男は、1人がこの版画の下絵を描いている画家であり、その肩越しにスケッチブックをのぞき込んでいる2人目は、もしかしたらこの版画を眺めている我々自身かもしれない。また、画面中央のドックの縁に腰掛けて、なにやら片手で合図している男は、服装から見ても貴族であり、労働者には見えない。図を拡大してみると、男の目はあきらかに画面の外にいる我々の方を向いており、合図もまた作品外部の世界に向かって発信されているらしいことが読み取れる。

収集と解体
零葉本の誕生を探る
<small>リーフブック</small>

徳永聡子

あるテーマに基づき万物を収集し、ひとつの世界観をつくりあげようとする営みは、古今東西を問わずして長い歴史のなかでさまざまに見出すことができよう。なかでも書物収集家は、セバスチャン・ブラントの『阿呆船』（1494年）で揶揄の対象の筆頭とされるほど、いつの時代にも見出すことができる。本稿では、一見すると逆方向に向かっているように思われる（だがじつは密接にかかわり合う）書物の「収集」と「解体」に注目し、そこから生まれた「零葉本（Leaf book）」の世界を探る。イギリスの著名な蔵書家たちの稀覯書収集模様をたどった後、希書の解体から新しい収集文化としての「零葉本」が誕生した背景をひも解いてみたい。

　人類にとって普遍的ともいえる「収集・所有」欲は、時として病的とまで称されることさえある。書誌学者として名高いトマス・フログナル・ディブディン（Thomas Frognall Dibdin, 1776-1847）が1809年に上梓した『ビブリオマニア、あるいは書物狂』（*Bibliomania, or Book-madness*）は、まさに書物収集にとり憑かれた「狂」的な蔵書家の生態を世にしらしめした名著である[1]。オンライン版『オクスフォード英語辞典』（*Oxford English Dictionary*）によると、'bibliomania' とは「書物の収集や所有への熱狂」（'A rage for collecting and possessing books'）である。初出の文例は好事家として知られるトマス・ハーン（Thomas Hearne, *d*. 1735）の日記（1734年）からの引用で[2]、その次の用例として、ディブディンの同書タイトル（*Bibliomania, or Book-madness*）があげられている。このなかでディブディンは、書物収集とは、古今の名医たちが見逃してきた「病気」と明言する。そして執筆の目的を、この「破滅的」な病の諸症状を世間に披露し、その病にかかった患者になんらかの治療の慰めを提供することにあると説明する。

　ディブディンがつまびらかにした「書物狂」なる病は、彼が生きた時代よ

りも古くから、時にエキセントリックとさえいわれる、歴史に名を残す蔵書家たちを生み出してきた。書物に囲まれることをこよなく愛する書物家の姿は、たとえば中世の文学作品にも見出される。チョーサー（Geoffrey Chaucer, c. 1343-1400）は『カンタベリー物語』（*The Canterbury Tales*）の「総序の歌」（'General Prologue'）において、登場人物のひとりである学僧が「ぴかぴかの長袖の官服よりも、また提琴や立派な絃楽器よりも、むしろアリストテレスの哲学書を黒や赤の表紙に綴じて、ベッドの枕もとに置くほう」を好んだと描写している[3]。またチョーサー自身も『善女列伝』（*The Legend of Good Women*）の序で、自分は60冊の本を所有すると述べている。ここでチョーサーが示す具体的な書物の点数は、正確な数を示すためではなく、本が「たくさん」あることを示すための表現である。中世後期において個人が10冊以上の写本を所有していた場合、かなりの蔵書数であったといわれている[4]。そうした点に鑑みても、14世紀にダラムの司教となり、愛書家の手引き『フィロビブロン（書物への愛）』（*Philobiblon*）を著したリチャード・ド・ベリー（Richard de Bury, 1287-1345）の蔵書が、1,000冊を越えたものであったことはあらためて驚嘆に値する[5]。

　さらに時代を進めると、本格的な個人収集家の姿を次々と見出すことができる。特に17世紀のイギリスに目を向けると、日本でもその伝記などでよく知られる、サミュエル・ピープス（Samuel Pepys, 1633-1703）の存在があげられよう。イギリスの官僚として出世し、海軍大臣までのぼりつめたピープスは、誰にも読まれぬよう独自に編み出した速記法で、1660年からおよそ10年もの間、日記を書き続けた。彼の日記の全文がようやく解読されたのは、死後2世紀を経てのことであった[6]。いまや英文学史上で日記文学の確立に貢献したとされるピープスの日記の原本（全6巻）は、ケンブリッジ大学モードリン・コレッジ内の「ピープス図書館」（The Pepys Library）に秘

蔵されている。この図書館はその名称からも推測されるように、ピープス旧蔵書を擁する。ピープスの甥の死後、3,000点が同コレッジに遺贈され創設された。ピープスの書物収集の分野は幅広く、とりわけ航海関連、音楽、英文学、演劇などのジャンルの本が際立つ。

　だが、ピープスの名を書物収集家として世に轟かせた理由はそれだけではない。彼はある種の病的ともいえるこだわりに取り憑かれていた。ピープスは書物のモノとしての側面にも高い関心を寄せ、装丁にも固執した。しばしば自分の購入した本を再製本させていたほどであった。しかもそのやり方は尋常ではない。収集した本の製本はすべて同様のデザインであつらえさせ、書棚に並べる際には大きさによって分類した。棚の各段は2列で、奥の方に背の高い本を、手前に低いものを並べた。さらに並べた時に書物の高さが一定となるよう、異常なほどに執着した。高さの合わない本には木製の台座でげたをはかせ、その台座がまるで本の一部であるかのようにするため、再製本させた蔵書の装丁に合わせて、金箔をほどこした革をまとわせるほどであった。統一感へのこだわりが高じ、6巻におよぶ自分の日記帳のはてまで、高さの異なる4巻を別々の場所に配置した。さらには書棚の本すべてに順々に番号を振った。新しい本が到着するとその高さで配置場所を決めたので、その度に書物の配列を変えなくてはならず、書架番号も新しいものが付与された。何度も同様のことが繰り返されたため、書架番号はカオスとなり目録の更新もむずかしくなったといわれる。最終的にはピープスの死後、甥のジョン・ジャクソンが整理して低い順から1番から3,000番まで番号を振り、12の書棚に収めた。ピープス旧蔵書のなかには書架番号が9回も更新されているものもあるという[7]。

　17世紀後半に入ると、さらに本格的なコレクターが現れるようになる。なかでも有名なのは、世界屈指のコレクションを擁する大英博物館の礎を築

いたハンス・スローン卿 (Hans Sloane, 1660-1753) であろう。医師としてまた博物学者として知られるスローン卿は、古美術や古物、古書を熱心に収集した。若い頃に医師としてジャマイカを訪れた経験もあり、そのコレクションはコイン・メダル類、印刷本・印刷物・写本、植物や鉱物の標本といった多数の分野からなり、およそ8万点近くもの品々で構成されていた。なかでも書物関連は5万点近くあったといわれる。スローンは生前、稀覯書など特定の分野の収集品について、議会が遺族に2万ポンドを支払う条件で遺贈する遺書を用意していた。彼の死後このことが議決され、その後1759年に、スローンの収集品とジョージ2世の蔵書等が核となって大英博物館が誕生したのであった[8]。

　稀覯書収集の歴史を語るとき、第3代ロクスバラ公爵ジョン (1740-1804) の旧蔵書も欠かせない存在である[9]。初代と先代が手がけた本の収集をさらに充実させた結果、ロクスバラ公爵の蔵書は一万冊にも膨らんだ。この蔵書を有名にしたのは、彼の死後、1812年に42日間にもわたって行われた蔵書売り立てである。この旧蔵書の競売はスペンサー伯爵やデヴォンシャ公爵など、愛書家として名高い貴族たちを狂わしめんほどに魅了し、激しい競り合いが続いた。例えば、ロクスバラ公爵が10ポンドで購入したキャクストン印行『世界の鏡』は、351ポンドまで競り上がったほどで、最終的な競売の総額は23,341ポンドという驚異的な金額に達した。最高値をつけたのはブランドフォード侯爵が2,260ポンドで落札したボッカチオの美本『デカメロン』(ヴェネツィア：クリストフォーロ・ヴァルダルフェル印行、1471年) であった。この歴史的な競売価格は1884年まで破られることがなかった。

　第3代ロクスバラ公爵の旧蔵書の競売をきっかけに、愛書家たちの間で歴史的な動きがあった。ボッカチオの本が記録的な価格で競り落とされたことを記念し、一堂に会した愛書家たちが祝杯をあげ、愛書家の集うロクスバ

ラ・クラブ(The Roxburghe Club)の創設を決めたのである。これを最初に提案し、初代副会長となった人物こそ、「書物狂」を世に知らしめたディブディンであった。この由緒ある会員制のクラブでは、会員はメンバーのために愛書家にふさわしい書物を順番に限定出版することになっており、現在に至るまで300点ほどが刊行されてきた。いずれの出版物も「ロクスバラ・スタイル製本」と称される特別の背革製本がなされ、紙や余白の取り方、活字のデザインなどさまざまな面に書物美への追求が感じられる。

　このロクスバラ・クラブ創設に尽力した人物のなかに、政治家として活躍し、内務大臣も務めたことのある第2代スペンサー伯爵(George John, Second Earl of Spencer, 1758-1834)がいた[10]。ロクスバラ・クラブ創設時にはすでに政界を引退し、熱心に書物収集に励む日々を過ごしていた。とりわけ、散逸したスペンサー家のアルソープ蔵書(Althorp Library)の再構築を試み始めていた頃で、伯爵と知己を得ていたディブディンはこの蔵書の閲覧を許可されていた。ディブディンは調査をもとに、蔵書の一部を目録化した小冊子『稀覯書』(*Book rarities*, 1811)を作成した[11]。わずか34ページの8つ折判の小冊子で、誤謬も少なくなかったため、彼はより書誌学的に正確で本格的な目録の編纂に着手した。その成果が、アルソープ蔵書を代表する木版本やインキュナブラを含む初期刊本およそ1,000点にもおよぶ書誌記述を含んだ4巻本の『スペンサー文庫目録』(*Bibliotheca Spenceriana*, 1814-15)として結実した[12]。このスペンサー家の蔵書は、第5代スペンサー伯(John Poyntz Spencer, 1835-1910)の時代の1892年、競売によりジョン・ライランズ夫人(Enriqueta Augustina Rylands)の手に渡った。現在はマンチェスター大学図書館の貴重書室に収蔵されている。

　巨額の財を蔵書構築に投じた愛書家は、その後もイギリス国内外に次々と誕生し、いまなお世界中に「生息」する。また、ロクスバラ・クラブのよう

に愛書家たちが集うブック・クラブも隆盛を極めてきた。昨今、以前ほどの勢いは失われつつあるかもしれないが、ロクスバラ・クラブをはじめ、キャクストン・クラブ（Caxton Club）やブック・クラブ・オヴ・カリフォルニア（Book Club of California）など、伝統を誇る愛書家クラブはいまも活動を続けている。

　だがその一方で、ゆき過ぎた書物愛が、歴史的希書の破壊を促してきた側面も否めない。文化としての書物収集が盛んになるにつれて、とりわけ中世の手書き写本や、インキュナブラと称される 15 世紀刊本が高い人気を博していった。そうした収集熱がディブディンが言い当てたように「破壊的」な病と化し、零葉（leaf）や古書のページの切り抜きを集める収集家の誕生を促したのである[13]。

　それではここで、書物の「解体」の方へ目を向けていこう。魅力的な挿絵や装飾文字を書物から奪いとる「書物破壊」については、書誌学者、印刷家として活躍したウィリアム・ブレイズの『書物の敵』（*The Enemies of Books*, 1880）をひも解くとよい[14]。同書においてブレイズは、書物を破壊しうる十種の敵として、火、水、ガスと熱気、誇りと粗略、無知と偏狭、紙魚、害獣と害虫、製本屋、収集家、そして召使いと子供を引き合いに出している。第 9 章の「蒐集家の身勝手」では、古い書物の標題紙や奥付・刊記のページの切り抜きを収集することに興じた「書物破壊者」（biblioclast）の実例をあげ、その実態を暴いている。なかでも、最初にブレイズが批判の矛先を向けたジョン・バグフォード（John Bagford, 1650-1716）は有名である[15]。彼は靴屋を営んでいたが、次第に古書収集家、古書業者としての頭角をあらわしていった。自らイギリス国内外を旅して、先に触れたハンス・スローンやトマス・ハーンなどの偉大な愛書家の蔵書構築を手伝った。しかしその一方で、各地の図書館でさまざまな書物から、標題紙や刊記のページを切り取ったり、

活字の精査のために古版本の印刷面ページを抜き取るという蛮行をはたらいた。特にブロードサイドなどの俗謡を集めたコレクションは、「バグフォード俗謡」としてよく知られ、現在は大英図書館にある。このなかにはイングランド印刷の始祖、ウィリアム・キャクストン（William Caxton, d. 1492）の刊本から切り取った断片なども含まれている。

　しかしながら、バグフォードの書物破壊が例外的というわけではない。とりわけ19世紀イギリスでは、古書から集めた挿絵の切り抜きや、装飾文字の切り抜きをアルファベット順に並べて貼付し、自分だけのスクラップ帳を作るという趣味が熱狂的に流行った。しかも、歴史的に価値の高い中世写本や初期刊本までもが、そうした書物破壊の対象となった。ブレイズはこの時流についても描いている。

　こうした趣味（あるいは悪趣味というべきか）が広まると、本来ならば高額で入手困難な貴重書の不完全本（欠葉のあるコピー）を解体し、バラバラに販売する商売人まで出てきた。冊子本ではなく零葉単位で販売することで、単価をおさえかつ大量に売って利潤を得ようという計算である。さらに19世紀終わりになると、ここから派生したかのように、不完全本の貴重書（すなわちオリジナル）を解体して、その一葉とその本にかんする解説を一緒に収めたいわゆる「零葉本」（Leaf book）や、複数の種類の原葉の入った「零葉集」（Portfolio）の誕生を迎えることになる。

　単なる零葉と「零葉本」の区別は時として容易ではないが、現在の書物史家のあいだでは、フランシス・フライ（Francis Fry）が初期印刷本の聖書の零葉を集めて1865年に出版した本が、「零葉本」の嚆矢であるとするのが一般的である[16]。本の題目が説明するように、この零葉本は、ヘンリー8世のお墨付きを得た『大聖書』（the Great Bible, 1539）をはじめとして、16世紀から17世紀にかけて出版された代表的な英語聖書の零葉を14枚収める。ま

たそうした聖書各版について解説が付されている。フライは本書の目的を、各聖書の版の同定ができるよう手助けすることであるとしている。解説を読むことも大切ではあるが、本物に触れることこそ何にもまさるというフライの理念は、これに続きゆく「零葉本」製作の根底に共通する考えといえそうである。

　たとえば、ドイツ生まれの書誌学者、コンラート・ヘーブラー（Konrad Haebler, 1857-1946）が次々に上梓したインキュナブラの「零葉集」シリーズに注目してみよう。ヘーブラーは、20世紀冒頭に『インキュナブラ総合目録（Gesamtkatalog der Wiegendrucke）』（通称 GW）の編纂のために創設された委員会の第2代委員長に就任した人物である。この GW 制作委員会は、インキュナブラの活字総覧を作成したハインの仕事を基盤として、ドイツ各地の図書館で所蔵調査を行っていた[17]。ヘーブラーは調査の対象をドイツ国外に広げ、イタリア、フランス、スペイン、ポルトガル、オランダ、イギリス、アメリカなど欧米各国の図書館を訪問して調査を行った。その調査の成果は、GW だけでなくヘーブラーのさまざまな編著書に結実している。そのひとつに、『インキュナブラ活字一覧』があげられる（Typenrepertorium der Wiegendrucke, 1905-24）。19世紀後半から、イギリスとオランダを中心に、インキュナブラ研究に自然科学史的な分類方法を援用する動きがおこり、活字研究の分析をもとにした分類が進んでいた。とりわけ影響力があった R. G. C. プロクター（Rober George Collier Proctor, 1868-1903）の活字の分析方法について、ヘーブラーはその落とし穴を指摘し、より正確な測定方法を編み出した。その結果、たとえばゴシック体活字の大文字「M」の形状を101種類に分類してみせた。さらに寸法と形状を組み合わせることで、より精密な印刷年代の確定を行った。こうした印字面の研究成果をもとに、長い歳月をかけて『インキュナブラ活字一覧』とそれに付随する活字フォントのファクシミ

リ集成（1907-39）を出版した。

　ここで興味深いのが、ヘーブラーが活字の実例集として制作した3種類の「零葉集」（1927-28）である。ヨーロッパ全域にわたるインキュナブラの活字研究を手がけたヘーブラーならではの趣向で、ドイツのインキュナブラ零葉集、イタリアの零葉集、その他の西ヨーロッパの零葉集を刊行し、それぞれ国、都市、印刷業者ごとの分類のもと、代表的な活字を示す原葉とその解説を付した[18]。いずれもきわめて大部で、ドイツの零葉集には115枚の原葉が、イタリアの零葉集は120枚、その他の西ヨーロッパの零葉集には60枚の零葉が入っている。ヨーロッパ全域の代表的な印刷業者が用いた活字をほぼ網羅しているといっても過言ではない。ヘーブラーの零葉集は、解説を読むだけでなく実際に零葉によって印字面に触れることで、インキュナブラの活字の基礎知識を体得的に理解できるようになっている。すなわち、フライの零葉集が目指した教育的な側面と重なるところが大きい。

　一方で、こうした零葉収集は、別の観点からすると、クリストファー・ド・ハメルが指摘するように歴史的な遺物への崇敬と憧憬の表れととらえることもできる[19]。ド・ハメルは、希書の零葉収集が盛んとなった「理性の時代」と称されるが18世紀において、宗教的な聖遺物は迷信的なものとして一蹴される傾向が強まったが、たとえばシェイクスピアが晩年に植えたとされる桑の木やバイロンの髪の毛の例などにみられるように、歴史的な人物の「世俗的な聖遺物」（secular relics）崇敬が高まったことを指摘する。その動向に即して鑑みると、グーテンベルクのような歴史的な印刷業者が後世に残した印刷本は、愛書家たちにとっては書物史の「聖遺物」なのである。実際のところ、いつの時代でも愛書家にとって垂涎の書である、グーテンベルク聖書やキャクストンの『カンタベリー物語』初版の零葉本までもが、20世紀初頭に制作されている[20]。

このように「聖遺物」崇拝的な側面を理解するなれば、中世の手書き写本や印刷史上きわめて重要な刊本といった、歴史的価値の高い書物が次々と「零葉集」の餌食となってきたわけも理解できよう。「零葉本」とは、ゆき過ぎた書物収集熱による稀覯書の解体の産物であることは否めない。だが一方で、そうしたものを作らしめるほど愛書家たちを虜にする、希書収集の世界の魅力は計り知れないのかもしれない。

注
(1) Thomas Frognall Dibdin, *The Bibliomania: Or, Book-madness; Containing Some Account of the History, Symptoms and Cure of this Fatal Disease, in an Epistle Addressed to Richard Heber, Esq.* (London, 1809).
(2) 'I should have been tempted to have laid out a pretty deal of money without thinking my self at all touched with Bibliomania'.
(3) ジェフリー・チョーサー『カンタベリー物語（上）』西脇順三郎訳（ちくま文庫、1987 年）、17 頁。
(4) 髙宮利行・原田範行『図説 本と人の歴史事典』（柏書房、1997 年）、341 頁。
(5) 邦訳版：リチャード・ド・ベリー『フィロビブロン—書物への愛』古田暁訳（講談社学術文庫、1989 年）。
(6) 邦訳版：サミュエル・ピープス『サミュエル・ピープスの日記』臼田昭訳（国文社、1987-2012 年）。また最近では日記の全文や書簡などがインターネット上で公開されている。'The Diary of Samuel Pepys: Diary Entries from the 17th Century London Diary'〈www.pepysdiary.com〉。
(7) ピープスの蔵書については、次の情報を参照した。Patricia Fumerton, 'Recollecting Samuel Pepys: His Life, His Library, and His Legacy'〈http://ebba.english.ucsb.edu/page/pepys-collecting〉。
(8) また、スローンの収蔵品はロンドン自然史博物館の礎ともなった。スローン卿のコレクションにかんしては、最近刊行された、*From Books to Bezoars: Sir Hans Sloane and his Collections*, ed. by Alison Walker, Arthur MacGregor and Michael Hunter (London: British Library, 2012) に有益な論考が多数ある。
(9) 以下については、次の文献を参照。髙宮利行・原田範行『図説 本と人の歴史事典』、350-51 頁；雪嶋宏一「トマス・フログナール・ディブディン (Dibdin, Thomas Frognall, 1776-1847)」〈http://www.f.waseda.jp/yukis/westernbib/dibdin.bio.html〉；'The Roxburghe Club'

〈www.roxburgheclub.org.uk〉.
(10) スペンサー伯の蔵書とディブディンについては、次の文献に詳しくまとまっている。雪嶋宏一「III. 6. インキュナブラ書誌の歴史（改訂増補）」『雪嶋宏一書誌選集―コルディエ、インキュナブラ、アルドゥス書誌論―』（金沢文圃閣、2013 年）、38-92 頁（52-54 頁）。
(11) Thomas Frognall Dibdin, *Book Rarities; or a Descriptive Catalogue of Some of the Most Curious, Rare, and Valuable Books of Early Date; Chiefly in the Collection of the Right Honourable George John Earl Spencer K. G.*（London, 1811）.
(12) Thomas Frognall Dibdin, *Bibliotheca Spenceriana, or, A Descriptive Catalogue of the Books Printed in the Fifteenth Century, and of Many Valuable First Editions in the Library of George John Earl Spencer*（London, 1814-23）, 7 vols; 最終的には 8 年の歳月をかけて補遺も刊行されたため、全部で 7 巻となった。このディブディンによるスペンサー目録は、彼自身も序文で説明しているように、それ以前の目録に比べるとフォリオ数、折記号、各コピーの状態といった本の物理的情報がかなり詳細に記述されている。実際、ディブディンの書誌記述は、インキュナブラの書誌の歴史のなかでもひとつの転換点とみなされている。インキュナブラの書誌の歴史については、註 10 にあげた雪嶋宏一「III. 6. インキュナブラ書誌の歴史（改訂増補）」に詳しい。
(13) ただし、この種の事例は中世の書物文化にも見出される。たとえば、Mary C. Erler, 'Pasted-in Embellishments in English Manuscripts and Printed Books c. 1480-1533', *Library*, 6th ser., 14（1992）, 185-206 の論考を参照されたい。また 17 世紀の聖書の切り抜きと再構成について、次のような論考が最近発表されていることを末松良道氏にご教示いただいた。Adam Smyth, '"Shreds of holinesse": George Herbert, Little Gidding, and Cutting up Texts in Early Modern England', *English Literary Renaissance*, 42. 3（2002）, 452-81.
(14) 邦訳、ウィリアム・ブレイズ『書物の敵』髙橋勇訳・髙宮利行監修（八坂書房、2004 年）。
(15) 古書収集家、破壊者としてのバグフォードについては、他に次の文献などに詳しい：M. McC. Gatch, 'John Bagford, Bookseller and Antiquary', *British Library Journal*, 12（1986）, 150-71; M. McC. Gatch, 'John Bagford as a Collector and Disseminator of Manuscript Fragments', *Library*, 6th ser., 7（1985）, 95-114; W. Y. Fletcher, 'John Bagford and his Collections', *Transactions of the Bibliographical Society*, 4（1896-8）, 185-202.
(16) Francis Fry, *A Description of the Great Bible, 1539, and the Six Editions of Cranmer's Bible 1540 and 1541, Printed by Grafton and Whitchurch... Together with an Original Leaf of Each of the Editions Described*（London: Willis and Sotheran; Bristol: Lasbury, 1865）。日本国内の大学図書館や研究機関が所蔵する蔵書検索エンジン CiNii Books を調べた限りでは、残念ながら国内でこの本を収蔵する図書館は確認できなかった。

(17) インキュナブラ研究や目録制作の歴史的な動向は、雪嶋宏一「III. 6. インキュナブラ書誌の歴史（改訂増補）」に詳述されており、きわめて有益な概観となっている。
(18) Konrad Haebler, ed., *Der Deutsche Wiegendruck in Original-Typenbeispielen* (München: Weiss, 1927); *Der Italienische Wiegendruck in Original-Typenbeispielen* (München: Weiss, 1927); *West-European Incunabula* (Munich: Weiss, 1928).
(19) Christopher de Hamel, 'The Leaf Book', in *Disbound and Dispersed: The Leaf Book Considered*, ed. by Christopher de Hamel and Joel Silver (Chicago: Caxton Club, 2005), pp. 6-23 (p. 8).
(20) E. G. Duff, ed., *William Caxton* (Chicago: Caxton Club, 1905); A. Edward Newton, ed., *A Noble Fragment: Being a Leaf of the Gutenberg Bible, 1450-1455* (New York: Gabriel Wells, 1921).

生物・言語・写本

系統推定論の歴史とその普遍性について

三中 信宏

1　分類と系統──オブジェクト多様性のパターンとプロセス

　さまざまな事物（オブジェクト）の時空的変遷を「歴史」と呼ぶとき、入手できるデータに基づいて歴史を推定するという作業が必要となる。たとえば、近年の生物学においては遺伝子の塩基配列データに基づいて生物間の系統関係を推定するという研究スタイルが進展している。わざわざ 19 世紀の進化学者チャールズ・ダーウィン（Charles Darwin）や系統学者エルンスト・ヘッケル（Ernst Haeckel）の名前を挙げるまでもなく、現代生物学は対象生物のたどってきた歴史すなわち「系統発生（phylogeny）」を形態や遺伝子のデータに基づいて推定する理論と方法論を手にしている。

　しかし、生物の歴史である系統発生を推定するという作業は、実験主導の物理学や化学とは異なる性格をもつ科学であるという認識が必要である。生物進化という歴史的プロセスは何百万年も前に場合によっては数億年前に完了してしまった事象によって形成されてきた。したがって直接的な観察はもちろん不可能であるし、実験的な反復検証もまた実行できない。

　だからといって、進化学や系統学は「科学ではない」とは誰も言わない。生物の進化や系統を研究対象とするこれらの"歴史科学"は、物理学や化学とは異なるタイプの科学であるにすぎない。物理学・化学と進化学・系統学という個別科学はそれぞれ独自の科学的方法を用いながら、全体として科学

と総称されるゆるいひとまとまりの営為を形作っている。科学と総称されてはいても、それは金太郎飴のようにどこを切っても同じ顔つきをしているわけではない。

さらに言うならば、科学分野はそれぞれ自らの科学方法論をもっているという認識は、"理系・文系"というみかけだけの"壁"を突き崩す力がある。自然科学と人文社会科学を隔てる越えられない溝があるという先入観が広く見られる。しかし、科学とはけっして一枚岩ではなく、その方法論は実は多様であることを知るとき、"理系・文系"の研究分野の間には最初から障壁がなかったことに気がつく。

本章では、生物と写本における「系統推定」の問題を中心に据えながら、より一般的に、変遷するオブジェクトが形成する多様性を理解するための方法について論じる。その過程で、読者は"理系・文系"の壁を越えて共通のロジックが何世紀も昔から独立に使われてきたという歴史的事実に遭遇することになる。オブジェクトのいかんを問わず、その多様性を歴史推定と系譜復元の観点から研究する分野は事実上まったく同一の研究方法を独立に確立していた。にもかかわらず、ごく最近になるまでそのことが気づかれなかった。

本章のキーワードは「オブジェクト」である。多様なオブジェクトのもつ様相（パターン）と生成（プロセス）を論じる科学はさまざまな分野に散らばっている。とくに、生物というオブジェクトの多様性すなわち「生物多様性（biodiversity）」を追究する分野は生物体系学（systematics）と呼ばれている。全地球に分布する生物という多様なオブジェクトを前にしたとき、われわれはどのようにそれを理解しようと努めてきたのだろうか。次節ではこの論点に目を向けよう。

1　生物体系学における分類と系統

　20世紀前半のドイツの著名な植物学者ヴァルター・ツィンマーマン（Walther Zimmermann）による長大な論説（Zimmermann 1931）を読むと、われわれ人間にとって分類が必要である理由がはっきり述べられている。彼は、「個体とその部分は、自然界においては種（Art）のような明確な境界をもつ群（wohlabgegrenzte Gruppen）として存在しているのではなく、個物すなわち唯一的な現象として存在している」ことを理解するためには、「われわれはグルーピングせざるを得ないのだ（Wir müssen gruppieren）」（p. 942）と言う。なぜなら、多様な生物をひとつひとつ別々に把握することは人間には不可能だから整理する必要があるからだ。この意味で、生物分類学をより一般的な「グルーピング科学（Gruppierungswissenschaften）」のひとつとみなそうという彼の見解には注目する価値がある。

　この基本認識を踏まえて、ツィンマーマンは「どのようにしてグルーピングするのか？」（Wie wollen wir gruppieren?）という次なる問いを立てた。この点に関して、彼は一貫して分類体系は系統樹と一致させるべきであるという立場を取った（図1）。

　ある生物群の推定された系統樹に基づいて、系統的に近縁な生物を階層的に分類群として構築すれば、系統関係と一致する分類体系を構築できると彼は構想した。

　その後、生物の分類体系構築の方法論をめぐっては繰り返し議論があった。とりわけ、1960年代から1970年代後半にいたる20年間にわたっては、複数の分類学派の間で激しい論争が闘わされた（三中 1997, ヨーン 2013）。当時の生物体系学論争は分類の基準とは何かという点にあった。それまでの伝統

的な生物分類学は論理と直感の両方を利用していた。たとえば、著名な古生物学者ジョージ・ゲイロード・シンプソン（George Gaylord Simpson）は動物分類学の教科書『動物分類学の原理（*Principles of Animal Taxonomy*）』（1961）のなかで、次のように述べた。

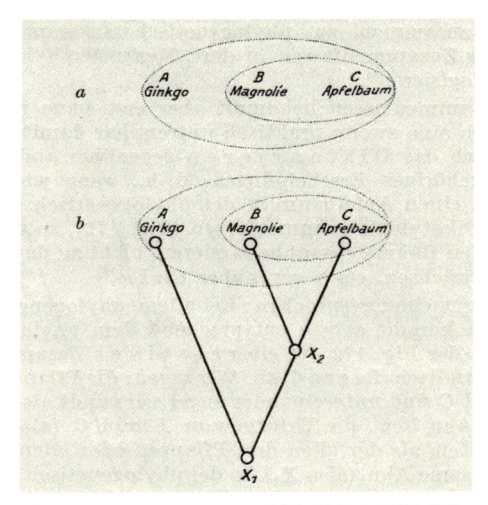

図1　ツィンマーマンによる分類（上）と系統（下）との関連づけ（Zimmermann 1931, p. 990, 図172）。

> 他の多くの科学と同じく、実際の分類学は厳密な意味でのサイエンスとアートが融合したものである。科学としての分類学は、自然界に存在する類縁性を目標に据え、うまく研究が進めば首尾よくそれに接近できると信じている。辞書によれば"アート"とは"人間が編み出した技芸あるいは工夫"と定義される。分類の構築に関わる分類学はこの意味ですぐれてアートである。……分類学的アートの基本原理とは分類された結果は役に立つ必要があるということだ。（George Gaylord Simpson 1961, p. 110）

論理だけでは生物分類は実践できないという彼の見解は、生物体系学者の間では昔から共感をもって受け入れられてきた。しかし、それに反対して、生物の系統発生のみに基づく厳密な分類体系の構築を強く主張したのは、ドイツの昆虫学者ヴィリ・ヘニック（Willi Hennig）だった（Hennig 1950, 1957,

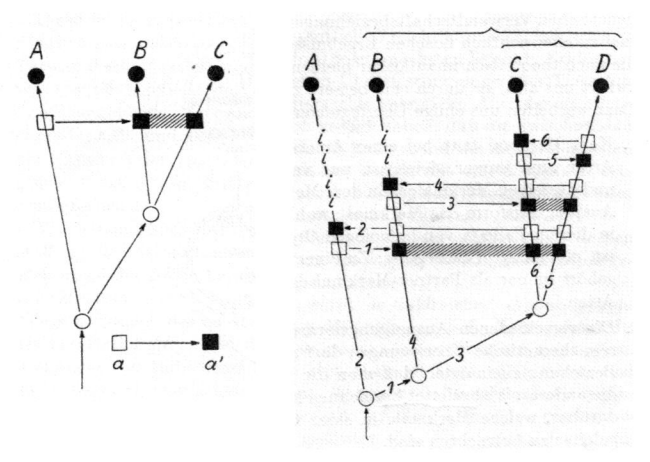

図2　ヘニックによる系統体系学の論証図。ある形質に関して原始的状態（a）と派生的状態（a'）があるとき派生的状態を共有する生物は単系統群を形成する（図 2-1：Hennig1957, p. 66, 図 8）。複数の形質に関して逐次的にこの作業を繰り返せばある生物群全体の系統関係を推定でき、それに基づく系統的分類体系が構築できる（図 2-2：Hennig1957, p. 66, 図 9）。

1966）。上述のツィンマーマンによる系統的分類体系を徹底させようとしたヘニックは 1940 年代末から 1950 年代にかけて、系統と分類の論理的関係に関する考察を進めた（図2）。

　英訳されたヘニックの主著『系統体系学（*Phylogenetic Systematics*）』（Hennig 1966）を通じて系統体系学（phylogenetic systematics）の理論は英語圏に上陸し、のちに分岐学（cladistics）と呼ばれるようになった。

　われわれは「分類（classification）」といえば、何らかの点で有用な分類のしかたを思い浮かべることが多い。しかし、ヘニックにとっては、英語圏でいう「分類（classification）」ではなくドイツ語圏でいう「体系（System）」の方がはるかになじみが深かった。逆にわれわれは「体系」ということばのも

つ硬直性あるいは厳密性を息苦しく感じるかもしれない。日本的ではない概念であることは確かだろう。

　生物体系学とは文字通り生物に関する「体系」をつくる研究分野である。では生物多様性における「体系」とはそもそも何か？　ヘニックは次のようなたとえを出す。

　　考古学者がある墓陵の埋葬品の中にうつわの破片を見つけたとしよう。このとき、彼はまずはじめにそれらの破片を何らかの規準で——材質（土か金属か）・色彩・文様様式などに着目して——整理（ordnen）すなわち"分類"("klassifizieren")できるし、またそうするだろう。しかし、彼はまたそれらの破片から、もとあったうつわ（壺とか甕）を再建することができるだろう。この再建するという行為もまたある秩序の復元（Herstellung einer Ordnung）にほかならない。けれども、こうして復元された秩序を"分類"("Klassifikation")と呼ぶべきかは疑問である。もう一つの例として、ヨーロッパの河川の分類を考えよう。船舶が航行できるかとか水域管理の方法とか流域での生物の生息条件などによって、河川を分類することはできる。しかし、それらの河川がどの水系（Flußsystem）——ドナウ川、ライン川、エルベ川とか——に属しているかを調べることも可能だろう。(Hennig 1974: 281)

　上の引用文で、ヘニックが、考古学的な土器の全体像復元や地理的な水系統合化をもって、「分類」ではなく、「体系」の例として示していることに注意しよう。特定の目的をもった実用分類は何通りも可能だが、本来のそれらが組み込まれている「体系」は一意的であるというのがヘニックの言わんとしたことだった。この立場を生物多様性の「体系」づくりに向けるとき、次

のような結論が自然に導かれることがわかる。

　系統体系学（phylogenetische Systematik）の原理にしたがって系統樹（Stammbaum）を構築することもまた復元行為であり、系統体系学によって得られた生物種の秩序は分類とは原理的にかなり異なる。（Hennig 1974: 281-282）

　過去から現在にわたる生物すべてから構成される系統樹は、この地球上に一意的に存在する「生命の樹（the tree of life）」としての「体系」にほかならないとヘニックは主張している。そして、この一意的な系統的分類体系は、他のすべての実用的分類体系の上位に位置し、特別な地位を占める分類体系という意味で「一般参照体系（allgemeines Bezugssystem, general reference system）」とヘニックは呼んだ。分岐学派にとって、生物多様性の「パターン」とは、ヘニックが主張する一般参照体系すなわち系統樹にほかならない。系統樹という図像が伝達する情報が「体系学的パターン」を構成することになる。
　1960年代に始まり、1970年代にわたって繰り広げられた分類構築方法をめぐる体系学論争は、続く1980年代に入ると、「体系学的パターン」をどのように定義し、解析するかをめぐって闘わされることになる。とりわけ、系統樹なる図像が生物多様性の「存在」の様相すなわちパターンを描き出すとき、それを生み出した「生成」の過程すなわち生物多様性の進化プロセスの理論は認識論的にどのような意義を与えられるかが論争の俎上に上げられた。
　分類体系と系統関係との厳密な整合性を主張する分岐学派は、その後、分類体系だけでなく、系統樹そのものを進化という観念から切り離すという荒療治を開始することになる。分岐学の「変容（transformation）」と呼ばれるこの改革により（Platnick 1979）、分岐学派は「発展分岐学（transformed

cladistics)」あるいは「パターン分岐学（pattern cladistics）」への道を歩み始めた（Nelson and Platnick 1981）。

　科学哲学者ディヴィッド・L・ハル（David L. Hull）（1979）は、この時期に生じた分岐学の「変容」を通じて、ヘニック流の分岐学は新たな二つの学派に分裂したと指摘した。

- 「小文字の分岐学」（"cladistics" with small "c"）：生物体系学の枠の中で系統関係の復元を目的とする－系統分岐学派（phylogenetic cladistics）
- 「大文字の分岐学」（"Cladistics" with large "C"）：生物／非生物を問わず、もっと一般的に階層パターンの検出を目的とする－パターン分岐学派（pattern cladistics）

　小文字の "cladistics" は、大文字の "Cladistics" の端点がたまたま生物である場合にすぎない。これに対して、大文字の "Cladistics" はあらゆるオブジェクトの系統発生を論じる一般性をもつ。一般的な樹形図の科学としてのパターン分岐学すなわち "Cladistics" は、生物学ではなくむしろグラフや順序関係を研究対象とする離散数学とみなされる。数学としてのパターン分岐学は、のちに「分岐成分分析（cladistic component analysis）」と名付けられた（Nelson 1979; Nelson and Platnick 1981）。

　この一般化されたパターン分岐学はあくまでも生物体系学という研究分野のなかでつくられた。しかし、一般的なオブジェクトの多様性を「パターン」という観点から理解したのちに、それを生成した「プロセス」を推定するというヴィジョンは生物体系学だけにとどまらず、もっと広い拡張可能性を秘めていた。プラトニックとカメロン（Platnick and Cameron）（1977）の先駆的論考は、パターン分岐学が生物・言語・写本にも適用できることを示し

た。実際、系統推定の方法論は、生物・言語・写本にとどまらず、遺跡・様式・文化などあらゆるオブジェクトの系統発生に適用できるだけの一般性をもっていた（中尾・三中 2012）。

　次節では、写本というオブジェクトに焦点を絞り、写本系譜推定の研究史を振り返ることにしよう。

2　写本系譜学における系統推定（1）——ラハマンの祖本復元法

　上で説明したように、1960年代以降の生物体系学の分野では、分類構築と系統推定に関する大論争が闘わされた。そして、そのなかで生じた「大文字の分岐学」は、対象として生物だけに限定されない一般性を有していた。対象オブジェクトにとらわれない体系学の一貫した方法論ははたしてありえるのか。この点について考察するため、以下では写本や言語に関する体系学的研究の歴史を振り返ることにしよう（写本については Timpanaro 1971, 2005、言語については Alter 1999 を参照）。

　比較文献学における写本群の「系譜」すなわち「ステマ（stemma）」を推定する本文批判の技法は「写本系譜学（manuscript stemmatics）」と呼ばれる。もともと、キリスト教の聖書やギリシャ・ローマ時代の古典の写本の校訂を通じて、ステマの復元方法が構築されてきた（Timpanaro 2005）。たとえば、18世紀の聖書学者ヨハン・アルブレヒト・ベンゲル（Johann Albrecht Bengel, 1687-1752）は、1734年に写本間の"血縁関係"に関してこう述べている。

　　複数の写本が、その本文や署名などに関して同一の古い特徴を共有し
　　ているならば互いに近縁である（Bengel 1734 in: Timpanaro 2005: 65）

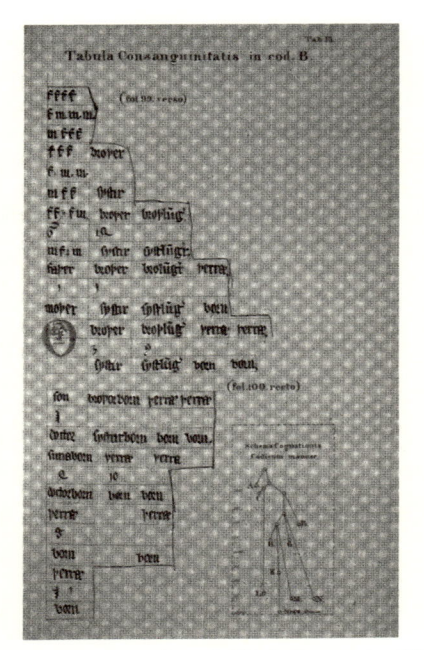

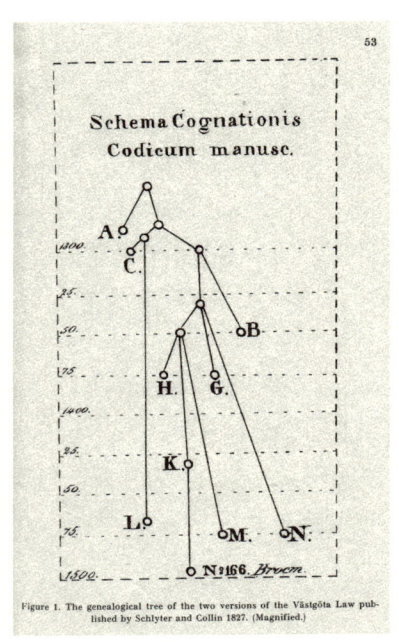

図3 スウェーデンの中世法典『Västgöta』の類縁表(図3-1)と写本系譜(図3-2:拡大図)。
出典:Holm(1972)。

　さらに、ベンゲルはすべての写本群の源をたどれば単一の祖本にたどりつき、その系譜は「血縁表(tabula genealogica)」として要約できると述べた(Timpanaro 2005: 65)。ベンゲルが写本間の「類縁関係」に基づく写本系譜の推定を論じた時代は、生物進化思想の浸透よりおよそ一世紀半も先行していたことに注目しよう。
　ベンゲルによる写本系譜学の考え方を図像的な"系統樹"として初めて描いたのは、スウェーデンのカール・ヨハン・シュリーター(Carl Johan Schlyter, 1795-1888)だった(Holm 1972, Ginzburg 2004)。1827年、シュリータ

ーは中世法典『Västgöta』の写本群に関する"系統樹"を描いた（図3）。祖本を最上部に配置して、下方端に伝承された子孫写本群を配置するという上下逆転の描画スタイルはシュリーターのこの図が始まりである。

　Schlyterは写本群の類縁表（tabula consanguinitatis）をつくり、それに基づいて写本系譜（「写本の近縁図」schema cognationis codicum manusc［riptorum］）を描いた。この系図には絶対年代スケールが記入されている。彼の類縁表は、西洋で10世紀以来ずっと使われ続けてきた縁戚関係をあらわす類縁樹（arbores consanguinitatis, arbores affinitatis）の形式と関連づけられる。この「樹（arbor）」という図式表現に関しては過去に多くの図像学的研究が蓄積されている（三中 2012, 三中・杉山 2012）。

　1831年、ラテン語学者カール・ゴットロープ・ツンプト（Carl Gottlob Zumpt, 1792-1849）は、写本系譜に対して「ステマ（stemma）」の語を当て、「写本ステマ（stemma codicum）」という名称をつくった。このようにして、生物進化の考えがまだ萌芽的であった時代に、すでに写本研究の世界では、系統樹に基づく類縁関係の究明が研究プログラムとして確立されていた。

　先人たちによる写本系譜学の理論と技法を集大成したのは、19世紀の古典学者カール・ラハマン（Karl Lachmann, 1793-1851）である。写本間の"血縁関係"に基づく系統推定の方法論は後世「ラハマン法」と呼ばれるようになった（Timpanaro 1971, 2005）。ここでは、ラハマン法において子孫写本が有するさまざまな変異（転写エラー）の情報が写本ステマの推定にどのように利用されてきたかに着目しよう。

　比較文献学者パウル・マース（Paul Maas, 1880-1964）の著書『本文批判（Textkritik）』（Maas 1927［1950］）は、ラハマン以後の文献系譜学の集大成にあたる重要な文献であり、伝承された写本群から祖本を推論するための概念と方法が簡潔にまとめられている。この本で、マースは写本伝承のプロセスで

生じ得るエラーのうち、偶然によっていつでも生じ得る単純ミス以外の意味のあるエラーを下記のように整理した。

- 情報をもつエラー（errores significativi）：偶然では生じ得ない意味のあるエラー
- 分離的エラー（errores separativi）：特定写本に固有のエラー
- 結合的エラー（errores coniunctivi）：複数写本に共有されるエラー

書写される前の祖本はエラーをまったく含まないから、子孫写本に含まれるすべてのエラーは「派生的」とみなすことができる。その中でも、情報をもつエラーだけが写本系統樹を復元する上での手がかりとなり得る。

マースが提唱したこの概念体系は、前節に説明したヘニックの分岐学における形質状態の区別（原始的形質と派生的形質）と一対一に対応させることができる。分離的エラーとは固有派生形質であり、結合的エラーは共有派生形質と解釈できるからである。生物体系学と写本系譜学あるいは歴史言語学における系統推定法は、独立に同一の理論体系に収斂している（Platnick and Cameron 1977, Cameron 1987, O'Hara 1996, Atkinson and Gray 2003）。

マースは、写本系統樹のもつグラフ理論的な特徴に着目し、可能な写本系統樹の樹形の数え上げとタイプ分けに関する考察を進めた（図4）。

ラハマン法を踏まえたマースの考察は、次節で述べるウォルター・ウィルソン・グレグ（W. W. Greg）のような「公理論的方法」ではなく、現代数学で言えばグラフの構造に関わる「離散数学」と親和性が高い。後年、比較言語学者ヘンリー・M・ホーニクスワルド（Henry M. Hoenigswald, 1915-2003）は、1973年に出版した『形式的歴史言語学の研究（*Studies in Formal Historical Linguistics*）』（Hoenigswald 1973）において、写本と言語の系統樹に関するグラ

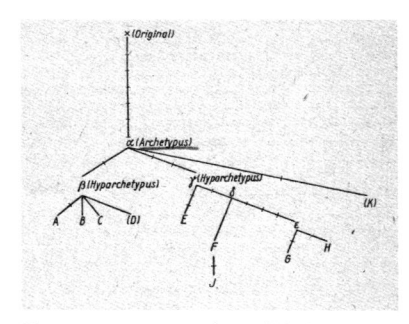

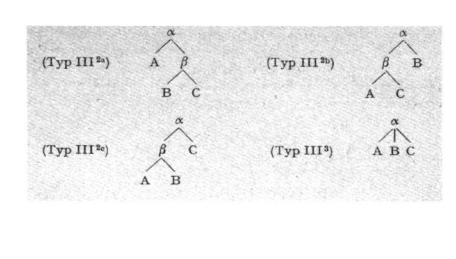

図4　マースによる写本の系統推定シェマ（図 4-1：Maas 1927［1950］, p. 7）と写本系統樹の枚挙とタイプ分け（図 4-2：Maas 1927［1950］, p. 29、出典 Maas 1937）。

フ理論的研究をさらに展開した。

3　写本系譜学における系統推定（2）――グレグの公理論的方法

　20 世紀はじめに出版されたアルフレッド・ノース・ホワイトヘッド（Alfred North Whitehead, 1861-1947）とバートランド・ラッセル（Bertrand Russell, 1872-1970）による記念碑的著作『プリンキピア・マテマティカ（*Principia Mathematica*）』（1910 〜 1913 年）を契機として、個別科学における徹底的な「公理化（axiomatization）」を目指す時代思潮が生まれた。生物体系学や写本系譜学もその影響を受けた。
　たとえば、生物体系学においては、1930 年代後半にジョゼフ・ヘンリー・ウッジャー（Joseph Henry Woodger, 1894-1981）が公理論的生物学（Woodger 1937）を提唱して、分類学・遺伝学・発生学の概念と用語の公理化を提案した。ウッジャーの学統を引き継ぐジョン・R・グレッグ（John R. Gregg）は、1950 年代に生物分類学への適用（Gregg 1954）を通じて、リンネ

式分類体系の階層性をはじめとして分類群とそのランクなど概念体系全体にわたって公理化を試みた。

　その一方で、生物学でのこの公理化の流れに先立つ十年前に、それとは独立に写本系譜学においては同様の「公理化」がすでに試みられていた。文献学者ウォルター・ウィルソン・グレグ（Walter Wilson Greg, 1875-1959）は1927年に『異本の代数学（*The Calculus of Variants*）』という書物を公刊し、写本系譜学における公理化の必要性を説いた。ここでいう「代数学」とは『プリンキピア・マテマティカ』に準拠する「公理的体系」と同義である。彼もまた写本系譜の記述に必要な諸概念の明示化と公理化に取り組んだ。

　ルーツは同じ『プリンキピア・マテマティカ』であっても、ウッジャーやグレグら公理論的生物学者たちが生物の「分類」を公理化しようとしたのに対して、グレグは写本の「分類」ではなくむしろ祖先子孫関係に基づく「系統」の公理化に関心を向けた。グレグは『プリンキピア・マテマティカ』の第1巻（第2部・セクションE, *90: p. 576）で論じられている「祖先関係 R^*（the ancestral relation）」を踏まえて、次のような写本間の系統関係の公理化を試みた（詳細は三中 2012 を参照）。

　いま、伝承された6写本 a, b, c, d, e, f があるとする。たとえば4写本 c, d, e, f に対する「共通祖先（common ancestor）」は、『プリンキピア・マテマティカ』の記法に則って、A'cdef と記すことにする。ある写本群の共通祖本は複数ありえるが、そのうち「排他的共通祖先（exclusive common ancestor）」が一意的に決まる。この排他的共通祖先とは、c, d, e, f の共通祖先であって、しかも c, d, e, f 以外の子孫を導かない一意的な直接共通祖先を意味し、(x) A'cdef と表記される。排他的共通祖先に由来する子孫写本群の概念は、後年ヘニックが提唱した「単系統群（monophyletische Gruppe）」の概念と同一である。

DIAGRAMS OF TYPICAL FAMILIES OF
THE SIX MANUSCRIPTS A, B, C, D, E, F,
TOGETHER WITH THE FORMULAS
DEFINING THEM

The examples have been selected mainly to illustrate the discussion on pp. 45-7.

$(x)A'A\{B[C(D\overline{EF})]\}$　　$(x)A'\{A\}\{B\}\{C[D(EF)]\}$

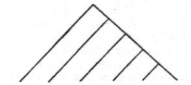

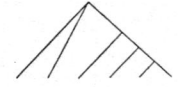

図5　グレグによる写本系統樹の公理論的記法（Greg 1927, p. 60）。

グレグは、この排他的共通祖先を用いることにより、写本からなる単系統群の階層構造が「数式」として表現できると言う。たとえば、$(x)A'\mathrm{cdef}, (x)A'\mathrm{def}, (x)A'\mathrm{ef}$ そして $(x)A'\mathrm{ab}$ という4つの単系統群があるとき、それらを組み合わせる操作を、

$$(x)A'\mathrm{cdef} + (x)A'\mathrm{def} + (x)A'\mathrm{ef} + (x)A'\mathrm{ab} = (x)A'(\mathrm{ab})(\mathrm{c}(\mathrm{d}(\mathrm{ef})))$$

と表記すればよいと著者は提案する。結果として、排他的共通祖先 $(x)A'$ を共有する単系統群のある階層構造を「(ab)(c(d(ef)))」と表記することにより、写本系統樹の構造を『プリンキピア・マテマティカ』の記法で正確に表現できることをグレグは示した（図5）。

1980年代に定式化された生物体系学の「分岐成分分析（cladistic component analysis）」においても（Nelson and Platnick 1981）、その後の分子系統学での系統樹のコード化技法のひとつである「Newickフォーマット」においても（Swofford et al. 1996, Felsenstein 2004）、同様の系統樹表記法が踏襲されている。その祖型はグレグがかつて提唱した表記法と事実上同一とみなすことができる。

生物・言語・写本

おわりに　系統推定におけるアブダクション
―― 多様なオブジェクトを超えて

　生物と写本では「祖先」の意味がまったく異なっていることは当然であるし、祖先から子孫への進化（伝承）のプロセスもまた両者では別物である。しかし、書字生による祖本からの書写の過程で生じるさまざまな変異（文章の綴りのミスや文の欠落や転座など）は、共有派生形質として子孫本に伝承されていく。この伝承データに基づいて、現存する諸写本の異同を相互比較することにより、写本がたどってきた系譜を推定し、失われた祖本を復元できる。この写本系統樹の推定は生物の系統樹の推定と本質的に何もちがいはない。単に対象となるオブジェクトが異なるだけである。

　オブジェクトによるちがいを越えて、祖先復元ならびに系譜推定という作業が生物体系学と写本系譜学で共有されている。実際、イギリス中世のジェフリー・チョーサー（Geoffrey Chaucer, 1343?-1400）の作品『カンタベリー物語』の写本群については、生物の系統推定ソフトウェアを援用して写本系譜が解析されている（Barbrook et al. 1998）。

　Tucker（2004）のいう「歴史記述的科学（historiographic sciences）」のカテゴリーには、共通要因の探索と系統関係の復元を共有する複数の学問領域が束ねられている。明らかに、生物体系学と写本系譜学での概念体系や理論・方法論が独立に収斂したことは、この二つの分野が歴史記述的科学に共通する同一の推論問題を解こうとしてきたからにほかならない。その推論問題とは、観察されたデータに基づいて、その時点で最良の体系学的パターンをいかにして推定するかという「アブダクション（abduction）」である（Fitzhugh 2006, 三中 2006）。歴史記述的科学は、オブジェクトのいかんを問わず、それらの

変遷した「跡」をデータから復元するという共通の目標を掲げる。

　写本系譜学がたどってきた過去の歴史を、より広い歴史記述的科学および推論様式としてのアブダクションの観点から見直すと、過去に関する限られた情報からいかにして精度の高い推定を行なうかという基本問題が連綿と考察されてきたことがわかる。時代によって背景となる知識や思潮は変転する。Greg のように論理実証主義の立場から、本文批判を公理化するという試みは、同時代の比較文献学者の中では突出していたようだ（Rosenblum, 1998 序文）。しかし、「書誌学とはドキュメントの伝承に関する科学である」という信念のもと、グレグは『プリンキピア・マテマティカ』のもつ論理的厳密性をよりどころにして厳密科学としての比較文献学の構築を目指したのだろう。

　セバスティアーノ・ティンパナーロ（Sebastiano Timpanaro）は、比較文献学と歴史言語学における系統推定法のパラレルな関係についてこう述べている。

> 　古典文献学者が写本を血縁的に分類して祖本の文面を復元するのに用いた方法は、言語学者が言語を分類して失われた祖語（たとえば印欧祖語）を可能なかぎり復元するのに用いた方法と明らかに似通っている。いずれの場合も、伝承された要素の中から新たに生じた形質（innovations）を見分け、それらが分岐した元の一意的な原初状態に関する仮説をさまざまな新生形質に基づいて立てる必要がある。同じテクストの異なる写本に新生形質が共有される、あるいは同じ語族の言語に新生形質が共有されるという事実は、それらの写本や言語が血縁的にごく近縁な部分群に属する証拠となる。テクストが壊れていることもまた、言語の新生形質と同じく、過去に伝承されてきたテクストに生じた新生形質である。これに対して、共有された「保存形質」には分類学上の価

値はない。元のテクストや言語にすでに見られる特徴は、遠縁の子孫にさえ保存されている可能性があるからだ。(Timpanaro 2005, p. 119)

すなわち、写本系譜であろうと言語系統であろうと、共有された新生形質 (shared innovations) は近縁関係の証拠となるが、共有された保存形質 (shared conservations) にその証拠性はない。このことは、生物体系学 (Hennig 1966) における共有派生形質 (synapomorphy) と共有原始形質 (symplesiomorphy) の区別が、生物体系学以前の比較文献学や歴史言語学でなされていたということを示唆すると同時に、写本・言語・生物というオブジェクトのちがいを越えた普遍的な歴史記述的科学的方法が可能であることを示している。

引用文献

Quentin D. Atkinson and Russell D. Gray 2003. Curious parallels and curious connections: phylogenetic thinking in biology and historical linguistics. Systematic Biology, 54: 513-526
Adrian C. Barbrook, Christopher J. Howe, Norman Blake and Peter Robinson 1998. The phylogeny of *The Canterbury Tales*. Nature, 394: 839
H. Don Cameron 1987. The upside-down cladogram: problems in manuscript affiliation. In: Henry M. Hoenigswald and Linda F. Wiener (eds.), Biological Metaphor and Cladistic Classification: An Interdisciplinary Perspective. University Pennsylvania Press, Philadelphia. Pp.227-242.
Joseph Felsenstein 2004. Inferring Phylogenies. Sinauer Associates, Sunderland.
Kirk Fitzhugh 2006. The abduction of phylogenetic hypotheses. Zootaxa, 1145: 1-110.
Carlo Ginzburg 2004. Family resemblances and family trees: two cognitive metaphors. Critical Inquiry, 30: 537-556.
Walter Wilson Greg 1927. The Calculus of Variants: An Essay on Textual Criticism. Clarendon Press, Oxford.
John R. Gregg 1954. The Language of Taxonomy: An Application of Symbolic Logic to the Study of Classificatory Systems. Columbia University Press, New York.
Willi Hennig 1950. Grundzüge einer Theorie der phylogenetischen Systematik. Deutscher Zentralverlag, Berlin.
Willi Hennig 1957. Systematik und Phylogenese. In: H. -J. Hannemann (ed.), Bericht über die

Hundertjahrfeier der Deutschen Entomologischen Gesellschaft Berlin, 30. September bis 5. Oktober 1956. Akademie-Verlag, Berlin. Pp.50-71.

Willi Hennig 1966. Phylogenetic Systematics. Translated by D. Dwight Davis and Rainer Zangerl. University of Illinois Press, Urbana.

Willi Hennig 1974. Kritische Bemerkungen zur Frage „Cladistic analysis or cladistic classification?" Zeitschrift für zoologische Systematik und Evolutionsforschung, 12: 279-294.

Henry M. Hoenigswald 1973. Studies in Formal Historical Linguistics. D. Reidel, Dordrecht.

Gösta Holm 1972. Carl Johan Schlyter and textual scholarship. Saga och Sed (Kungliga Gustav Adolf Akademiens Aarsbok), 1972: 48-80.

David L. Hull 1979. The limits of cladism. Systematic Zoology, 28: 414-438.

Paul Maas 1927 [1950]. Textkritik. B. G. Teubner, Leipzig.

Paul Maas 1937. Leitfehler und stemmatische Typen. Byzantinische Zeitschrift, 37: 289-294。

三中信宏 1997.『生物系統学』東京大学出版会。

三中信宏 2006.『系統樹思考の世界：すべてはツリーとともに』講談社現代新書、1849 年。

三中信宏 2012. 文化系統学と系統樹思考：存在から生成を導くために。所収：中尾央・三中信宏（編著）『文化系統学への招待：文化の進化パターンを探る』勁草書房、171 〜 199 頁。

三中信宏・杉山久仁彦 2012.『系統樹曼荼羅：チェイン・ツリー・ネットワーク』NTT 出版。

中尾央・三中信宏（編著）2012.『文化系統学への招待：文化の進化パターンを探る』勁草書房。

Gareth Nelson 1979. Cladistic analysis and synthesis: Principles and definitions, with a historical note on Adanson's *Familles des plantes* (1763-1764). Systematic Zoology, 28: 1-21.

Gareth Nelson and Norman Platnick 1981. Systematics and Biogeography: Cladistics and Vicariance. Columbia University Press, New York.

Robertb J. O'Hara 1996. Trees of history in systematics and philology. Memorie della Societa Italiana di Scienze Naturali e del Museo Civico di Storia Naturale di Milano, 27: 81-88.

Norman I. Platnick 1979. Philosophy and the transformation of cladistics. Systematic Zoology, 28: 537-546.

Norman I. Platnick and H. Don Cameron 1977. Cladistic methods in textual, linguistic, and phylogenetic analysis. Systematic Zoology, 26: 380-385.

Joseph Rosenblum (ed.) (1998) Sir Walter Wilson Greg: A Collection of His Writings. The Scarecrow Press, New York.

George Gaylord Simpson 1961. Principles of Animal Taxonomy. Columbia University Press, New York.

David L. Swofford, G. J. Olsen, P. J. Waddell and David M. Hillis 1996. Phylogenetic inference. In: David M. Hillis, Craig Moritz and Barbara K. Mable (eds.), Molecular Systematics, Second Edition. Sinauer Associates, Sunderland. Pp. 407-514.

Sebastiano Timpanaro 1971. Die Entstehung der Lachmannschen Methode. Translated by Dieter Irmer. Hermut Buske, Hamburg.

Sebastiano Timpanaro 2005. The Genesis of Lachmann's Method. Translated by Glenn W. Most. The University of Chicago Press, Chicago.

Avezier Tucker 2004. Our Knowledge of the Past: A Philosophy of Historiography. Cambridge University Press, Cambridge.

Alfred N. Whitehead and Bertland Russell 1910-13. Principia Mathematica (Three Volumes). Cambridge University Press, Cambridge.

Joseph H. Woodger 1937. The Axiomatic Method in Biology. Cambridge University Press, Cambridge.

キャロル・キサク・ヨーン［三中信宏・野中香方子訳］2013.『自然を名づける：なぜ生物分類では直感と科学が衝突するのか』NTT 出版。

Walter Zimmermann 1931. Arbeitsweise der botanischen Phylogenetik und anderer Gruppierungswissenschaften. Emil Abderhalden (ed.), Handbuch der biologischen Arbeitsmethoden, Abteilung IX: Methoden zur Erforschung der Leistungen des tierischen Organismus, Teil 3: Methoden der Vererbungsforschung, Heft 6 (Lieferung 356). Urban & Schwarzenberg, Berlin, pp. 941-1053.

抄中外抄富家語』（岩波書店、一九九七年）には山根對助・後藤昭雄校注の『江談抄』を収める。これが現時点に於ける注釈の到達点を示している。

（2）高山寺旧蔵本は『江談抄』（古典保存会、一九二五年）に、尊経閣蔵本は『尊経閣善本影印集成44 江談抄』（八木書店、二〇〇八年）にそれぞれ影印を収める。醍醐寺蔵本は『水言鈔』（古典保存会、一九三〇年）に、

（3）匡房は「詩境記」（『朝野群載』巻三）の中でも、これと同じ話題を取り上げている。中国の詩史を辿った中に、「宋明帝隋煬帝、並欲慰納與其豪桀。鮑明遠薛道衡等争礼、遂不内属（宋明帝・隋煬帝、並びに其の豪桀を慰（いた）はり納めむと欲す。鮑明遠・薛道衡等、礼を争ひ、遂に内属せず）」とあるのがそれ。「争礼」は対等であることを示す、の意。皇帝の懐柔を拒んだ詩人として宋の鮑昭と隋の薛道衡とを挙げている。但し、ここでは二人の取った態度の違いについては触れられていない。尚、「詩境記」の記述が『江談抄』第三話（類聚本巻五・56）と密接な関係があることは、後藤昭雄「大江匡房「詩境記」考」（『平安朝漢文学史論考』、二〇一二年、勉誠出版）に指摘されている。

（4）「空梁落燕泥」は薛道衡の「昔昔塩」の一句。煬帝の言葉は「これでもう「空梁落燕泥」のような秀句は二度と作れまい」の意。

（5）第四十三話が本来第三話と第四話との間に位置していた見なすことは、説話の排列の上からも首肯される。というのは、次の第四話が『文芥集』という菅原文時の別集（漢詩集）を話題としているからである。第三話から第四話への転換が唐突だが、その中間に第四十三話を置くことによって、話題の進展は極めて円滑となるのである。但し、『江談抄』類聚本の排列は第三話、第四十三話の順だが、その次に来るのは第四話ではない。

（6）拙稿「朗詠江註」と古本系『江談抄』」（『三河鳳来寺旧蔵暦応二年書写 和漢朗詠集 影印と研究』、勉誠出版、二〇一四年）を参照されたい。

は認めなかったところにある。「宮鶯囀暁光」という詩題の「宮」字が何処にも言い換えられていないというのがその理由であった。

説話に掲げられた文時と村上の詩句は、対句を成していることと詩題の文字が用いられていないことによって七言律詩の頷聯か頸聯かであることが分かる。いずれにしても「破題」することが求められる一聯である。その「破題」の表現で守らなければならないことは、詩題の文字を一つも落とすことなく、別の言葉に置き換えることである。このことは句題詩の構成方法の中で最も重視すべき規定であった。何故なら、当時は「破題」の巧拙によって秀句であるか否かが決定したからである。当時の詩人たちの最も腐心したのが「破題」の表現であったことは、『和漢朗詠集』を始めとする秀句選の所収句の大半が頷聯・頸聯で占められていることによっても知られよう。

匡房は「破題」の表現が秀句と認められるためには、詩題の文字と詩句の語とが正しく対応していなければならないことを説話に託して訴えようとしたのであろう。そして同時に、そのことが儒者の知識体系の中で極めて重要な位置を占めることをも併せて聞き手の実兼に伝えたかったのではなかろうか。

注
（1）『江談抄』の注釈書としては、江談抄研究会（植松茂・田口和夫・後藤昭雄・根津義注解）（武蔵野書院、一九七八年、一九九三年補訂）、江談抄研究会（後藤昭雄・田口和夫・仁平道明・根津義）『古本系 江談抄注解』（武蔵野書院、一九八三年）が優れている。また新日本古典文学大系『江談

で、てっきり上皇の召し（招待）に漏れたものと思っていたが、直前に召されたのである。そこで師時は式部大輔の藤原敦光の邸宅に行き、一篇の詩を整えてから御所に戻った、というのである。

この記事からは、師時が式部大輔の藤原敦光と師弟関係を結んでいたことが窺われる。敦光は当時の筆頭の儒者である。師時はその敦光に自作の句題詩の添削をしてもらい、詩会に臨んだのである。このように一般の貴族は然るべき儒者と師弟関係を結び、師とする儒者から漢学に関する諸々の助言を受けることを常としていた。当時の貴族社会では詩会が重要な社交行事であったから、儒者が弟子に与える助言の内容は、句題詩の構成方法に関する知識がその大半を占めていたと思われる。つまり儒者の重要な職務として句題詩の添削があったのである。

このように儒者が自作だけでなく、門弟たちの作る句題詩にも深く関与していたのであれば、儒者の知識体系の中で句題詩が大きな位置を占めていたことは容易に理解されよう。儒者は極めて現実的な理由から、句題詩全般に通暁していなければならなかったのである。

五　結語

ここで話を『江談抄』第四十三話に戻すことにしよう。大江匡房は『江談抄』第四十三話を用いて、何を言おうとしたのか。前節で明らかにしたことを念頭に置けば、それは句題詩の構成方法に関わることであったように思われる。説話の眼目は、文時が村上天皇の詩句を決して秀句と

『江談抄』

一般の貴族が自分一人で詩を完成させることは極めて難しい。そこには詩の作り方に通暁し、他人の草稿を添削できるレベルの能力を持った人物の存在がどうしても不可欠である。次に掲げるのは源師時の日記『長秋記』大治五年（一一三〇）九月十七日条である。時に師時は参議右中将であった。

西時、院別当送書云、今夜可有文殿作文、而於御前可被講者、必可参也。題月明勝地中〈光字〉者。件題兼日人々廻風情云々。然而一人無其告。已望期存無召之処、今如法。秉燭間、向式部大輔第、如形綴一篇、着直衣帰参。
（西の時、院の別当（藤原実行）、書を送りて云ふ、「今夜、文殿の作文有る可し、而して『御前に於て講ぜらる可し』者ば、必ず参ずべきなり。題は『月明勝地中（月は勝地の中に明らかなり）〈光字〉』者。件んの題、兼日人々風情を廻らすと云々。然れども一人其の告げ無し、已に期に望んで召し無しと存ずるの処、今法の如し。秉燭の間、式部大輔の第に向かひて、形の如く一篇を綴り、直衣を着て帰参す。）

この日の夕刻、鳥羽上皇の御所（三条東殿）に伺候していた師時は、院の別当である藤原実行から書状を受け取った。「今夜、文殿で詩会がある。上皇の御前で披講するので、必ず出席するように」との命令である。詩題の「月明勝地中」（韻字は光）は前もって出されたもので、出席者たちはめいめい詩想を廻らしているという。師時はそれまで何の知らせも受けていなかったの

成方法を見ることはできない。ところが村上朝に下ると、道真の孫に当たる菅原文時（八九八―九八一）の句題詩には、その構成方法に従った作例が数多く見出されるのである。私見では、文時こそがこの表現上の規定を案出し、その定着を提唱推進した人物である。文時は弟子を多く擁したことで知られ、その門下からは慶滋保胤（九四三？―九九七？）を始めとして優れた詩人が輩出した。文時やその門弟たちが当時の詩壇を牽引したのであろう、句題詩の構成方法は一条朝（九八六―一〇一一）頃までには詩歌を愛好する貴族たちの間に完全に根づいていたのである。

句題詩の構成方法の定着は、漢詩文の世界を一変させる画期的な出来事であった。というのは、それまで詩を作ることは、漢学に素養のある一握りの貴族にのみ許された言わば特殊技能だった。ところが、構成上の規定が形作られたことで、一般の（漢学の専門教育を受けていない）貴族にとっても詩作を身近な行為として捉えることが可能となったのである。一見煩瑣に見える構成方法も、領聯・頸聯で句題と詩句との間に一対一の対応関係を構築することにある程度習熟すれば、比較的容易に一首を成すことができる。こうして句題詩は貴族社会に広く受け入れられ、詩の本流として位置づけられるようになったのである。

ところで、当時、一般の貴族が詩を作る場合、どのような手順を踏んで作品を完成させたのだろうか。宮中や貴族の邸宅で詩会が催される場合、主催者は前もって出席者に詩題を通知することを慣例とした。したがって、出席者は詩会の当日までに詩の草稿を作っておき、当日はそれを懐中して披講の場に臨めばよかった。しかし、いくら句題詩の作り方が定型化されたといっても、

『江談抄』

からであろう。また陶潜には、九月九日だというのに酒が無く、しかたなく籠の菊を摘んでいたが、そこへ太守王弘の使者が酒を持ってきたので、喜んでその酒を飲みながら酒を飲んでいる陶潜の姿を思い浮かべればよい。「砕」は菊が枯れ落ちる意で、言うまでもなく「残」を表している。

以上の説明から分かるように、領聯・頸聯では上句下句それぞれで題意を完結させなければならない。句題は一首の中で都合四回繰り返し破題されるのである。

首聯に始まって頸聯に至るまで、詩の作者は題意を表現することにのみ心を砕いてきたが、尾聯に至ってようやく自らの思いを述べることが許される。それ故この聯を「述懐」と呼んだ。但し、それも詩題に関連づけて行なわなければならない。一般に尾聯には、自らの不遇を訴えて官位昇進を望むといった内容が多く見られるが、匡房は残菊に対する純粋な愛憐の心情を吐露して句を締めくくっている。「花最深」が分かりにくいが、恐らく唐の元稹の秀句「不是花中偏愛菊、此花開後更無花。(是れ花の中に偏へに菊を愛するにあらず、此の花開けて後更に花無ければなり。)」(『和漢朗詠集』菊267)を念頭に置き、花の中で菊が一年の最も深まった時期に咲くの意であろう。

以上が平安時代の一般的な作詩方法である。この首聯＝題目、領聯＝破題、頸聯＝本文、尾聯＝述懐と規定する句題詩の構成方法は一体いつ頃、貴族社会に定着したのだろうか。句題詩は平安前期、宇多・醍醐朝あたりから盛んに作られるようになっていたが、当時の代表的詩人である菅原道真（八四五―九〇三）や紀長谷雄（八四五―九一二）の句題詩には右のような構

い換えている。「紫」は菊花の色。「餘」に「残」の意味合いが籠められている。「玉頬」が何ゆえ詩題の「酌酒」を言い換えたことになるかというと、ここには竹林の七賢の一人で、酒好きで名高い晋の嵆康（字は叔夜）の故事が踏まえられている。『世説新語』容止篇に「嵆康身長七尺八寸、風姿特秀。見者歎曰、蕭蕭肅肅、爽朗清挙。或云、肅肅如松下風高而徐引。山公曰、嵆叔夜之為人也、巖巖若孤松之独立。其酔也、巍峨若玉山之将崩。（嵆康、身の長七尺八寸、風姿特に秀でたり。見る者歎じて曰はく、蕭蕭肅肅として、爽朗清挙なり、と。或るひと云ふ、肅肅として松下の風の高くして徐ろに引くが如し、と。山公曰はく、嵆叔夜の人と為りや、巖巖として孤松の独り立てるが若し。其の酔ふや、巍峨として玉山の将に崩れむとするが若し、と。）」とあり、傍線部に嵆康は酒に酔うと玉山が崩れるようであったとあるのがその故事である。『世説新語』には「崩」とあるところを、白居易は「自従金谷別、不見玉山頹（金谷に別れてより、玉山の頹るるを見ず）」（『白氏文集』3227「酒熟憶皇甫十」）と「頹」字に変えて詩に詠み込んでいる。匡房は恐らく白居易の「玉山頹」の表現を学んだのであろう。

頸聯の下句では「紅借衰顔」が詩題の「酌酒」を、「籬砕」が「残菊」を、「陰」が「対」を言い換えている。「衰顔」は老人の容貌の意だが、ここは明らかに白居易の「霜侵残鬢無多黒、酒伴衰顔只暫紅。（霜は残鬢を侵して多黒無し、酒は衰顔に伴ひて只だ暫く紅なり。）」（『白氏文集』0888「晏坐閑吟」）を踏まえている。老人の顔に赤みが差した（紅借衰顔）のは、酒を飲んだ（酌酒）からである。「籬」一文字から「菊」への連想が働くのは、陶潜の「采菊東籬下、悠然望南山。（菊を采る東籬の下、悠然として南山を望む。）」（『文選』巻三十「雑詩二首其一」）がよく知られているから

『江談抄』

次の頷聯（第三句・第四句）、頸聯（第五句・第六句）では、句題の五文字を用いずに題意を表現しなければならない。これを「破題」と呼ぶ。破題の方法は、詩題の文字を別の言葉に置き換えることを基本とする。頷聯の上句では「郷」が詩題の「酌酒」を、「裏」が「対」が「残」を、「孤岸雪」が「菊」を言い換えている。「郷」は「酔郷」或いは「酔郷国」のことで、酒に酔った快い気分を理想郷に喩えた語である。したがって「郷」は詩題の「酌酒」を表現している。「孤岸雪」とは詩題の「菊」を酔郷国の岸辺に積もった雪に見立てたのである。「纔留」、ほんの少し形を留めているというのであるから、その菊は「残菊」ということになる。それが頷聯の下句では「樽」が詩題の「酌酒」を、「前」が「対」を、「猶散」が「残」を、「一叢金」が「菊」を言い換えている。「樽」は言うまでもなく酒樽である。白居易の名高い詩句「花下忘帰因美景、樽前勧酔是春風。」（花の下に帰らむことを忘るるは美景に因ってなり、樽の前に酔ひを勧むるは是れ春の風。）（『白氏文集』0616「酬哥舒大見贈」、『初学記』巻三）『和漢朗詠集』春興18）を踏まえている。「一叢金」は唐の太宗の「秋日詩」に「露凝千片玉、菊散一叢金」（露は千片の玉を凝らす、菊は一叢の金を散らす。）とあるに拠って、菊花を黄金に喩えたのである。「猶散」は（盛りを過ぎたが）依然として咲いていて、の意で、詩題の「残」の意味合いをよく伝えている。

句題詩では頷聯或いは頸聯のどちらかで中国の人物に関わる故事を用いて破題することが望ましいとされている。その場合、「破題」と言わずに「本文」（故事の意）と呼ぶ。この詩では頸聯がそれに当たる。

頸聯の上句では「紫分餘艶」が詩題の「残菊」を、「玉頰」が「酌酒」を、「地」が「対」を言

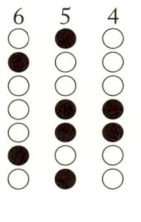

この詩は「二四不同」（句中の第二字の平仄と第四字の平仄とを違える）、「二六対」（第二字の平仄と第六字の平仄とを同じくする）、「下三連を避（さ）く」（下三字に連続して同じ平仄を用いない）といった条件を満たし、また粘法（偶数句の第二字・第四字・第六字の平仄と次の句の第二字・第四字・第六字の平仄とをそれぞれ同じくする）をも遵守しており、平仄については全く問題が無い。「侵」「心」「金」「陰」「沈」の韻字は何れも下平声第二十一侵韻に属し、脚韻の点でも問題が無い。また頷聯・頸聯が対句を為していることも一目瞭然である。このように匡房の詩は正しく今体詩と認めてよいものだが、平安時代の句題詩の場合、これ以外に本邦独自に形成された表現上の規則を守ることが求められた。

まず首聯（第一句・第二句）では、詩題（句題）の五文字を用いて題意を直接的に表現しなければならない。また、その五文字は首聯以外に用いてはならない。匡房の詩では「酌」「酒」「対」の三文字が下句に、「残」「菊」の二文字が上句に配置されている。詩題の文字をそのまま用いることに因んで、この首聯を当時「題目」と呼んだ。

4 ○○●○○○○
5 ●○○○●●○
6 ●○●●○○○
7 ○○○●●○○
8 ○●●○○●○

『江談抄』

の中でいちばん遅くまで咲いているからこそ愛おしく感じられる。手折って翫んでいるうちに、何の得る所も無く夕暮れ時になってしまったわい。

詩題は「酌酒対残菊」で、漢字五文字から成る句題である。詩会で出される詩題（句題）は出席者全員が共有できるものが望ましいから、自ずと季節感や年中行事に関わる内容のものが選ばれた。句題は本来、中国詩人の古典的な五言詩の一句から取るのが慣わしであったが、平安後期ともなると、詩会の主催者に命じられて題者（詩題を選定する役目の者）が新たに作り出すことが一般的となっていた。この時出された詩題も古句の題ではなく、新題であったようだ。菊は九月九日の重陽節に盛りを迎える花だが、十月十一月に入っても依然として咲いていることがある。残菊とはそのような冬の菊を指す。十一月開催の詩会に相応しい詩題であると言えよう。

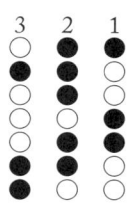

句題詩は本詩のように七言律詩で作るのが一般的である。但し、人によっては七言絶句で作ることもあった。七言律詩は今体詩の一種であるから、①平仄、②脚韻、③頷聯・頸聯を対句にするといった今体詩の規則を守って作ればよい。匡房の詩の平仄を図示すれば、次のとおりである（○が平声、●が仄声）。

1 ●○○●●○○
2 ●●○○●●○
3 ●●○○○●●

35

酌酒対残菊　　酒を酌みて残菊に対ふ

1　菊残常被暁霜侵　　菊残りて常に暁霜に侵さる
2　酌酒対時自有心　　酒を酌みて対ふ時　自から心有り
3　郷裏纔留孤岸雪　　郷の裏に纔かに孤岸の雪を留む
4　樽前猶散一叢金　　樽の前に猶ほ一叢の金を散らす
5　紫分餘艶玉頽地　　紫は餘艶を分かつ　玉頽るる地
6　紅借衰顔籬砕陰　　紅は衰顔を借る　籬砕くる陰
7　秋後唯憐花最深　　秋の後唯だ花の最も深きことを憐れむ
8　攀将空到日沈々　　攀ぢ将て空しく日の沈々たるに到る

　酒を酌み（交わし）ながら残菊に向き合う。

　散り残った菊花は（十一月ともなれば）明け方の霜のために枯れてしまうものだ。酒を飲みながら眺める残菊の景色は、残菊に向き合うと、自ずとこれを惜しむ気持ちが湧いてくる。酒樽の前に黄金がまだわずかに撒き散らされているかのようでもある。玉山が頽れるように酔う酒飲みの家では、紫の菊が盛りの色つやをほんの少し残すばかりだ。菊の枯れかかった籬のあたりでは、老人の顔も酒に酔ってほんのり赤みが差している。冬になった今、菊は花

『江談抄』

「斉信卿曰はく、此の句、西楼の句に勝ること遠きかな。但し上句は造化せざるなり」とあるのがそれに当たる。「斉信卿」は正二位大納言藤原斉信（九六七―一〇三五）を指す。一条朝を代表する知識人で、藤原公任と並び称された。その詩歌に通じた斉信の言うことには、「村上御製の下句「月落高歌御柳陰」は文時の詩句よりも遙かに勝っている。しかし上句の「露濃緩語園花底」は出来損ないだ」。斉信は御製の上句に作詩上の欠点があると述べているのである。その欠点こそ村上御製が秀句と認められず、『和漢朗詠集』に入集することが叶わなかった要因であろう。その欠点とは何か。それは『江談抄』で文時が指摘した、詩題の「宮」の字を表現できていない点であるに相違ない。

ここに来て、恐らく読者の方々は、何故詩題の文字を詩に表現することが秀句の条件となるのか、と疑問を抱いているのではなかろうか。そのあたりのことを次節で説明することにしよう。

四　平安時代の作詩方法

平安時代、詩会は君臣間の意思疎通を図る場として、また貴族同士の社交の場として、大きな役割を担っていた。詩会では早くから句題（漢字五文字から成る詩題）にしたがって詩を作ることが慣例化し、それに伴って作詩の方法も規定化した。どのような規定が形成されたのか、実例を挙げて説明しよう。次に掲げるのは寛治元年（一〇八七）十一月二日、内大臣藤原師通邸で開催された詩会で、左大弁の大江匡房が作った句題詩である。

っている宮中の詩会では、文時が講師を勤めた。自作に自信のあった村上天皇は、披講の前に、青鳥すなわち蔵人に命じて講師の文時に「いつもなら文時の作は御製に勝っているのだろうが、今夜の御製はどうだ。文時の作よりも御製の方が勝っているのではないか」と尋ねさせた。これに対して文時は「御製が文時の作と優劣を争うなどということは以前にはなかったことですが、今日は御製の方が勝っているようです」と答えた。この時の御製は「月落高歌御柳陰」であった。ここまでが『江談抄』と重なる部分である。一方、『江談抄』では先に見たとおり、文時が御製の作に勝ることを文時が認めたことになっている。『朗詠江註』では村上御製の方が文時が御製を自作に勝ることに勝るとは認めていなかった。この食い違いをどのように考えれば良いのだろうか。また、匡房はこの説話を用いて何を言おうとしたのだろうか。

『和漢朗詠集』は平安中期、藤原公任（きんとう）（九六六—一〇四一）が編纂した書で、数ある詩歌のアンソロジーの中で当時最も権威のあるものとされていた。その詩句が『和漢朗詠集』に採られるということは、秀句としてのお墨付きを得たことに他ならない。つまり文時の「西楼月落花間曲、中殿燈残竹裏音」の詩句は紛うこと無き秀句なのである。一方、村上御製は『和漢朗詠集』に収められてはいない。両者の優劣は誰の目にも明らかであり、文時がいくら「他時は敢へて挑み申さず、但し今日は恐らく一日の長あり」と御製を誉め称えたことがあったとしても、その評価は動かしがたいのである。

それでは、何故村上御製は秀句と認められなかったのか。或いは、こう問い直してもよい。何故村上御製は『和漢朗詠集』に採られなかったのか。その答えは「朗詠江註」の末尾にある。

『江談抄』

時（当時十歳前後）のために著したものである。『江談抄』『和漢朗詠集』（巻上・鶯・71）に収められており、匡房は「朗詠江註」の中でこれに対して次のような注釈を加えている。

月落花間曲、中殿燈残竹裏音

未講詩前、件夜村上天皇以青鳥問文時曰、常称可勝叡草由、今夜如何。文時申、但今日恐一日之長云々。御製者、月落高歌御柳陰也。斉信卿曰、此句勝於、西楼句遠矣。

但上句不造化也。

（未だ詩を講ぜざる前、件んの夜、村上天皇、青鳥を以つて文時に問ひて曰はく、「常に叡草に勝る可き由を称す、今夜如何」と。文時申さく、「他時は敢へて挑み申さず、但し今日は恐らく一日の長あり」と云々。御製は、「月落高歌御柳陰（月落ちて高く歌ふ御柳の陰）」なり。斉信卿曰はく、「此の句、西楼の句に勝ること遠きかな。但し上句は造化せざるなり」と。）

「朗詠江註」は注釈と言っても、口頭の伝授を前提として書かれたものであったらしく、『江談抄』と同様、語の省略が多い。右の注釈もその例に漏れず、意味の取りにくいところがある。『江談抄』第四十三話と突き合わせながら読み解いてみよう。

冒頭の「未だ詩を講ぜざる前」は、『江談抄』に「文時三品を召して講ぜらるるに」とあるのを参考にすれば、文時がまだ詩の披講を行わない前に、の意である。詩の披講は詩会の最後に行なわれ、そのとき出席者の詩を声に出して読み上げる役目の者を講師と呼んだ。ここで話題とな

31

せのとおり、その主張に納得したと口では言いながらも、そこで天皇は文時に両詩の優劣を問うた。これに対して文時は当初、御製の方が文時の作に勝ると答えたが、天皇から本当のことを言わなければ、今後文時の進言を取り次ぐ必要はないと脅されると、両者は同等であると前言を撤回。さらに天皇が神明への誓言（起請文）を要求すると、文時は自作の方が御製に勝ると本心を明らかにし、天皇もこれを善しとした。

以上が『江談抄』高山寺旧蔵本第四十三話のあらましである。第四十三話に於ける文学上の論争が語られている。内容の上からは、第三話に接続するものと見なしてよかろう。第四十三話がここに置かれることによって、第三話冒頭の「文道の諍論、和漢共に有る事なり」という問題提起は一応の完結を見るのである。

さて、ここで第四十三話が本来第三話の直後に語られた可能性のあることは指摘できるとしても、匡房はこの話柄をただ本邦に於ける君臣間の論争の実例として挙げるためだけに語ったのだろうか。それにしては、論争の内容が詳細に過ぎるように思われる。

三 「朗詠江註」に見える村上・文時の論争

実は、大江匡房は村上と文時との論争を藤原実兼に記録させる以前に、その同じ話題を別の人物に語って聞かせたことがあった。匡房には「朗詠江註」と呼ばれる『和漢朗詠集』の注釈がある。これは『江談抄』より十五年ほど溯る寛治年間（一〇八七―一〇九四）後半に、次男の匡

『江談抄』

その時の詩題は「宮鶯囀暁光（宮鶯、暁光に囀る）」。宮殿の鶯が明け方の陽光の中でさえずっているという、いかにも天皇主催の詩会に相応しい詩題である。村上天皇は自らも詩を作り、その中の、

露濃緩語園花底、月落高歌御柳陰。
（露濃やかにして緩く語る園花の底、月落ちて高く歌ふ御柳の陰）

の一聯こそは他の誰の作よりも優れているだろうと自信を持っていた。ところが、披講の時、文時の詩の一聯、

西楼月落花間曲、中殿燈残竹裏音。
（西楼に月落ちて花間の曲、中殿に燈残る竹裏の音）

を聞いて、これも自作に劣らず秀句であると感じ入った。そこで天皇は文時を御前に召し、御製に欠点があればそれを指摘するよう命じた。文時は、御製の下句の「御柳陰」には確かに詩題の「宮」の意が籠められているけれども、上句の「園花底」には「宮」に相当する語が見られない。そこが御製の欠点であると自らの考えを述べた。これに対して天皇は「園花底」の「園」とは自分の庭園を指すのであるから「宮」を正しく表現できていると反論する。しかし、文時は全く仰

文時申して云ふ、『御製は神妙に侍り。但し下七字は文時の詩にもまさらせたまひたり。「御柳の陰」なれば宮とおぼえ候ふに、上の句はいづこに宮の心は作らしめおはすにか候らむ。園は宮にのみやは候ふ可き』と仰せらるるに、村上の仰せらるる様は、『足下は知らぬか、其の園は我が園ぞかし』と仰せらるるに、文時申して云ふ、『さこそ侍るなれ。上林苑の心にこそ侍るなれ。然りと雖も、いかが侍るべからむ』と仰せらるるに、一人問答して云ふ、『また興有る仰せ事あり』と云ひて、『さこそは侍りなん』と仰せらるる座を退かんとするに、主上また仰せらるる様、『御製と足下の詩と勝劣はいかん。たしかに差し申す可し』と申すに、文時申して云ふ、『御製は勝らしめ給ふ。尤も神妙なり』と申さしめずは、今より以後、文時の申す事は我に奏達す可からず』と仰せられて、蔵人頭を召して仰せらるるの様、『若し文時此の詩の勝劣を申さず、実に依り申さしめずは、今より以後、文時の申す事は我に奏達す可からず』と仰せらるるを聞きて、文時申して云ふ、『実には御製と文時の詩と対座におはします』と申すに、『実に誓言を立つ可し』と仰せらるるに、又た申して云ふ、『実には文時の詩は今一膝居上りて侍り』と申して逃げ去り了んぬ。主上感歎せしめ給ひて、涕泣し給ふ」と云々。

村上天皇が宮中で詩会を開き、臣下とともに詩を競い合った時のこと、そこで天皇は詩の優劣をめぐって、菅原文時と興味深い論争をくりひろげたことがあった、と匡房は前置きし、その論争の一部始終を語った。要点を搔い摘まんで示せば、次のとおりである。

『江談抄』

右に見た言談の冒頭で、匡房は「君臣間の文学上の論争は中国にもあったし、我が国にもあった(文道の諍論、和漢共に有る事なり)」と述べていた。そこで語られたのは中国の先例だけであって、日本のことには一切触れられていなかった。そして、次の第四話では、日本人の中で誰の漢詩集が最も優れているかという性質の異なる内容に話題が転換してしまっている。日本のことが全く語られないことを不審に思ったのであろう、類聚本の編纂者は、右の言談(巻五・56「文道の諍論、和漢共に有る事」)の次に、村上天皇(九二六—九六七)と菅原文時(八九八—九八一)との論争を内容とする言談(巻五・57「村上御製と文時三位との勝負の事」)を配置して、その不可解な点を解消しようとしている。高山寺旧蔵本では、第三話とは遙かに隔たった第四十三話に置かれている言談である。長文だが、煩を厭わず次に掲げよう。

また談られて云ふ、「村上の御時、『宮鶯囀暁光(宮鶯 暁光に囀る)』といふ題の詩に、文時三品を召して講ぜらるゝに、其の間の物語は知らるゝか、如何(いかん)」と。語られて云ふ、「尤も興有る事なり。件んの日、村上と文時と相互に相ひ論ずる日なり。件んの御製に云ふ、『露濃緩語園花底、月落高歌御柳陰。(露濃こまやかにして緩く語る園花の底、月落ちて高く歌ふ御柳の陰)』と作らしめ給ふを、文時、『西楼月落花間曲、中殿燈残竹裏音。(西楼に月落ちて花間の曲、中殿に燈残る竹裏の音)』と作りたりければ、主上聞食(きこしめ)して、『我こ此の題は作り抜かしたれと思ふに、文時の詩もまた以て神妙なり』と仰せられて、文時を召し、御前に近づけて、『偏頗無く我が詩の事、憚り無く難の有無を申せ』と仰せらるゝに、

とあることに依拠している。後者に関しては『太平御覧』巻五九一、御製上に引く『国朝伝記』に、

煬帝善属文而不欲人出其右。司隷薛道衡由是得罪。後因事誅之曰、更能作空梁落燕泥否。

(煬帝、善く文を属り、人の其の右に出づるを欲せず。司隷薛道衡、是れに由りて罪を得たり。後に事に因りて之れを誅せむとして曰はく、「更に能く『空梁落燕泥（空梁 燕泥落つ）』を作らむや否や」と。）

とある故事や『隋書』薛道衡伝に拠ったのであろう。『隋書』は薛道衡がその文才を恃み、煬帝に対して決して阿ろうとしなかったことを述べている。匡房は、同じく文才を持ちながら全く異なる身の処し方を選んだ二人の詩人の例を挙げて、一体何を言おうとしたのか。ここで思い当たるのは、『江談抄』の筆録者藤原実兼が自ら儒者たるべき若者だったことである。匡房は実兼に、お前が将来儒者を志し、また周囲からも将来の大成を期待されるようになれば、必ずやこのような困難な局面に出くわすだろうから、その時どちらの態度を取るのか、よくよく考えておけ、とでも助言したかったのではあるまいか。

二　日本に於ける君臣の論争

『江談抄』

「賢人君子と雖も、文道の諍論、和漢共に有る事なり。宋の明帝と鮑明遠と文章を争ふの間、明帝は其の性、甚だ以て凶悪なり。仍りて鮑明遠、殺されもぞするとて、故らに作り損ず。時人日はく、文衰へたりと云ふ。隋の煬帝と薛道衡と文章を争ふの間、薛道衡遂に殺れ了んぬ」と云々。

宋の明帝（実は文帝が正しい）と臣下の鮑昭（字は明遠）とが詩の優劣を争った時、鮑昭は帝の凶悪な性格を恐れてわざと拙劣に作り、時人にその文才を貶められはしたけれども、帝に殺されるのを免れた。一方、隋の薛道衡はその文才を煬帝に妬まれて殺された、という内容である。前者の知識は『蒙求』の標題「鮑昭篇翰」の古注に、

南史、鮑昭、字明遠、文辞贍逸。宋文帝以為中書舎人。帝好文章、自謂人莫能及。昭悟其旨、為文多鄙言。咸謂昭才尽。実不然也。嘗賦其詩曰、十五諷詩書、篇翰靡不通。（『南史』に、鮑昭、字は明遠、文辞贍逸なり。宋の文帝、以て中書舎人と為す。帝、文章を好み、自ら謂へらく「人能く及ぶこと莫し」と。昭、其の旨を悟りて、文を為るに鄙言を多くす。咸な謂へらく「昭が才尽きぬ」と。実は然らざるなり。嘗て其の詩を賦して日はく、「十五にして詩書を諷す、篇翰通ぜざること靡し」と。）

現存していない。研究者の間では、前者を古本（こほん）、後者を類聚（るいじゅう）本と呼びならわしている。それでは以下に匡房の発言の幾つかに耳を傾け、その意図する所を探ることにしよう。

一 中国に於ける君臣の論争

大江匡房のような、大学寮の紀伝道で漢学を正式に学び専門職に就いた者を、当時、儒者と呼んだ。中でも高位の儒者は天皇の侍読となって、読書の指南役を勤めることを職務とした。天皇が読書する目的は、第一にその成果を政策に活かすためだが、そればかりではない。天皇は読書で得た知識を背景に、しばしば詩を作って自らの志を述べることに従事した。詩作は天皇の重要な務めであった。また当然のことながら、天皇には臣下の作った詩を正しく評価する能力も求められた。天皇主催の詩宴が宮中の儀礼として大きな位置を占めたのは、こうした理由に因る。

好学の天皇は、儒者にとって自家の学説を受け入れてくれそうもする有り難い存在である。しかし、天皇の師となった儒者にとっては、師弟間の距離をどの程度に保つかが大きな問題となる。もし天皇が自作の詩を過剰に誇った場合、地位・身分の点では遙かに劣っている。儒者はどのように対処すべきか。

匡房は『江談抄』の中でこの（儒者にとって大きな）問題について語っている。高山寺旧蔵本第三話を次に掲げる（破損により判読できないところは醍醐寺蔵本によって補う）。

『江談抄』

大江匡房（一〇四一―一一一一）が活躍したのは後三条天皇親政期から白河院政期にかけての時期である。それ以前の漢学者たちが摂関家に従属し、一流の者であっても位階は精々四位止りだったのに対して、匡房は天皇・上皇の側近として実務能力を発揮する機会に恵まれ、漢学者としては異例の昇進を遂げ、正二位権中納言に至った。それだけに彼の言動は貴族社会で注目され、その言談を記録しようとする動きに繋がったのであろう。匡房の言談を主として筆録したのは藤原実兼（一〇八五―一一一二）という二十代半ばの若者であった。

『江談抄』がよく読まれたことは、何よりもその伝本の多さがそのことを証明している。それは匡房の発言から窺われる当時の文学・学問にたくさんの人々が惹き付けられたことを示している。但し、聞き書き（口語脈の文章）の宿命として、省略が多くしかも断片的であるために、筆録当時は容易に理解できた文脈であっても、現代の我々には難解な部分が少なくないのである。この点をどのように克服するかが今後の課題であろう。

『江談抄』には実兼の筆録時期からそれほど隔たらない、平安末から鎌倉初めにかけての写本が現存している。高山寺旧蔵本、醍醐寺蔵本、尊経閣蔵本などがそれに当たる。中でも高山寺旧蔵本は、匡房没後間もない永久三年（一一一五）の書写奥書を持つことから、特に注目される伝本である。これらに共通するのは、言談の排列に殆ど手を加えることなく、聞き書きの原初形態を保持していることである。これに対して、言談を内容から分類して排列し直し、各話に標題を付けた五巻乃至六巻仕立ての伝本が存在している。その編纂者は不明だが、編纂時期は恐らく鎌倉時代であろうと考えられている。但し、残念ながらこの系統の伝本に室町時代を溯る古写本は

はじめに

平安時代の貴族社会に形成された知識体系とはどのようなものだったのか。当時の人々はどのような専門的知識を重んじていたのか。その全貌を知ることは恐らく不可能であろう。何故ならば、当時の専門家によって著された書籍の大半が、不幸すでに失われてしまったからである。しかし、それを知る手懸かりとなる資料ならば、少しばかり残されている。それは専門家の言談を聞き書きした問答体形式の書籍である。たとえば、漢学を中心とする文学についてであれば、藤原清輔の『奥義抄(おうぎしょう)』『中外抄(ちゅうがいしょう)』や『富家語(ふけご)』が現存している。我々はこれらの書から当時の専門的知識の一端を窺うことができる。

本稿では匡房の『江談抄』(この書名は大江匡房の言談を書写した書の意)を用いて、当時の文学方面の知識体系を垣間見ることにしたい。

『江談抄』平安時代の知識体系を垣間見る

佐藤 道生

『源氏物語系図』はその利便性や、形式が評価されたものと見えて、『狭衣物語』にも、鎌倉時代の写本や三条西実隆作とされる『狭衣系図』があり、江戸時代に作られたものもある。また『源氏物語』に先立つ『宇津保物語』でも、江戸時代に二種の系図が制作されていることが確認できるのである。また実在の人物の系図ではあるが、『平家物語』を読む為の手引きとしての系図が室町時代に成立したのも、『源氏物語系図』の影響下にあると考えることができよう。

こうしてみると、物語系図史を構築する必要もありそうである。この系図を巡る研究が活発になることを願って、概説に終始した内容に乏しい稿を閉じることとしたい。

主要参考文献
・丸山浩一編『系図文献資料総覧　増補改訂』（緑蔭書房、一九九二）
・池田亀鑑編『源氏物語大成一二　研究篇』（中央公論社、一九五六）
・常磐井和子『源氏物語古系図の研究』（笠間書院、一九七三）
・伊井春樹『源氏物語注釈史の研究　室町前期』（桜楓社、一九八〇）
・『今井源衛著作集　第四巻　源氏物語文献考』（笠間書院、二〇〇三）
・陣野英則・新美哲彦・横溝博編『平安文学の古注釈と受容　第二集』（武蔵野書院、二〇〇九）

今日の研究水準に近い内容を有するものとして評価されている。

また、江戸時代に刊行されたものとしては、本居春庭門の国学者森嘉基編になる、一枚の大判に纏めた畳物装訂の『補訂源氏物語系図』（文政三年〈一八二〇〉跋刊）や、村田春海・清水浜臣等に学んだ国学者で、和歌山藩家老の水野忠央に仕えて古典の稀覯書集成である『丹鶴叢書』を編集した、山田常典の編になる、その名の通りの掌サイズの折本『掌中源氏物語系図』（天保一五年〈一八四四〉跋刊・図6）等がある。先の絵入本や首書本の付録と共に、その存在は江戸時代を通して『源氏物語』が如何に愛読されていたかを示していると言えよう。

おわりに

創作物語の世界を、現実世界の親子関係を示す家系図に移し込む。『源氏物語』の本文自体は巻子装で作成されることはないのに、その系図であればそれが当たり前となるのは、ある意味皮肉なことである。『源氏物語』は偉大な創作であるが、『源氏物語系図』はそれを上回る創作であると言えるのではないだろうか。これを単なる系図であるとか、注釈書であると見るのは正しいことではないのかもしれない。もちろんそれは研究上必要なことであるが、その創作性を俎上に上げてみる必用もあるのではないだろうか。本稿ではそこまで及ぶことはできなかったが、『源氏物語系図』に興味を持っていただけた方は、翻刻されたものもあるので、是非楽しみながら眺めていただきたい。

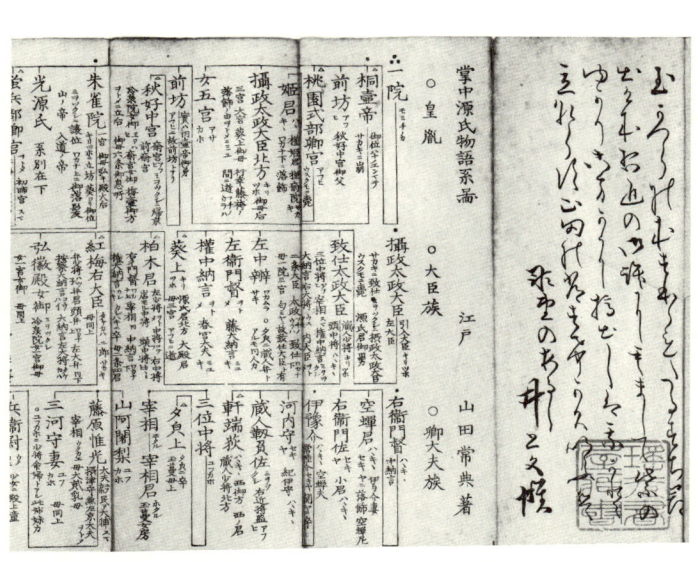

図6 『掌中源氏物語系図』天保15年（1844）跋刊（個人蔵）

日では『源氏物語系図』と言えばこの実隆本のことを指し（「新系図」と呼ぶこともある）、実隆以前の系図を「源氏物語古系図」と総称するようになっている。従って、前節までに説明したのは古系図についてであることは言うまでもない。

図5は江戸時代に五条為学筆と鑑定された、一六世紀の書写になる実隆系図の断簡である。中央部に折れ目があり、もとは巻子装と縁の深い折本であったことがわかる。

この実隆系図以降にも改訂を行うものはあり、その中でも、本居宣長の弟子筋にあたる平田篤胤門の国学者北村久備が、宣長の注釈書『源氏物語玉の小櫛』の補完とすべく著わした、系図と年立（年譜）からなる『すみれ草』（篤胤の序を付した文化九年（一八一二）刊本がある）は、

『源氏物語系図』の世界

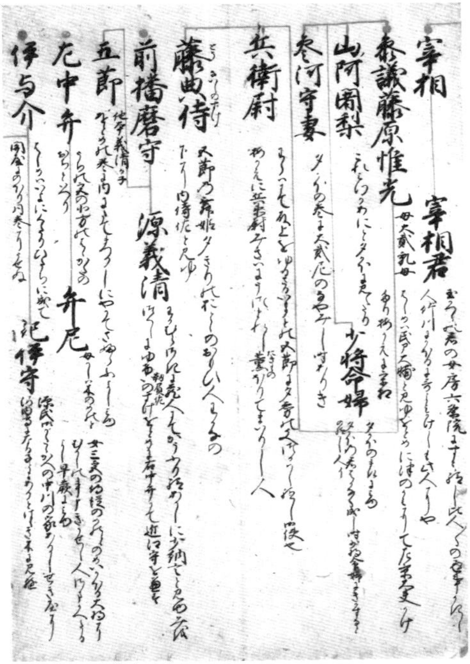

図5　伝五条為学筆「源氏物語系図切」（個人蔵）

ていくという、直系を尊重する形式から、兄弟を並べて記してから、それぞれの子どもの記述を続けるという、世代を尊重する形式へと配列方針を変更するなどした、全面的な改定を行った。それは一度で完成することなく、確認されるだけで、長享二年（一四八八）から永正一七年（一五二〇）までの五種があったことが知られている。その中でも、文亀四年（一五〇四）二月二〇日に書写された系統のものが最もよく流布し、江戸時代の承応三年（一六五四）版大本・万治三年（一六六〇）版横本・寛文（一六六一～一六七三）頃版小本の『絵入源氏物語』や、寛文一三年（一六七三）版『首書源氏物語』でも付録として刊行されている。その影響力の大きさ故に、今

図以外の資料でも、現在の五四帖に含まれていない、「巣守」や「桜人」などの巻が存在していたことを伝える記述があることが知られているが、その「巣守」や「桜人」の本文ではないかとされる断簡が紹介されたり、その記述が存する新たな系図が発見されたことなどを契機として、「巣守」巻に関する復元的な研究が行われたのである。

もっとも、こうした研究は『源氏物語系図』を利用した研究であり、その本質的な研究とは言いがたい。『源氏物語系図』の特性を理解して、書誌学的方法を導入した伝本の再調査と整理を行い、積極的に注釈書と関連させた内容の検討を行えば、まだまだ研究の可能性を広げていくことができるはずである。今後の発展を期待したい。

六　『源氏物語系図』の展開

『源氏物語系図』は室町時代になっても利用されていたが、『源氏物語』研究が進展するにつれて、その内容に対する批判的な意見も生じてくるのも致し方のないことであった。ましてや『源氏物語』に登場しない人物が記されていたりもするのだから猶更のことであろう。その改訂を試みようとする動きが生じるのも当然のことである。その改訂の中心となったのが、室町時代を代表する歌人にして古典学者であった三条西実隆（一四五五～一五三七）である。

実隆は、既存の系図を比較検討し、『源氏物語』に造詣の深い宗祇や肖柏などに教えを受けるなどし、最終的には、兄弟に子どもが存在する場合、長子の子を記した後に次子とその子を並べ

いることが理解できるのである。これ程整理された系図を作成するには、相当の読み込みが必要となることは、これまでの特徴の確認からも明らかであろう。注釈を作成することと、系図を作成することは、実は然程に距離の無い行為であるとともに、この二つは謂わば兄弟的な存在であるとも言えるのである。

しかしながら、源氏注釈書は現在も研究が積み重ねられているのに対し、源氏系図の研究はあまり活発とは言いがたい。ただある特定のテーマに関しては、やや活況を呈してはいる。それは正嘉三年奥書本など一部の『源氏物語系図』に、「蛍兵部卿親王」の子として「巣守の三位」という、現在の『源氏物語』には登場しない人物が記載されているという問題についてである。系

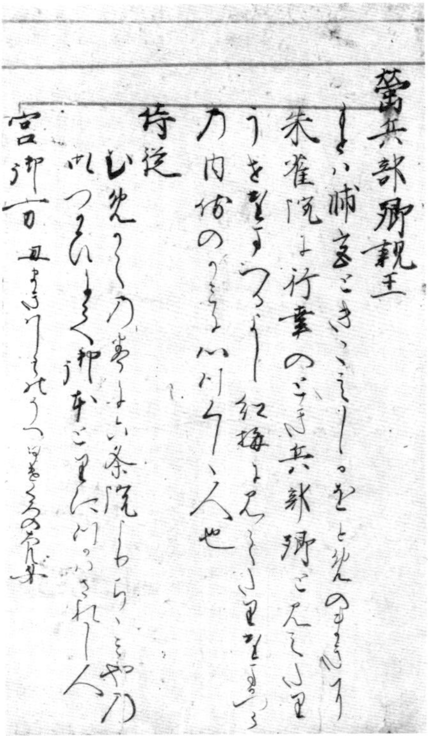

図４　伝藤原良経筆「源氏物語古系図巻物切」（個人蔵）

物語の重要な要素である、出生の秘密を有する「薫右大将」と「冷泉院」の注記である。前者は前田育徳会尊経閣文庫蔵の伝為氏筆本には「母二ほんないしんわう　すさくゐんの女三宮／まことはかしはきのこん大なうこんのこといえり」、天理大学附属天理図書館蔵の正嘉二年（一二五八）奥書本には「まことはかしわきの権中納言の子」とあり、後者も同様に「母うすくもの女院　せんてい女四宮／まことは六条院の御子」・「まことは六条院の御子　母薄雲院　先帝女四宮」と記されている。いとも簡単に秘密を明かしており、通常の家系図ではちょっと考え難い記述であるが、これらは養子や猶子であることを示す、「実者誰某男」等とある一般的な系図の注記のあり方を参考としたものであろう。

参考に掲げた図4は、一三世紀の書写と考えられる系図の断簡であり、藤原良経が書写したと江戸時代に鑑定されたものと一連のものである。ここに記された「蛍兵部卿親王」は光源氏の異母弟であり、「もとは帥宮ときこえしが、をとめのまきに朱雀院に行幸のとき兵部卿と見えたり。うせたまへるよし紅梅に見えたり。たまかつらの内侍のかみに心つくしゝ人也」と注記されている。簡潔で判りやすい説明であろう。続く「侍従」と「宮御方」がその子であることは言うまでもない。

『源氏物語系図』が通常の家系図と異なるのは、登場人物を全員掲載しようとして、系図化できない人物を末尾に一括して列挙していることである。この他にも、巻名目録を有していたり、冒頭で『源氏物語』の由来を説明したり、末尾に光源氏の居所を整理していたりするものもあることからすると、『源氏物語系図』は単なる系図ではなく、注釈書としての性格も濃厚に有して

五 『源氏物語系図』の特徴

『源氏物語』には複数の家系の人物が主要な役割を持って登場するので、それらの人物を系図化しようとすると、光源氏の系統だけでは済まなくなる。身分重視の時代であったことから見れば当然のこととして、『源氏物語系図』も家格に従って、高い方から順に、皇族・大臣・殿上人・受領層という具合に配列されている。

親子関係は縦方向の線で、兄弟関係を横方向の線で示すのは、通常の家系図に同じである。系線を有さないものもあるが、人物名の書き出し位置の高さで関係を示しており、実質的な差はないと言える。その人物名であるが、物語中には身分の低い者を除いて実名が記されてはいないので、物語中の代表的な呼称や最終の官位といった通称で記されており、通常の家系図とは大きく異なっている。渾名が並んでいる訳であるから、なんだか滑稽でもある。光源氏は最後に住んだ邸宅の場所と太上天皇の位を賜ったことから「六条院」と呼ばれ、その息子達は「夕霧左大臣」・「薫右大将」と呼ばれるといった具合である。

通常の家系図では、名前に母や官位等の経歴や没年などが小字で注記されるものがある。『源氏物語系図』では、母を記すものがあるのは共通するが、登場する巻や、そこでの呼称、官位や経歴など、物語を読み進める上で参考になるような情報が加えられている。興味深いのは、この

二二)頃には、既に『源氏物語系図』が成立していたことになる。『紫式部日記』に『源氏物語』らしい物語の写本の制作記事が見えるのが寛弘五年(一〇〇八)のことであるから、僅か一〇あまり後である。

この「譜」が系図ではないとしても、鎌倉時代に書写された『源氏物語系図』が複数現存しているので、一三世紀中頃までには成立していたことは確実である。二世紀の差は小さくないが、その複雑な内容と整備された記述からしても、短期間に成立したものとも考えがたいので、成立はもう少し遡りうる可能性もあろう。

鎌倉時代の『源氏物語系図』は、伝本によって内容や記述もかなり異なっており、同時並行的な成立や成長が考えられるのであるが、共通する特徴がある。それはそれらが巻子装で制作されていることである。先にもやや簡単に述べたように、巻子装は数ある装訂の中でも最も権威あるもので、そこに保存される内容も選別がなされていたらしいのである。例えば、『源氏物語』自体は原則的に巻子装で作成されることはなかったのだが、それは嘘をつくことを戒める仏教の教えでは、創作が嘘と見なされたために、物語の社会的な地位が低かったことと関連していると考えられる。ただし、絵は巻子装に保存するという伝統もあったので、挿絵があると巻子装で作成されたことは、国宝『源氏物語絵巻』の存在にも明らかである。

『源氏物語』の本文は冊子本に書写されているのに、鎌倉時代の『源氏物語系図』は断簡も含めて巻子装として作成されたものばかりなのである。その理由を考えると、内容を見やすいことはともかくとして、系図という形式の権威性が尊重されたが故と考えることができるであろう。

『源氏物語系図』の世界

物に経歴などを注記したものである。この物語には四〇〇名以上が登場し、数え方によっては五〇〇人を超えるという。約七〇年に及ぶ複数の系統の数代を対象としているので、読み進めるに従い人間関係も複雑になっていき、その記憶と把握が難しくなってくる。物語を正しく理解して楽しむために、登場人物を系図の形式で整理した参考書が生まれたのも、尤もなことだと思われるのである。

『源氏物語』自体がフィクションであるのだが、その系図に記された人物は一人も実在しないのである。それでありながら、複雑な系図が作成されていることを考えると、なんだか楽しくなってくるが、それと共に、この物語の複雑さとスケールの大きさがよく判るのである。またこの系図が制作された当時、家系図というものが物語読者にとって馴染みある存在であったことも窺えるのである。ただし、この系図の成立時期については、いささか不確定な要素が存在している。

鎌倉時代の一三世紀中頃に成立したと考えられる、了悟なる出家者が著わした『光源氏物語本事』という注釈書に、『源氏物語』の成立間もない頃の受容を示すものとしても著名な、菅原孝標女『更級日記』からの引用がある。そこで、現存本では「源氏の五十余巻ひつにいりながら」とある部分が、「ひかる源氏のものがたり五十四帖譜ぐして」となっているのである。了悟はこの「譜」がどのような物であるのかについて、当時の有識の公家達に意見を求めており、目録や注釈とみる説もあるが、系図とみる説が最も有力であることを確かめている。決定することは難しいが、系図であったとするならば、孝標女が伯母から『源氏物語』をもらった治安元年（一〇

い。その上は唐における空海の師・恵果阿闍梨から、不空三蔵・金剛智三蔵・龍智菩薩・龍猛菩薩・金剛薩埵と続き、最初に位置するのはなんと大日如来なのである。大日如来から空海までを「真言八祖」と称するが、如来・薩埵・菩薩が人界の存在でないことは言うまでもない。

以上の様な系図に共通して窺われるのは、その系譜の始発点が、現代の目から見ればとても真実とは思われない、謂わば神話的な世界から始まっているということである。何故その様な部分が存在しているのかと言えば、それがその系図に掲載されている、あるいはこれから掲載されようとしている人の、身分や権威の起源を誇示すると共に、保証する役割を担うからであることは言うまでもないことである。

作成することによって、血筋なり学問や芸道の継承が具現化され、一つの世界を体系化することが出来る系図は、そこに記された集団の歴史と伝統、権威の由来や源泉を、集団の内部や外部に対して訴える道具でもあるのである。

　　四　『源氏物語系図』という存在

必ずしも事実を記述するとも限らない系図であるが、記されていることが全て嘘という系図が存在する。それらはある程度の群をなしているが、その中でも最初に成立したと考えられ、数的にも圧倒的であるのが『源氏物語系図』である。

『源氏物語系図』はその名の通り、『源氏物語』五四帖の登場人物を系図の形式で示し、主要人

が始゙である。ところが、楽の血脈では師は尊敬されるべき存在であるので、女性の注記も比較的詳細であり、家系図などでは判らない人間関係を把握することもできるのである。この情報を和歌等の分野で活用した研究も存在している。

この他にも様々な系図は存しており、対象に応じた特徴と情報を有しているのである。

三　系図の特徴と役割

以上のような様々な系図を見ていて気付かされるのは、系図は必ずしも真実を伝えるものではないということである。江戸時代には幕府や藩が家臣の系図の提出を求めたので、信用しがたい系図が多数作成されたという話があるが、そのことはともかくとして、単純に判りやすいのは冒頭部分である。

例えば先述した、皇族の系図として今日でも評価の高い『本朝皇胤紹運録』では、「天神七代」の「国常立尊」で始まり、「伊弉諾尊」と「伊弉冉尊」から伸びた線が一本になって「天照太神」に繋がって「地神五代」が始まり、「神武天皇」から「人皇」になるという、『日本書紀』「神代巻」等の記述に基づくと考えられる系譜を有している。制作時の意識はともかくとして、真実とは考えがたいことは言うまでもない。

荘園の相伝系図はかなり性格が異なるので、ここでは措くとして、『真言宗血脈』ではどうだろうか。全ての線を遡ると弘法大師空海に辿り着くのは当然のこととして、それが始発点ではな

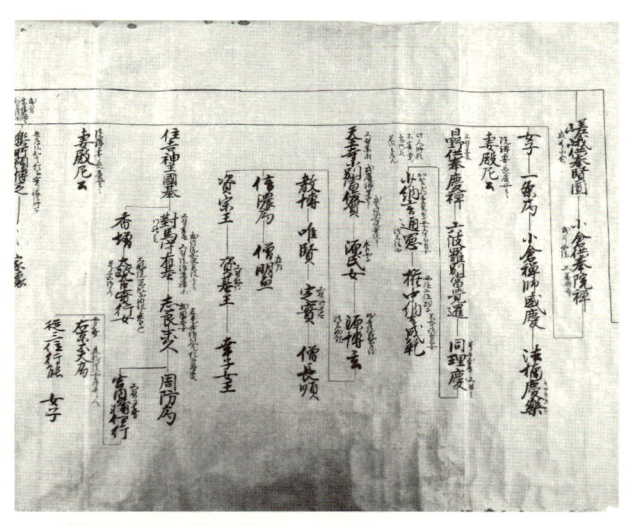

図3 『箏相承血脈』(個人蔵)

特にその作成に熱心であったのが音楽系の諸道においてである。笙(鳳笙)・篳篥・箏・笛・琵琶・和琴・神楽・郢曲・催馬楽等で存在しており、図3はその内の『箏相承血脈』である。この種の血脈で興味深いのは、線に墨と朱の二色が存していることである。墨は師弟関係を、そして朱は実の親子でもあることを示している。仏道でも子弟が親子であることは皆無ではないが、芸道の場合はそれが珍しくない。また更に興味深いのは楽器や楽の種類によって女性が多く登場することで、身分の上下関係に厳密な当時にあって、身分の低い女性が天皇の師となるなど、芸道ならではの現象が見えている。また家系図では女性の記載は必須ではなく、存在していても「女」とあるのみであったり、注記があっても誰の室とか母といった程度であること

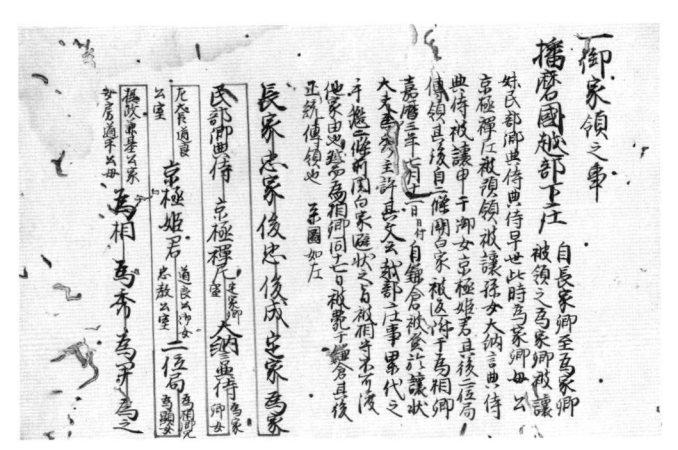

図1 『〔冷泉家系図〕』所収「〔越部下庄領家職相伝系図〕」（センチュリー文化財団蔵）

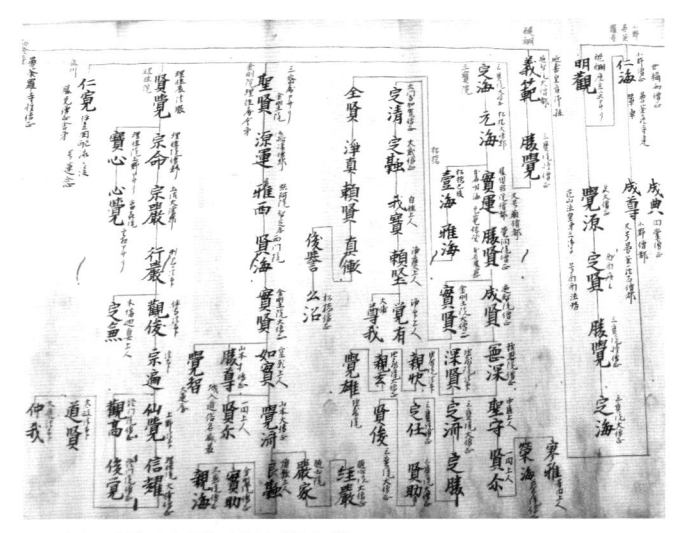

図2 『真言宗相伝血脈』（個人蔵）

このような相続の系図が何故作られるかと言えば、現在の所有者やそれを望む者が、自分の権利の正当性を証明するためであることは勿論である。従って自分に都合の良いように意図的に改変することも珍しくない。実はこの「越部下庄」も、為家が一旦嫡子の為氏に譲ったものを、後になって為氏の異母弟の為相に譲り直したことから、為家没後に相母阿仏尼や為氏息為世をも巻き込んで長く相論が続いたのであるが、この系図には為氏の領有の事には一切触れられていないのである。

続いては仏教の師弟関係を示す系図である「血脈(けちみゃく)」である。これは仏の教えである法を師から弟子に伝える「師資相承」を、血液の流れに喩えた言葉であり、特に密教では相伝の証明として、その経路を示す系図を師が弟子に授けたので、その系図をもこう称した。その名の通りに線は朱で記されており、師弟関係が親子関係に等しいものであることを主張していると言えよう。図2は真言宗の血脈であり、全ての僧が繋がる朱線を辿っていくと教祖の空海に必ず行き着くことになる。親子関係は養子縁組はあるとしても、父親は基本的に一人であるのに対して、師は複数であることがある。この違いが系図にも現れていて、この巻子装の「血脈」には「裏書」が存在している。表とは異なる師弟関係を裏に書き入れて示しているのである。

こうした仏教の血脈の影響下に成立したのが諸芸の血脈である。歌道・茶道などに代表されるように諸芸は道と称されるが、これは悟りに至る修行の道である仏道と、鍛錬を経て境地に至ることを目的とする芸能との共通性が意識されてのことであることは言うまでもない。従って芸道でも師より正しい教えを伝えられることが重要視され、様々な芸道で血脈が作成されたのである。

二　様々な系図

『日本国史大事典』にも記されていたように、系図は血縁関係を示すものだけではなく、特定の役職等の継承や、学芸の師弟関係、荘園や宝物の相伝を記したものもある。系図というものの性格や役割を理解するために、そのような広義の系図を幾つか紹介してみたい。

最初に挙げるのは、家の経済的な存続の基盤となる家領の相伝系図である。大規模私有地である荘園は、重層的な所有形態を持つのが一般的であり、在地の実質的所有者である開発領主は、公的な税の徴収を逃れるために、中央貴族を名義的な所有者としたが、これを領家（りょうけ）と呼ぶ。領家は荘園整理を逃れるために、院宮家や摂関家、大寺社を名義的な所有者としたが、これを本家と呼び、領家・本家の収益権限を職（しき）と言う。一般的な公家は複数の荘園の領家となって家の存続を図ってきたが、その職は家屋敷などと同様に財産として相続されるものであった。図1は歌人として著名な藤原俊成・定家の子孫として、和歌を家業とした冷泉家に伝えられた、「越部下庄」（兵庫県たつの市内）の領家職の相伝過程を伝える系図である。冷泉家の歴史や由緒などを伝える、名前も記されていない書物の、家領を説明する記述に引用されたもので、大変簡略なものである。

注目されるのは、「民部卿典侍・京極禅尼・大納言典侍・京極姫君・二位尼」と女性間で相続されていることである。これは男性を中心に作られる家の系図との大きな違いであり、中世期に女性の財産相続権が認められていたことも示している。

こ␣とも明白である。「縦系図」は「柱系図」との別称からも判るように、次代を下に下にと線で繋げていくので、掛け軸的な形態になる。関係を一見するだけで把握できる利点がある反面、スペース的に経歴などの情報を詳しく書き込めないという欠点がある。素朴な「縦系図」の発展的な形態が「横系図」であり、基本的に親子は縦線で繋ぐものの、書き切れなくなれば、左に線を曲げてそこから上部まで上げて、また左に曲げてから下向きに曲げて次代を繋ぐという方法で、横に横にとどんどん長くなる形式である。これであれば横線の幅で必用なだけスペースを確保できるので、注記も詳しく書き込んでいけるが、線を指でたどって関係を確認しないと俄には理解しづらいという欠点がある。

「縦系図」の代表的な存在が、京都府宮津市の籠神社の社家海部氏に伝わった、九世紀のものと考えられる国宝の『海部氏系図』（特に『籠名神社祝部海部直氏系図(このみょうじんじゃはふりあまべのあたえうじけいず)』一軸）である。

「横系図」は我々の認識する一般的な系図の形式であり、実に多くの例が存在しているが、著名なものとしては、一四世紀末頃に洞院公定が編纂した公家の系図集成である『尊卑分脈』（成立当初は皇族や神官等の系図部分もあったと考えられるが、現在は失われている）と、公定の孫満季(みつすえ)が一五世紀前半に編纂した天皇家の系図である『本朝皇胤紹運録(ほんちょうこういんじょううんろく)』がある。

詳しい横系図は多くの紙を継いでいく必用があり、巻子装（巻物）や折本で製作されるのが一般的であった。横線を確認しやすいこともその理由の一つであるが、これらの装訂が冊子本よりも権威が高いと考えられたことも重要な理由である。系譜の末尾に名前が記された者にとっては、系図こそは自分の血統を証明し、地位を保証する存在であるからである。

4

例えば、よく用いられる国語辞書である岩波書店『広辞苑』(第五版)には、「系図」の説明として、「①先祖から代々の系統を書きしるした表。系譜。家譜。」とある。「②事物の来歴。由緒。由来。」という意味もあるが、ここでは無関係である。辞書の常として説明不足の感は拭いがたく、どのような方法で「系統を書きしるした」のか不明である。

そこで、最近は書物としてはあまり用いられなくなった、平凡社『世界大百科事典』(第二版)の説明を見てみると、「混用して系譜ともいう。先祖から代々の血統、続柄、家系を記述した文書をさす。狭義には、系譜は次第を追って血統と子孫の各個人の事歴を記述したものであるが、系図は血縁の継続状態をとくに系線によって図示し、そのつながりを一見して理解しうるようにしたものである。のち広義には系譜、家譜をも含め、家に付属する財産、所領、職業の継承を特記し、さらに僧侶の法脈・血脈(師資相承)、寺院の住持の歴代、学術・武術をも含む諸芸の伝統をも表したものをいうようになる」とある。『広辞苑』で同義語とされていた「系譜」とは、本来的な意味で違いがあることや、狭義の「系図」は「系線によって図示」するものであり、後には血縁関係だけでなく、仏道や芸道の師弟関係を示すものとしても用いられたことなどが判る。

さらに専門的な説明を求めて、吉川弘文館『日本国史大事典』を見ると、その中に「系図には氏系図・家系図のほか、国造・神主、寺院の別当・住持の継承を記した系図もある」との、内容的な種類の説明と共に、形式的な種類として「文章系図」・「縦系図(柱系図)」・「横系図」などがあることが記されている。

それぞれの名称からも各々の特徴が推測できるが、「文章系図」と他の二つでは性格が異なる

はじめに

「世界を収める本」と聞いて思い浮かぶのはどのようなものであろうか？「世界」にも様々なものがあり、「収め」方にも多種類のものがある。ここで取り上げてみたいのは、血縁を中心とした人間関係という「世界」を、線と位置の関係によって「収め」ようとした「系図」に属するものである。しかも事実を基本とするものの仲間でありながら、架空の人間関係を対象としている点で、極めて特殊な存在なのである。

一 「系図」とは

この一風変わった「系図」を理解するためには、一般的な「系図」という存在を理解する必要がある。

『源氏物語系図』の世界

佐々木 孝浩

執筆者紹介

松田隆美（まつだ・たかみ）【編者】
慶應義塾大学文学部教授（中世英文学、思想史）。ヨーク大学大学院博士課程修了（Ph.D.）。
主要業績：『ヴィジュアル・リーディング――西洋中世におけるテクストとパラテクスト』（ありな書房、2010 年）、『ロンドン物語――メトロポリスを巡るイギリス文学の 700 年』（共編著、慶應義塾大学出版会、2011 年）。

徳永聡子（とくなが・さとこ）【編者】
慶應義塾大学文学部准教授（中世イギリス文学、西洋書誌学）。慶應義塾大学大学院文学研究科後期博士課程修了（Ph.D.）。
主要業績：'Printing and Reading Walter Hilton in Early Tudor England', in *Anchoritism in the Middle Ages: Texts and Traditions*, ed. by Catherine Innes-Parker and Naoë Kukita Yoshikawa (Cardiff, 2013),［翻訳］ロッテ・ヘリンガ『初期イングランド印刷史――キャクストンと後継者たち』（雄松堂書店、2013 年）。

納富信留（のうとみ・のぶる）
慶應義塾大学文学部教授（西洋古代哲学、西洋古典学）。ケンブリッジ大学大学院博士課程修了（Ph.D.）。
主要業績：『ソフィストと哲学者の間―プラトン『ソフィスト』を読む―』（名古屋大学出版会、2002 年）、『プラトン 理想国の現在』（慶應義塾大学出版会、2012 年）。

杉崎泰一郎（すぎざき・たいいちろう）
中央大学文学部教授（西洋中世史）。上智大学大学院博士後期課程満期退学。博士（史学）。
主要業績：『欧州百鬼夜行抄』（原書房、2002 年）、『12 世紀の修道院と社会（改訂版）』（原書房、2005 年）。

藤谷道夫（ふじたに・みちお）
慶應義塾大学文学部教授（イタリア文学・西洋古典文学）。筑波大学大学院博士課程文芸・言語研究科文学専攻単位取得満期退学。
主要業績：*Shinkyoku, il canto divino. Leggere Dante in Oriente*, 2000, Trento, Editrice Università degli Studi di Trento, "Dalla legge ottica alla poesia: la metamorfosi di « *Purgatorio* » XV 1-27", « Studi Danteschi », vol. LXI (1989), pp. 153-185, Società Dantesca Italiana.

原島貴子（はらしま・たかこ）
慶應義塾大学文学部非常勤講師（近代初期英文学、書物史）。慶應義塾大学大学院文学研究科後期博士課程単位取得退学。文学修士。
主要業績：'The Narrative Functions of John Rastell's Printing: *The Pastyme of People* and Early Tudor "Genealogical" Issues', *Journal of the Early Book Society for the Study of Manuscripts and Printing History*, 11（2008）、「宗教改革下の英国における平信徒の信仰と印刷テクスト――ウィリアム・ラステルとその時代」（『藝文研究』第 93 号、2007 年）。

伊藤博明（いとう・ひろあき）
埼玉大学教養学部教授（思想史・芸術論）。北海道大学大学院文学研究科博士後期課程単位取得退学。
主要業績：『綺想の表象学――エンブレムへの招待』（ありな書房、2007 年）、『ルネサンスの神秘思想』（講談社学術文庫、2012 年）。

鷲見洋一（すみ・よういち）
慶應義塾大学名誉教授（18 世紀フランス文学・思想、『百科全書』）。慶應義塾大学大学院文学研究科後期博士課程単位取得退学。
主要業績：*Le Neveu de Rameau: caprices et logiques du jeu*（Librairie France Tosho, 1975）、『「百科全書」と世界図絵』（岩波書店、2009 年）。

三中信宏（みなか・のぶひろ）
国立研究開発法人農業環境技術研究所上席研究員・東京大学大学院農学生命科学研究科教授兼任（生物統計学・生物体系学）。東京大学大学院農学研究科修了（農学博士）。
主要業績：『系統樹思考の世界：すべてはツリーとともに』（講談社、2006 年）、『文化系統学への招待：文化の進化パターンを探る』（共編著、勁草書房、2012 年）、『系統樹曼荼羅：チェイン・ツリー・ネットワーク』（共著、NTT 出版、2012 年）。

佐藤道生（さとう・みちお）
慶應義塾大学文学部教授（古代・中世日本漢学）。慶應義塾大学大学院文学研究科国文学専攻博士課程修了。
主要業績：『三河鳳来寺旧蔵 暦応二年書写 和漢朗詠集 影印と研究』（勉誠出版、2014 年）、『和漢朗詠集・新撰朗詠集』（和歌文学大系 47、柳澤良一氏と共著、明治書院、2011 年）。

佐々木孝浩（ささき・たかひろ）
慶應義塾大学附属研究所斯道文庫教授（日本古典籍書誌学）。慶應義塾大学大学院文学研究科博士課程中退。
主要業績：共著『大島本源氏物語の再検討』（和泉書院、2009 年）、「断片の集積体―「古筆手鑑」という存在―」（『集と断片 類聚と編纂の日本文化』勉誠出版、2014 年）。

世界を読み解く一冊の本

2014年10月10日　初版第1刷発行
2015年 8 月10日　初版第2刷発行

編　者――――松田隆美・徳永聡子
発行者――――坂上　弘
発行所――――慶應義塾大学出版会株式会社
　　　　　　〒108-8346　東京都港区三田2-19-30
　　　　　TEL 〔編集部〕03-3451-0931
　　　　　　　〔営業部〕03-3451-3584〈ご注文〉
　　　　　　　〔　〃　〕03-3451-6926
　　　　　FAX〔営業部〕03-3451-3122
　　　　　振替　00190-8-155497
　　　　　　http://www.keio-up.co.jp/
装　丁――――土屋　光（Perfect Vacuum）
印刷・製本――萩原印刷株式会社
カバー印刷――株式会社太平印刷社

　　　©2014 Takami Matsuda, Satoko Tokunaga, Noburu Notomi, Taiichiro Sugizaki,
　　　Michio Fujitani, Takako Harashima, Hiroaki Ito, Yoichi Sumi, Nobuhiro Minaka,
　　　Michio Sato, Takahiro Sasaki
　　　Printed in Japan　ISBN 978-4-7664-2181-1